Chinesische Schriftzeichen entdecken

Chinesische Schriftzeichen entdecken

Autorin: Yao Meiling 姚美玲

Ins Deutsche übersetzt von

Katrin Zimmermann und Andreas Guder

Bezeichnung	Lektion 1	Lektion 2
Einleitung Seite 1	1. Zur Entstehung der chinesischen Schrift 2. Eigenschaften chinesischer Schriftzeichen 3. Form und Struktur chinesischer Schriftzeichen (1) Piktographische Zeichen: 人、马 (2) Indikatorische Zeichen:上、下 (3) Bedeutungskomposita: 休、森 (4) Signifikum-Phonetikum-Zeichen: 河、花	1. Striche：(1) Einfache Striche (2) Komplexe Striche 2. Grundregeln der Strichfolge：(1) von oben nach unten (2) von links nach rechts (3) erst waagerecht, dann senkrecht (4) erst der nach links auslaufende Strich dann der nach rechts auslaufende Strich (5) zuerst links, oben und rechts umrahmende Striche, danach der innere Teil, zuletzt mit dem unteren waagerechten Strich abschließen (6) Mitte vor den Seiten 3.Schreibübungen
Einheit 1 Seite 6	1.Einüben der Strichfolge: 你、好、请、问、叫、什、么、名、字、我、很 2. Zusammenfassende Übungen: (1) Signifikum und Phonetikum: 请、你、叫、字、很 (2) Schreiben Sie Schriftzeichen auf der Basis des Signifikums: 口 (3) Einander ähnliche Schriftzeichen：口、日、曰 (4) Schriftzeichen auf der Basis von *Pinyin* schreiben.	1. Einüben der Strichfolge: 女、姓、是、王、安、中、文、丁、小、姐、呢。 2. Zusammenfassende Übungen: (1) Signifikum und Phonetikum: 姓、安、姐、呢、是。 (2) Schreiben Sie Schriftzeichen auf der Basis des Signifikums: 生。 (3) Einander ähnliche Schriftzeichen: 三，王，玉。 (4) Schriftzeichen auf der Basis von *Pinyin* schreiben.
Einheit 2 Seite 16	1. Einüben der Strichfolge: 早、上、日、本、人、吗、哪、里、英、国、住。 2. Zusammenfassende Übungen: (1) Signifikum und Phonetikum: 英、吗、哪、住、国。 (2) Schreiben Sie Schriftzeichen auf der Basis des Signifikums: 艹。 (3) Einander ähnliche Schriftzeichen：木，本，末。 (4) Schriftzeichen auf der Basis von *Pinyin* schreiben.	1. Einüben der Strichfolge: 在、北、京、伦、敦、他、们、但、尼、明、星。 2. Zusammenfassende Übungen: (1) Signifikum und Phonetikum: 伦、他、们、明、星。 (2) Schreiben Sie Schriftzeichen auf der Basis des Signifikums: 门。 (3) Einander ähnliche Schriftzeichen：比，北，从。 (4) Schriftzeichen auf der Basis von *Pinyin* schreiben.
Einheit 3 Seite 26	1. Einüben der Strichfolge: 她、妹、这、弟、和、也、学、做、记、者、爸。 2. Zusammenfassende Übungen: (1) Signifikum und Phonetikum: 她、妹、这、记、爸。 (2) Schreiben Sie Schriftzeichen auf der Basis des Phonetikums: 巴。 (3) Einander ähnliche Schriftzeichen: 生，主，王。 (4) Schriftzeichen auf der Basis von *Pinyin* schreiben.	1. Einüben der Strichfolge: 工、作、医、院、妈、都、家、的、照、片、校。 2. Zusammenfassende Übungen: (1) Signifikum und Phonetikum: 作、院、都、家、校。 (2) Schreiben Sie Schriftzeichen auf der Basis des Phonetikums: 马。 (3) Einander ähnliche Schriftzeichen：工，士，土。 (4) Schriftzeichen auf der Basis von *Pinyin* schreiben.
Einheit 4 Seite 36	1. Einüben der Strichfolge: 海、现、谁、岁、多、知、道、帅、酷、真、最。 2. Zusammenfassende Übungen: (1) Signifikum und Phonetikum: 谁、海、现、知、酷。 (2) Schreiben Sie Schriftzeichen auf der Basis des Signifikums: 辶。 (3) Einander ähnliche Schriftzeichen: 住，隹，往。 (4) Schriftzeichen auf der Basis von *Pinyin* schreiben.	1. Einüben der Strichfolge: 喜、欢、出、篮、球、运、动、年、龄、地、籍。 2. Zusammenfassende Übungen: (1) Signifikum und Phonetikum: 籍、篮、球、演、地。 (2) Schreiben Sie Schriftzeichen auf der Basis des Phonetikums: 令。 (3) Einander ähnliche Schriftzeichen：力，刀，万。 (4) Schriftzeichen auf der Basis von *Pinyin* schreiben.
Einheit 5 Seite 46	1. Einüben der Strichfolge: 话、手、机、号、码、公、园、路、少、址、寓。。 2. Zusammenfassende Übungen: (1) Signifikum und Phonetikum: 话、码、园、路、寓。 (2) Schreiben Sie Schriftzeichen auf der Basis des Phonetikums: 少。 (3) Einander ähnliche Schriftzeichen: 少，小，光。 (4) Schriftzeichen auf der Basis von *Pinyin* schreiben.	1. Einüben der Strichfolge: 房、间、以、给、打、发、件、收、到、谢、送。 2. Zusammenfassende Übungen: (1) Signifikum und Phonetikum: 房、给、件、收、到。 (2) Schreiben Sie Schriftzeichen auf der Basis de Phonetikums: 几。 (3) Einander ähnliche Schriftzeichen：几，凡，儿。 (4) Schriftzeichen auf der Basis von *Pinyin* schreiben.
Einheit 6 Seite 56	1. Einüben der Strichfolge: 月、今、吃、饭、去、出、发、怎、样、那、餐。 2. Zusammenfassende Übungen: (1) Signifikum und Phonetikum: 吃、怎、期、题、想。 (2) Schreiben Sie Schriftzeichen auf der Basis des Signifikums: 马。 (3) Einander ähnliche Schriftzeichen: 乞，气，乙。 (4) Schriftzeichen auf der Basis von *Pinyin* schreiben.	1. Einüben der Strichfolge: 没、题、跟、看、见、面、班、派、蒂、下、个。 2. Zusammenfassende Übungen: (1) Signifikum und Phonetikum: 没、快、打、题、班。 (2) Schreiben Sie Schriftzeichen auf der Basis des Signifikums: 页。 (3) Einander ähnliche Schriftzeichen：艮，良，食。 (4) Schriftzeichen auf der Basis von *Pinyin* schreiben.

Lektion 3	Zusammenfassung
	1. Zur Entstehung der chinesischen Schrift 2. Eigenschaften chinesischer Schriftzeichen 3. Form und Struktur chinesischer Schriftzeichen 4. Striche 5. Grundregeln der Strichfolge 6. Schreibübungen
1. Einüben der Strichfolge: 高、兴、对、不、起、认、识、们、先、生、太。 2. Zeichenstrukturanalyse: 亻+□; 女+□。 3. Zusammenfassende Übungen: (1) Signifikum und Phonetikum: 对、起、认、们、太。 (2) Schriftzeichen mit dem gleichen Signifikum: 亻，女。 (3) Einander ähnliche Schriftzeichen: 十，千，什。 (4) Schriftzeichen auf der Basis von *Pinyin* schreiben.	1. Signifika: 口，亻，女。 2. Phonetikum: 生。 3. Zeichenstrukturanalyse: 亻+□; 女+□。 4. Einander ähnliche Zeichen: （1）口，日，曰。 （2）三，王，玉。 （3）十，千，什。
1. Einüben der Strichfolge: 南、美、加、拿、大、新、西、兰、非、利、亚。 2. Zeichenstrukturanalyse: 口+□; 日+□。 3. Zusammenfassende Übungen: (1) Signifikum und Phonetikum: 美、利、新、加、拿。 (2) Schriftzeichen mit dem gleichen Signifikum: 口，日。 (3) Einander ähnliche Schriftzeichen: 夫，天，大。 (4) Schriftzeichen auf der Basis von *Pinyin* schreiben.	1. Signifika: 艹，口，日。 2. Phonetikum: 门。 3. Zeichenstrukturanalyse: 口+□; 日+□。 4. Einander ähnliche Zeichen: （1）木，本，末。 （2）比，北，从。 （3）夫，天，大。
1. Einüben der Strichfolge: 哥、老、师、护、士、服、务、员、理、发、书。 2. Zeichenstrukturanalyse: 宀+□; 阝+□。 3. Zusammenfassende Übungen: (1) Signifikum und Phonetikum: 哥、护、理、程、员。 (2) Schriftzeichen mit dem gleichen Signifikum: 宀，阝。 (3) Einander ähnliche Schriftzeichen: 交，文，父。 (4) Schriftzeichen auf der Basis von *Pinyin* schreiben.	1. Signifika: 宀，阝。 2. Phonetikum: 巴，马。 3. Zeichenstrukturanalyse: 宀+□; 阝+□。 4. Einander ähnliche Zeichen: （1）生，主，王。 （2）工，士，土。 （3）交，文，父。
1. Einüben der Strichfolge: 电、子、邮、箱、物、熊、猫、可、爱、演、轻。 2. Zeichenstrukturanalyse: 土+□; 氵+□。 3. Zusammenfassende Übungen: (1) Signifikum und Phonetikum: 邮、物、猫、演、轻。 (2) Schriftzeichen mit dem gleichen Signifikum: 土，氵。 (3) Einander ähnliche Schriftzeichen: 子，于，干。 (4) Schriftzeichen auf der Basis von *Pinyin* schreiben.	1. Signifika: 辶，土，氵。 2. Phonetikum: 令。 3. Zeichenstrukturanalyse: 土+□; 氵+□。 4. Einander ähnliche Zeichen: （1）住，隹，往。 （2）力，刀，万。 （3）子，于，干。
1. Einüben der Strichfolge: 短、信、退、省、市、区、街、史、永、民、错。 2. Zeichenstrukturanalyse: 言+□; 辶+□。 3. Zusammenfassende Übungen: (1) Signifikum und Phonetikum: 信、退、街、省、错。 (2) Schriftzeichen mit dem gleichen Signifikum: 言，辶。 (3) Einander ähnliche Schriftzeichen: 民，氏，氐。 (4) Schriftzeichen auf der Basis von *Pinyin* schreiben.	1. Signifika: 言、辶。 2. Phonetikum: 少，几。 3. Zeichenstrukturanalyse: 言+□; 少+□。 4. Einander ähnliche Zeichen: （1）少，小，光。 （2）几，凡，儿。 （3）民，氏，氐。
1. Einüben der Strichfolge: 元、旦、清、端、午、圣、诞、春、节、劳、庆。 2. Zeichenstrukturanalyse: 月+□; 扌+□。 3. Zusammenfassende Übungen: (1) Signifikum und Phonetikum: 旦、清、端、朗、活。 (2) Schriftzeichen mit dem gleichen Signifikum: 月，扌。 (3) Einander ähnliche Schriftzeichen: 旦，早，旱。 (4) Schriftzeichen auf der Basis von *Pinyin* schreiben.	1. Signifika: 月，扌，马，页。 2. Zeichenstrukturanalyse: 月+□; 扌+□。 3. Einander ähnliche Zeichen: （1）乞，气，乙。 （2）艮，良，食。 （3）旦，早，旱。

Bezeichnung	Lektion 1	Lektion 2
Einheit 7 Seite 66	1. Einüben der Strichfolge: 周、末、有、时、要、爷、计、划、影、几、点。 2. Zusammenfassende Übungen: (1) Signifikum und Phonetikum: 计、要、划、影、点。 (2) Schreiben Sie Schriftzeichen auf der Basis des Phonetikums: 半。 (3) Einander ähnliche Schriftzeichen: 半，羊，长。 (4) Schriftzeichen auf der Basis von *Pinyin* schreiben.	1. Einüben der Strichfolge: 开、始、门、口、了、朋、友、晚、事、分、菜。 2. Zusammenfassende Übungen: (1) Signifikum und Phonetikum: 始、样、晚、分、菜。 (2) Schreiben Sie Schriftzeichen auf der Basis des Phonetikums: 子。 (3) Einander ähnliche Schriftzeichen: 了、子、孑。 (4) Schriftzeichen auf der Basis von *Pinyin* schreiben.
Einheit 8 Seite 76	1. Einüben der Strichfolge: 售、货、买、衣、条、裙、来、边、红、蓝、色。 2. Zusammenfassende Übungen: (1) Signifikum und Phonetikum: 售、裙、货、红、色。 (2) Schreiben Sie Schriftzeichen auf der Basis des Signifikums: 纟。 (3) Einander ähnliche Schriftzeichen：头、买、卖。 (4) Schriftzeichen auf der Basis von *Pinyin* schreiben.	1. Einüben der Strichfolge: 黑、试、钱、百、块、便、宜、价、超、贵、店。 2. Zusammenfassende Übungen: (1) Signifikum und Phonetikum: 超、试、钱、块、宜。 (2) Schreiben Sie Schriftzeichen auf der Basis des Signifikums: 广。 (3) Einander ähnliche Schriftzeichen：市、币、布。 (4) Schriftzeichen auf der Basis von *Pinyin* schreiben.
Einheit 9 Seite 86	1. Einüben der Strichfolge: 楼、走、路、环、局、往、离、银、行、附、近。 2. Zusammenfassende Übungen: (1) Signifikum und Phonetikum: 楼、路、邮、往、附。 (2) Schreiben Sie Schriftzeichen auf der Basis des Signifikums: 走。 (3) Einander ähnliche Schriftzeichen：由，田，电。 (4) Schriftzeichen auf der Basis von *Pinyin* schreiben.	1. Einüben der Strichfolge: 前、钟、左、租、东、宿、交、方、便、联、系。 2. Zusammenfassende Übungen: (1) Signifikum und Phonetikum: 钟、左、租、便、店。 (2) Schreiben Sie Schriftzeichen auf der Basis des Phonetikums: 占。 (3) Einander ähnliche Schriftzeichen：方，万，办。 (4) Schriftzeichen auf der Basis von *Pinyin* schreiben.
Einheit 10 Seite 96	1. Einüben der Strichfolge: 它、颜、需、些、坐、共、汽、还、当、然、意。 2. Zusammenfassende Übungen: (1) Signifikum und Phonetikum: 它、颜、需、汽、然。 (2) Schreiben Sie Schriftzeichen auf der Basis des Signifikums: 车。 (3) Einander ähnliche Schriftzeichen：此，比，些。 (4) Schriftzeichen auf der Basis von *Pinyin* schreiben.	1. Einüben der Strichfolge: 厅、览、暑、假、第、桂、林、火、车、船、游。 2. Zusammenfassende Übungen: (1) Signifikum und Phonetikum: 厅、铁、暑、地、桂。 (2) Schreiben Sie Schriftzeichen auf der Basis des Signifikums: 木。 (3) Einander ähnliche Schriftzeichen：火，灭，灰。 (4) Schriftzeichen auf der Basis von *Pinyin* schreiben.
Einheit 11 Seite 106	1. Einüben der Strichfolge: 足、想、比、赛、队、格、体、育、希、望、赢。 2. Zusammenfassende Übungen: (1) Signifikum und Phonetikum: 想、泳、格、体、希。 (2) Schreiben Sie Schriftzeichen auf der Basis des Phonetikums: 各。 (3) Einander ähnliche Schriftzeichen：育，盲，肓。 (4) Schriftzeichen auf der Basis von *Pinyin* schreiben.	1. Einüben der Strichfolge: 网、会、跳、舞、过、休、闲、卷、性、别、男。 2. Zusammenfassende Übungen: (1) Signifikum und Phonetikum: 跳、别、闲、性、男。 (2) Schreiben Sie Schriftzeichen auf der Basis des Phonetikums: 兆。 (3) Einander ähnliche Schriftzeichen：网，四，冈。 (4) Schriftzeichen auf der Basis von *Pinyin* schreiben.
Einheit 12 Seite 116	1. Einüben der Strichfolge: 算、或、回、坡、后、剧、玩、说、只、觉、得。 2. Zusammenfassende Übungen: (1) Signifikum und Phonetikum: 港、坡、剧、玩、说。 (2) Schreiben Sie Schriftzeichen auf der Basis des Phonetikums: 元。 (3) Einander ähnliche Schriftzeichen：口，囗，回。 (4) Schriftzeichen auf der Basis von *Pinyin* schreiben.	1. Einüben der Strichfolge: 班、千、韩、应、该、兵、马、俑、漂、亮、城。 2. Zusammenfassende Übungen: (1) Signifikum und Phonetikum: 安、该、俑、漂、城。 (2) Schreiben Sie Schriftzeichen auf der Basis des Phonetikums: 票。 (3) Einander ähnliche Schriftzeichen：马、鸟、乌。 (4) Schriftzeichen auf der Basis von *Pinyin* schreiben.

Lektion 3	Zusammenfassung
1. Einüben der Strichfolge: 跑、步、唱、歌、奶、音、乐、听、卡、博、客。 2. Zeichenstrukturanalyse: 门 + □；⻊ + □。 3. Zusammenfassende Übungen: (1) Signifikum und Phonetikum: 跑、歌、唱、博、客。 (2) Schreiben Sie Schriftzeichen auf der Basis des Signifikums: 门，⻊。 (3) Einander ähnliche Schriftzeichen：乃，及，又。 (4) Schriftzeichen auf der Basis von *Pinyin* schreiben.	1. Signifika: 门，⻊。 2. Phonetikum: 半，子。 3. Zeichenstrukturanalyse: 门 + □；⻊ + □。 4. Einander ähnliche Zeichen: （1）半，羊，长。 （2）了、子、犭。 （3）乃，及，又。
1. Einüben der Strichfolge: 装、帽、场、远、裤、白、购、心、双、鞋、每。 2. Zeichenstrukturanalyse: 衤 + □；贝 + □。 3. Zusammenfassende Übungen: (1) Signifikum und Phonetikum: 装、远、裤、购、鞋。 (2) Schreiben Sie Schriftzeichen auf der Basis des Signifikums: 衤，贝。 (3) Einander ähnliche Schriftzeichen：乃，及，又。 (4) Schriftzeichen auf der Basis von *Pinyin* schreiben.	1. Signifika: 纟，衤，贝，广。 2. Zeichenstrukturanalyse: 衤 + □；贝 + □。 3. Einander ähnliche Zeichen: （1）头、买、卖。 （2）市、币、布。 （3）乃，及，又。
1. Einüben der Strichfolge: 平、米、馆、察、商、咖、啡、药、旅、健、身。 2. Zeichenstrukturanalyse: 木 + □；彳 + □。 3. Zusammenfassende Übungen: (1) Signifikum und Phonetikum: 馆、洗、咖、药、健。 (2) Schreiben Sie Schriftzeichen auf der Basis des Signifikums: 木，彳。 (3) Einander ähnliche Schriftzeichen：平，来，米。 (4) Schriftzeichen auf der Basis von *Pinyin* schreiben.	1. Signifika: 走，木，彳。 2. Phonetikum: 占。 3. Zeichenstrukturanalyse: 木 + □；彳 + □。 4. Einander ähnliche Zeichen: （1）由，田，电。 （2）方，万，办。 （3）平，来，米。
1. Einüben der Strichfolge: 爬、山、拍、参、观、景、骑、飞、油、站、停。 2. Zeichenstrukturanalyse: 又 + □；饣 + □。 3. Zusammenfassende Übungen: (1) Signifikum und Phonetikum: 爬、拍、停、骑、站。 (2) Schreiben Sie Schriftzeichen auf der Basis des Signifikums: 又，饣。 (3) Einander ähnliche Schriftzeichen：爪，瓜，川。 (4) Schriftzeichen auf der Basis von *Pinyin* schreiben.	1. Signifika: 车，木，又，饣。 2. Zeichenstrukturanalyse: 亻 + □；女 + □。 3. Einander ähnliche Zeichen: （1）此，比，些。 （2）火，灭，灰。 （3）爪，瓜，川。
1. Einüben der Strichfolge: 踢、乒、乓、冲、浪、滑、雪、潜、水、曲、候。 2. Zeichenstrukturanalyse: 王 + □；钅 + □。 3. Zusammenfassende Übungen: (1) Signifikum und Phonetikum: 踢、冲、滑、潜、兵。 (2) Schreiben Sie Schriftzeichen auf der Basis des Signifikums: 王，钅。 (3) Einander ähnliche Schriftzeichen：乒，乓，兵。 (4) Schriftzeichen auf der Basis von *Pinyin* schreiben.	1. Signifika: 王，钅。 2. Phonetikum: 各，兆。 3. Zeichenstrukturanalyse: 王 + □；钅 + □。 4. Einander ähnliche Zeichen: （1）育，盲，肓。 （2）网，四，冈。 （3）乒，乓，兵。
1. Einüben der Strichfolge: 从、历、蒙、主、广、州、实、习、野、营、志。 2. Zeichenstrukturanalyse: ⺮ + □；禾 + □。 3. Zusammenfassende Übungen: (1) Signifikum und Phonetikum: 从、历、愿、野、志。 (2) Schreiben Sie Schriftzeichen auf der Basis des Signifikums: 竹，禾。 (3) Einander ähnliche Schriftzeichen：从，丛，众。 (4) Schriftzeichen auf der Basis von *Pinyin* schreiben.	1. Signifika: ⺮，禾。 2. Phonetikum: 元，票。 3. Zeichenstrukturanalyse: ⺮ + □；禾 + □。 4. Einander ähnliche Zeichen: （1）口，囗，回。 （2）马、鸟、乌。 （3）从，丛，众。

Einleitung
Lektion 1

Grundlegendes Wissen über die chinesische Schrift

1. Zur Entstehung der chinesischen Schrift

Die chinesische Schrift entstand aus Abbildungen. Beispiele:

(Keramik der Yangshao-Kultur, 5000-3000 v.Chr.)

Abbildungen sind aber keinesfalls Schriftzeichen. Sie haben eine Gestalt und eine Bedeutung, aber keine eindeutig zuzuordnende Aussprache. Schriftzeichen haben ebenfalls Gestalt und Bedeutung, aber auch eine Aussprache. Beispiel:

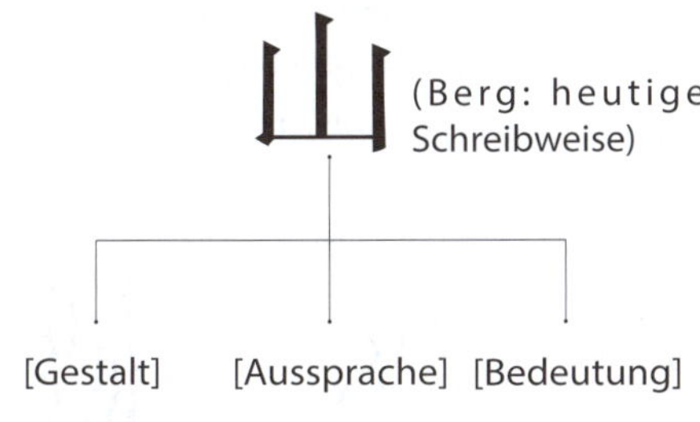

山 (Berg: heutige Schreibweise)

[Gestalt] [Aussprache] [Bedeutung]

(ursprüngliche Gestalt des Zeichens) shān ähnelt einem Gebirge

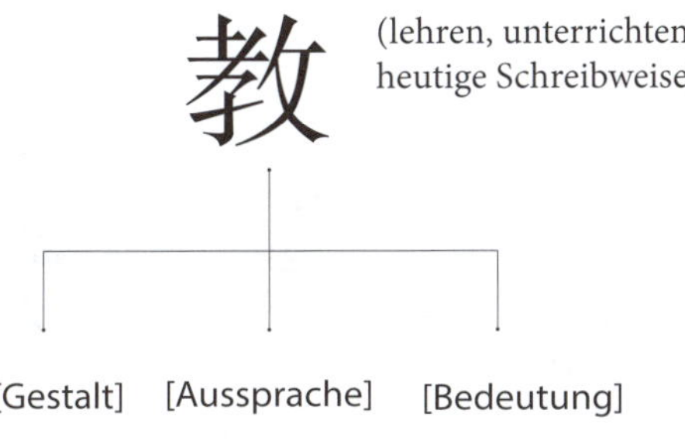

教 (lehren, unterrichten: heutige Schreibweise)

[Gestalt] [Aussprache] [Bedeutung]

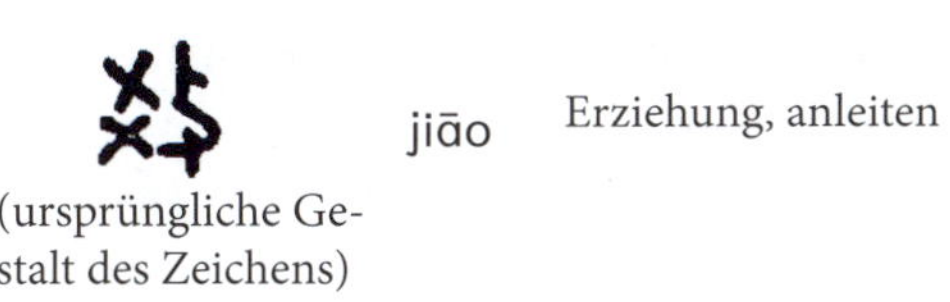

(ursprüngliche Gestalt des Zeichens) jiāo Erziehung, anleiten

2. Eigenschaften chinesischer Schriftzeichen

Gestalt, Aussprache und Bedeutung bilden eine Einheit. Beispiele:

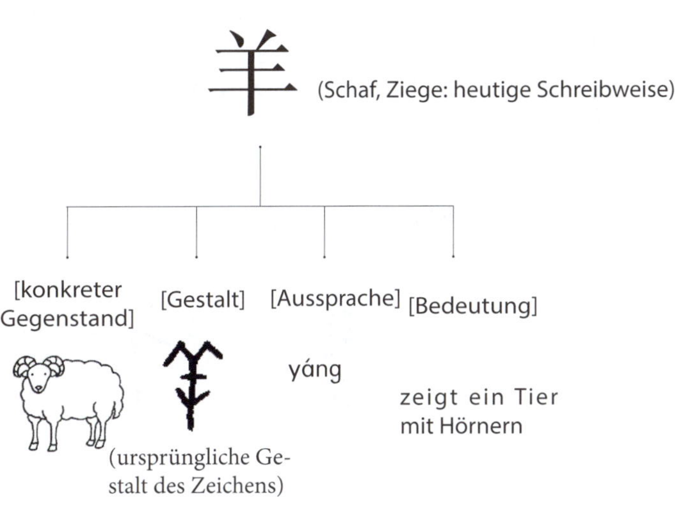

羊 (Schaf, Ziege: heutige Schreibweise)

[konkreter Gegenstand] [Gestalt] [Aussprache] [Bedeutung]

(ursprüngliche Gestalt des Zeichens) yáng zeigt ein Tier mit Hörnern

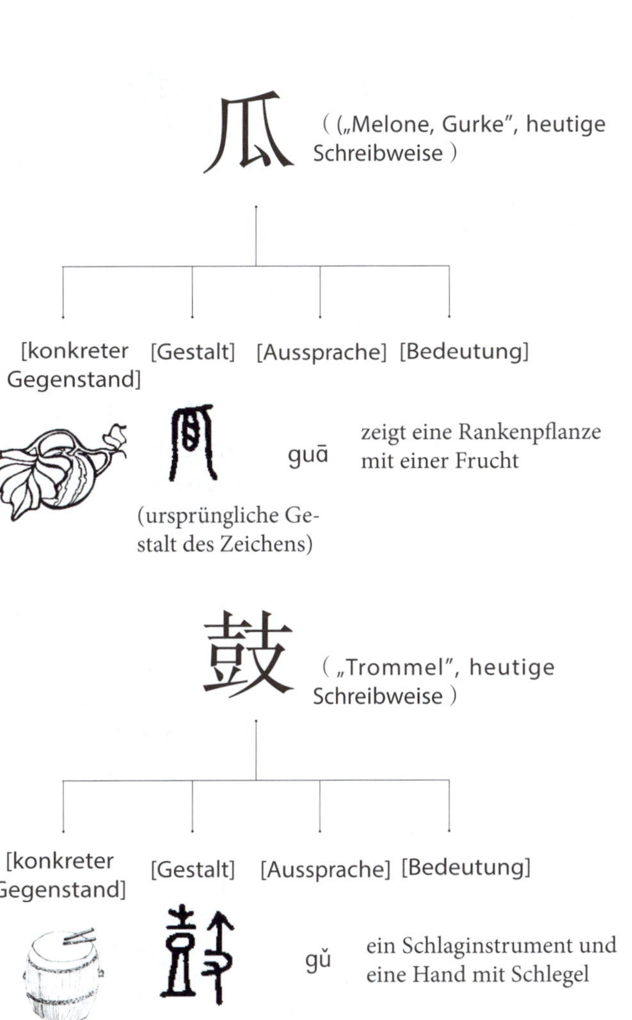

瓜 ((„Melone, Gurke", heutige Schreibweise)

[konkreter Gegenstand] [Gestalt] [Aussprache] [Bedeutung]

(ursprüngliche Gestalt des Zeichens) guā zeigt eine Rankenpflanze mit einer Frucht

鼓 („Trommel", heutige Schreibweise)

[konkreter Gegenstand] [Gestalt] [Aussprache] [Bedeutung]

(ursprüngliche Gestalt des Zeichens) gǔ ein Schlaginstrument und eine Hand mit Schlegel

3. Form und Struktur chinesischer Schriftzeichen

Chinesische Schriftzeichen sind sowohl semantographisch (Bedeutung anzeigend) als auch phonographisch (Aussprache anzeigend). Chinesische Schriftzeichen können in vier Kategorien aufgeteilt werden: Piktographische Zeichen (Bilderzeichen), Indikatorische Zeichen, Bedeutungskomposita und Signifikum-Phonetikum-Zeichen.

Piktographische Zeichen (Bildzeichen 象形字 xiàngxíngzì)

Piktographische Zeichen stellen Objekte bildlich dar. Beispiel:

rén

„Mensch" - zeigt die Gestalt eines Menschen

mǎ

„Pferd" - stellt die Form eines Pferdes dar

(2) Indikatorische Zeichen (指事字 zhǐshìzì)

Indikatorische Zeichen entstanden auf der Basis der piktographischen Zeichen, denen abstrakte Symbole zur Verdeutlichung hinzugefügt wurden. Beispiele:

shàng

bedeutet „oberhalb, oben"

xià

bedeutet „unterhalb, unten"

(3) Bedeutungskomposita (S+S-Zeichen, 会意字 huìyìzì)

Bedeutungskomposita setzen sich aus zwei oder mehr piktographischen Zeichen zusammen, um so ein neues Bedeutungskonzept auszudrücken. Beispiel:

xiū

„sich ausruhen"– ein „Mensch" ruht an einem „Baum".

sēn

„Wald" – viele „Bäume"

(4) Signifikum-Phonetikum-Zeichen (S+P-Zeichen, 形声字 xíngshēngzì)

Signifikum-Phonetikum-Zeichen setzen sich aus einem bedeutungstragenden und einem lauttragenden Bestandteil zusammen. Der bedeutungstragende Bestandteil (S-Komponente) steht in einer inhaltlichen Beziehung zur Bedeutung des Schriftzeichens, der lauttragende Bestandteil (P-Komponente) informiert über die Aussprache des Schriftzeichens. Beispiel:

hé

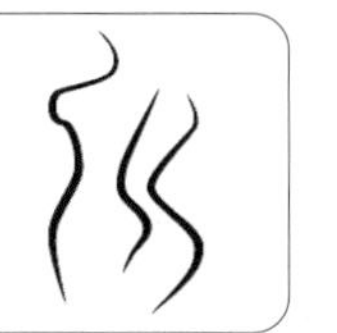

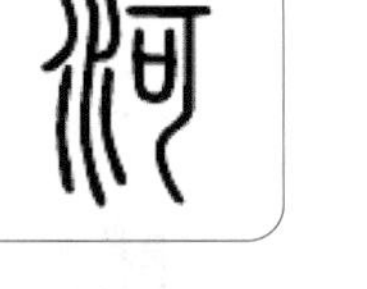

„Fluss": links bedeutungstragende Komponente 氵 „Wasser", rechts lauttragende Komponente 可 kě

huā

„Blume": oben bedeutungstragende Komponente 艹 "Gras, Pflanze ", rechts lauttragende Komponente 化 huà

Lektion 2

Die Grundstriche der chinesischen Schrift

1. Striche

Striche stellen die kleinste Einheit der chinesischen Schrift dar. Es gibt einfache und komplexe Striche.

(1) Einfache Striche

Im Allgemeinen spricht man von sechs einfachen Strichen oder Grundstrichen:

Nummer	Name des Strichs	Gestalt des Strichs	Beispiele
1	横 héng	一	二、下
2	竖 shù	丨	中、旧
3	撇 piě	丿	九、千
4	捺 nà	㇏	人、八
5	点 diǎn	丶	义、之
6	提 tí	㇀	打、地

(2) Komplexe Striche

Im Allgemeinen spricht man von fünfzehn komplexen, zusammengesetzten Strichen:

Nummer	Name des Strichs	Gestalt des Strichs	Beispiele
1	横折 héng zhé	𠃍	口、日
2	横钩 héng gōu	乛	买、家
3	竖折 shù zhé	𠃊	山、出
4	竖提 shù tí	𠄌	以、切
5	竖弯 shù wān	㇄	四、西
6	竖钩 shù gōu	亅	打、地

Nummer	Name des Strichs	Gestalt des Strichs	Beispiele
7	弯钩 wān gōu	㇁	小、了
8	卧钩 wò gōu	㇃	心、必
9	撇折 piě zhé	𠃋	云、东
10	横撇 héng piě	㇇	水、登
11	横折钩 héng zhé gōu	𠃌	刀、力
12	竖弯钩 shù wān gōu	乚	儿、巴
13	横折弯钩 héngzhéwāngōu	㇈	九、儿
14	横斜钩 héng xié gōu	⺄	飞、风
15	竖折折钩 shù zhé zhé gōu	㇉	马、鸟

Chinesische Schriftzeichen setzen sich aus Strichen zusammen. Ein einzelner Strich kann bereits bedeutungsunterscheidend sein. Die Striche zu kennen hilft beim Schreiben und Lesen, und man sollte Schriftzeichen nicht nur als ganze Einheit betrachten.

Die Anzahl der Striche eines Zeichens zu kennen bzw. zählen zu können, hilft auch beim Auffinden von Schriftzeichen in Wörterbüchern.

2. Grundregeln der Strichfolge

Wenn man die Grundregeln der Strichfolge beachtet, schreibt man die Zeichen sowohl schnell als auch ästhetisch. Weil ordentliches Schreiben der Zeichen bei der Analyse der Schriftzeichenstruktur hilft und sich auch positiv auf das Verständnis und die Fähigkeit, die Zeichen zu erinnern, auswirkt, sollte man die Grundregeln der Strichfolge unbedingt einhalten.

(1) von oben nach unten

三: 一 二 三

主: 丶 亠 亠 丰 主

(2) von links nach rechts

什: 丿 亻 仁 什

们: 丿 亻 亻 们 们

(3) erst waagerecht, dann senkrecht

干: 一 二 干

本: 一 十 才 木 本

(4) erst der nach links auslaufende Strich, dann der nach rechts auslaufende Strich

八: 丿 八

太: 一 ナ 大 太

(5) zuerst links, oben und rechts umrahmende Striche, danach der innere Teil, zuletzt mit dem unteren waagerechten Strich abschließen

同: 丨 冂 冂 同 同 同

回: 丨 冂 冂 冋 回 回

(6) Mitte vor den Seiten

水: 亅 刁 水 水

永: 丶 亅 永 永 永

Außer diesen sechs Grundregeln gibt es noch weitere Schreibregeln, die hier noch nicht thematisiert werden. Zunächst sollen Sie die folgenden Zeichen gemäß der Grundregeln schreiben üben und damit die Grundregeln der Strichfolge verinnerlichen.

3. Schreibübungen

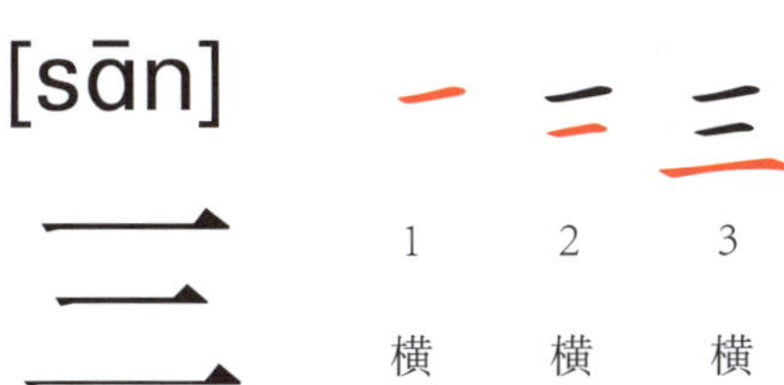

Schreiben Sie das Zeichen viermal in der richtigen Strichfolge.

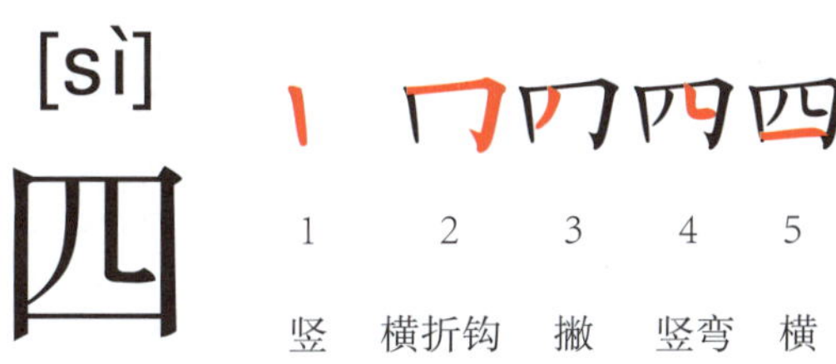

Schreiben Sie das Zeichen viermal in der richtigen Strichfolge.

Schreiben Sie das Zeichen viermal in der richtigen Strichfolge.

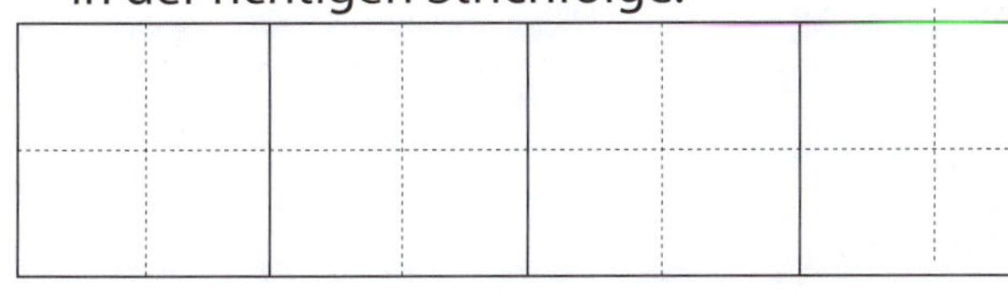

Schreiben Sie das Zeichen viermal in der richtigen Strichfolge.

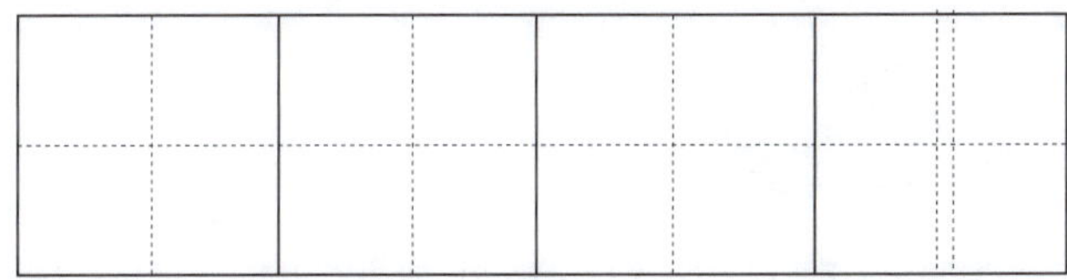

Schreiben Sie das Zeichen viermal in der richtigen Strichfolge.

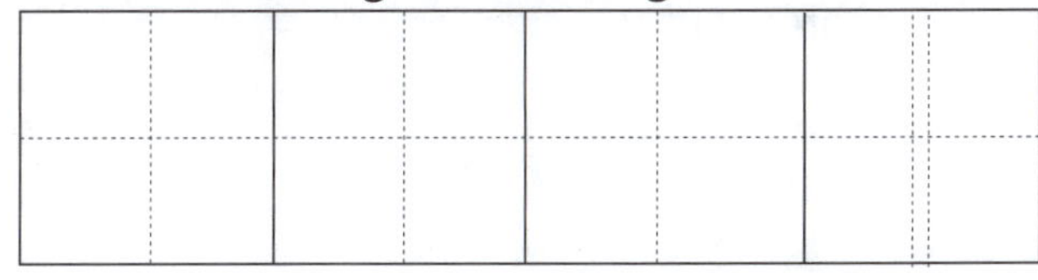

Schreiben Sie das Zeichen viermal in der richtigen Strichfolge.

Schreiben Sie das Zeichen viermal in der richtigen Strichfolge.

Einheit-1 Lektion 1

Inhalte

1. Einüben der Strichfolge: 你、好、请、问、叫、什、么、名、字、我、很。
2. Zusammenfassende Übungen:
(1) Signifikum und Phonetikum: 请、你、叫、字、很。
(2) Schreiben Sie Schriftzeichen auf der Basis des Signifikums: 口。
(3) Einander ähnliche Schriftzeichen: 口，日，曰。
(4) Schriftzeichen auf der Basis von *Pinyin* schreiben.

1. Einüben der Strichfolge

[qǐng] 请

1 点 2 横折钩 3 横 4 横 5 竖 6 横 7 竖 8 横折钩 9 横 10 横

Schreiben Sie das Zeichen in der richtigen Strichfolge.

[nǐ] 你

1 撇 2 竖 3 撇 4 横钩 5 竖钩 6 点 7 点

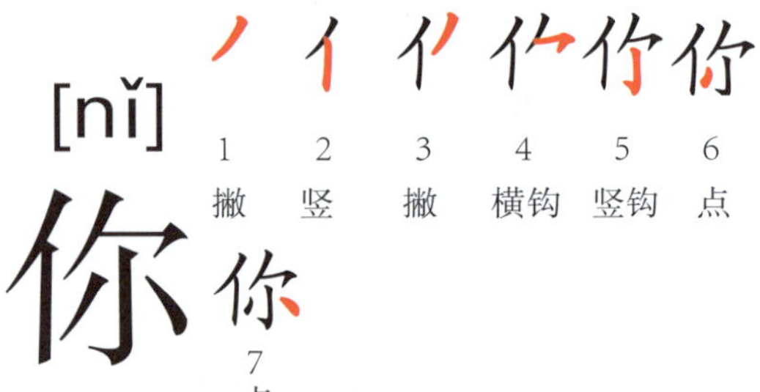

Schreiben Sie das Zeichen in der richtigen Strichfolge.

[wèn] 问

1 点 2 竖 3 横折钩 4 竖 5 横折 6 横

Schreiben Sie das Zeichen in der richtigen Strichfolge.

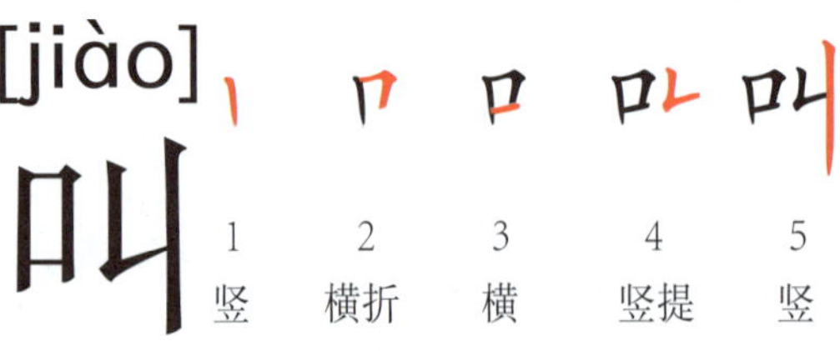

[hǎo] 好

1 撇折 2 撇 3 提 4 横钩 5 弯钩 6 横

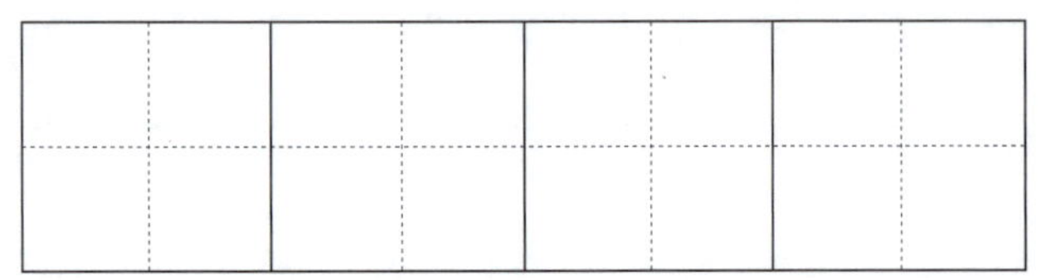

[jiào] 叫

1 竖 2 横折 3 横 4 竖提 5 竖

[shén]  什

1	2	3	4
撇	竖	横	竖

Schreiben Sie das Zeichen in der richtigen Strichfolge.

[zì]  字

1	2	3	4	5	6
点	点	横钩	横钩	弯钩	横

Schreiben Sie das Zeichen in der richtigen Strichfolge.

[me]  么

1	2	3
撇	撇折	点

Schreiben Sie das Zeichen in der richtigen Strichfolge.

[wǒ] 我

1	2	3	4	5	6	7
点	横	竖钩	提	弯钩	撇	点

Schreiben Sie das Zeichen in der richtigen Strichfolge.

[míng]  名

1	2	3	4	5	6
点	竖	横折钩	竖	横折	横

Schreiben Sie das Zeichen in der richtigen Strichfolge.

[hěn] 很

1	2	3	4	5	6	7	8	9
撇	撇	竖	横撇	横	横	竖钩	撇	捺

Schreiben Sie das Zeichen in der richtigen Strichfolge.

2. Zusammenfassende Übungen:

(1) Markieren Sie Signifika und Phonetika mit verschiedenen Farben.

讠 + 青 = 请 (请问)

亻 + 尔 = 你 (你好)

口 + 丩 = 叫 (叫什么)

宀 + 子 = 字 (名字)

彳 + 艮 = 很 (很好)

(2) Schreiben Sie Schriftzeichen auf der Basis des Signifikums.

kǒu jiū jiào
口 + 丩 = (叫)

qǐ
口 + 乞 = ( )

mǎ
口 + 马 = ( )

ní
口 + 尼 = ( )

yá
口 + 牙 = ( )

(3) Vergleichen und schreiben Sie einander ähnliche Schriftzeichen.

[kǒu] ähnelt einem Mund oder Maul.

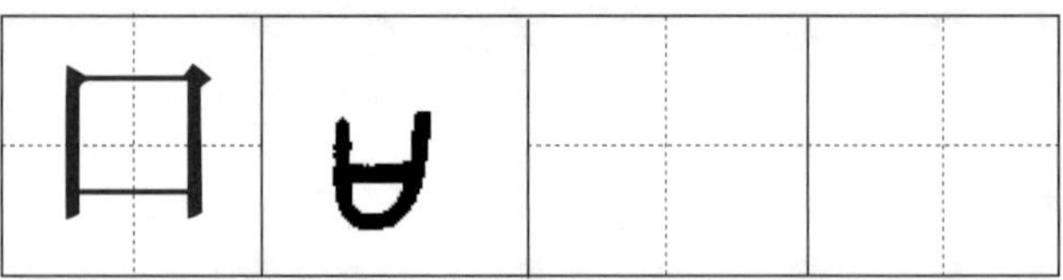

[rì] stellt die Sonne dar.

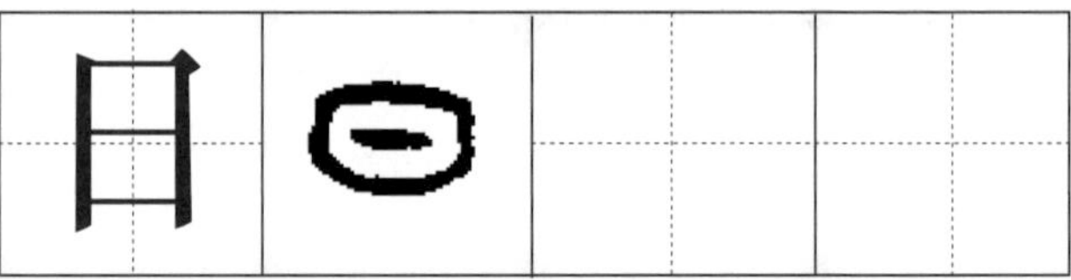

[yuē] zeigt eine Zunge im Mund.

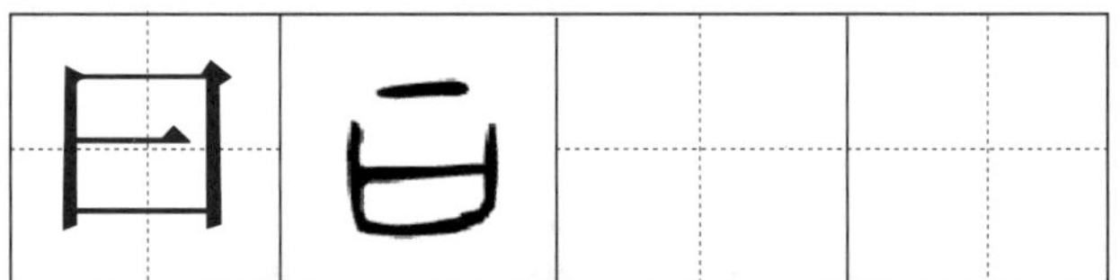

(4) Schriftzeichen auf der Basis von Pinyin schreiben.

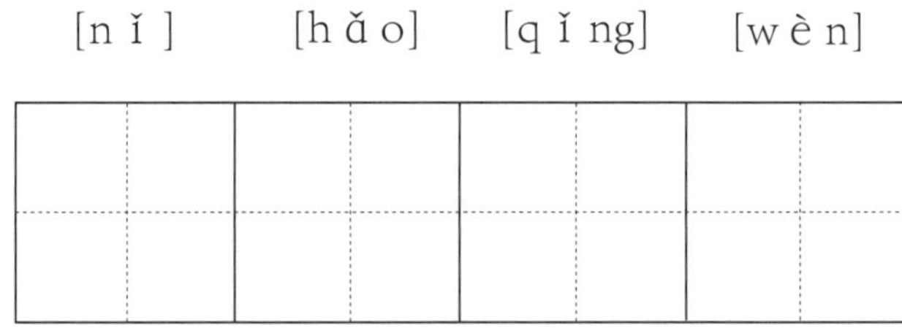

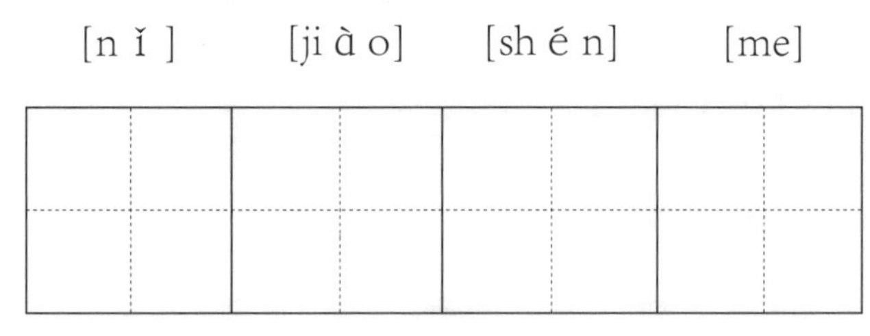

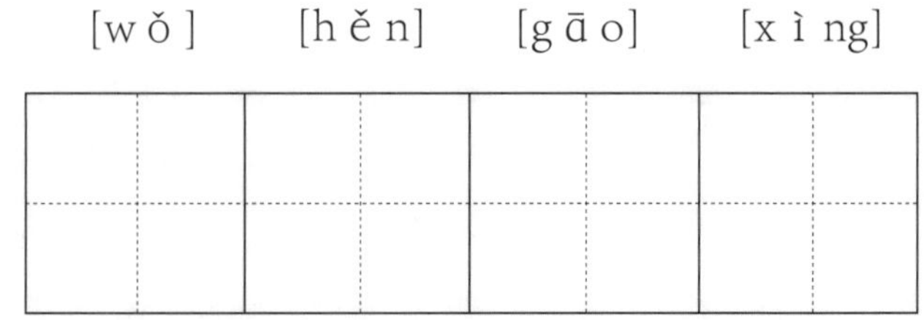

Lektion 2

Inhalte

1. Einüben der Strichfolge: 女、姓、是、王、安、中、文、丁、小、姐、呢。

2. Zusammenfassende Übungen:
(1) Signifikum und Phonetikum: 姓、安、姐、呢、是。
(2) Schreiben Sie Schriftzeichen auf der Basis des Phonetikums: 生。
(3) Einander ähnliche Schriftzeichen: 三，王，玉。
(4) Schriftzeichen auf der Basis von Pinyin schreiben.

[shì]

1	2	3	4	5	6
竖	横折	横	横	横	竖

7	8	9
横	撇	捺

Schreiben Sie das Zeichen in der richtigen Strichfolge.

1. Einüben der Strichfolge

[nǚ]

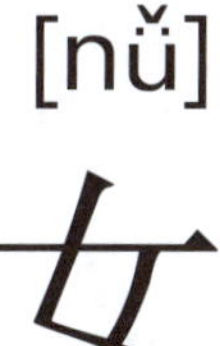

1	2	3
撇折	撇	横

Schreiben Sie das Zeichen in der richtigen Strichfolge.

[wáng]

王

1	2	3	4
点	横	竖	横

Schreiben Sie das Zeichen in der richtigen Strichfolge.

[xìng]

姓

1	2	3	4	5	6
撇折	撇	提	撇	横	横

7	8
竖	横

Schreiben Sie das Zeichen in der richtigen Strichfolge.

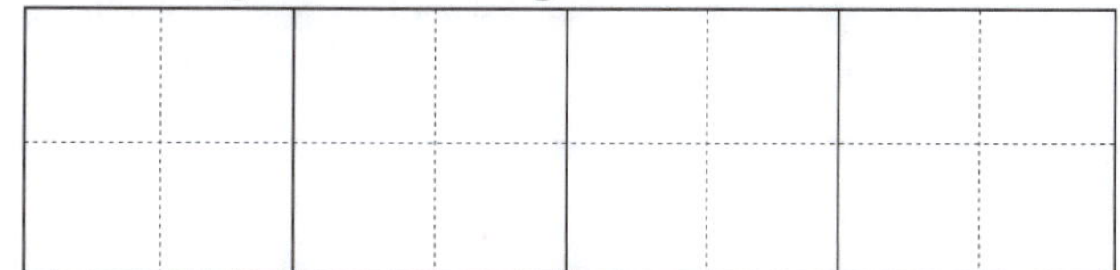

[ān]

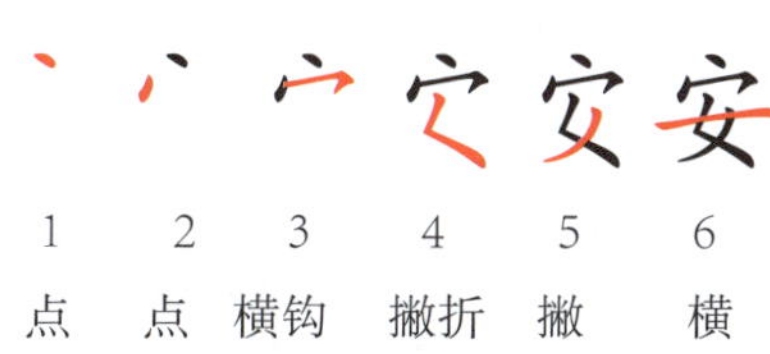

1	2	3	4	5	6
点	点	横钩	撇折	撇	横

Schreiben Sie das Zeichen in der richtigen Strichfolge.

[zhōng]

中

1 点 | 2 横折 | 3 横 | 4 竖

Schreiben Sie das Zeichen in der richtigen Strichfolge.

[xiǎo]

小

1 弯钩 | 2 点 | 3 点

Schreiben Sie das Zeichen in der richtigen Strichfolge.

[wén]

文

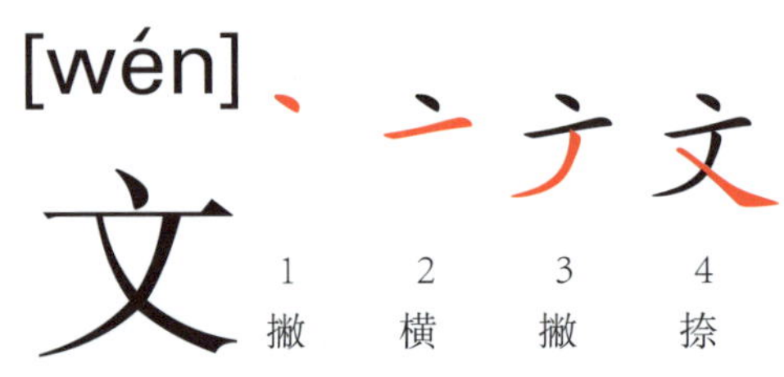

1 撇 | 2 横 | 3 撇 | 4 捺

Schreiben Sie das Zeichen in der richtigen Strichfolge.

[jiě]

姐

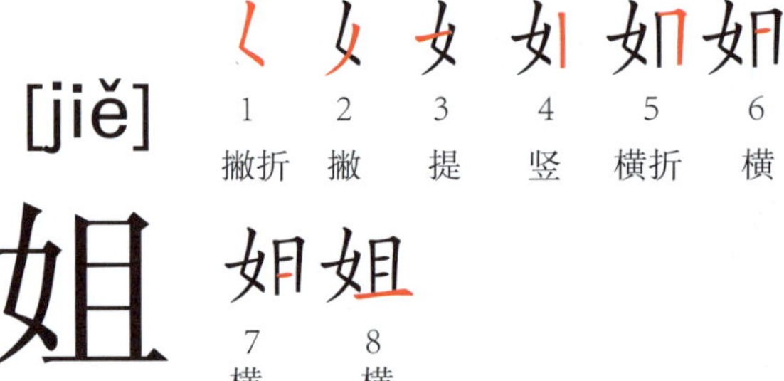

1 撇折 | 2 撇 | 3 提 | 4 竖 | 5 横折 | 6 横 | 7 横 | 8 横

Schreiben Sie das Zeichen in der richtigen Strichfolge.

[dīng]

丁

1 横 | 2 竖钩

Schreiben Sie das Zeichen in der richtigen Strichfolge.

[ne]

呢

1 竖 | 2 横折 | 3 横 | 4 横折 | 5 横 | 6 撇 | 7 撇 | 8 竖弯钩

Schreiben Sie das Zeichen in der richtigen Strichfolge.

2. Zusammenfassende Übungen:

(1) Markieren Sie Signifika und Phonetika mit verschiedenen Farben.

女 + 生 = 姓 (姓名)

宀 + 女 = 安 (平安)

女 + 且 = 姐 （ 小姐 ）

口 + 尼 = 呢 (什么呢)

日 + 正 = 是 (是什么)

(2) Schreiben Sie Schriftzeichen mit dem gleichen Phonetikum.

shēng / xìng
女 + 生 = (姓)

shēng
忄 + 生 = ( )

shēng
牛 + 生 = ( )

shēng
月 + 生 = ( )

shēng
生 + 男 = ( )

(3) Vergleichen und schreiben Sie einander ähnliche Schriftzeichen.

[sān] Drei waagerechte Striche drücken die Zahl 3 aus.

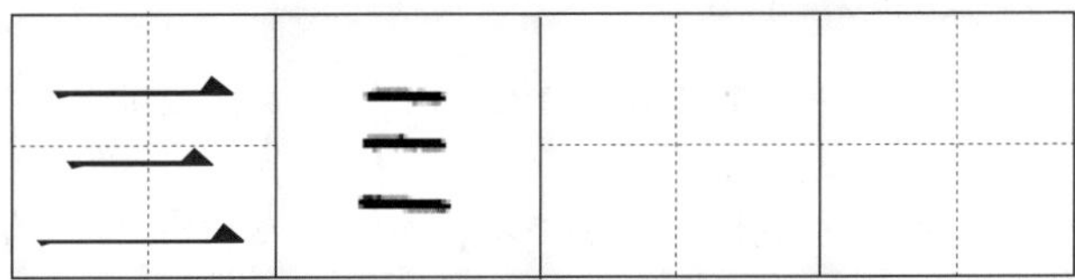

[wáng] Eine Metallaxt symbolisiert Macht, bezeichnet den „König".

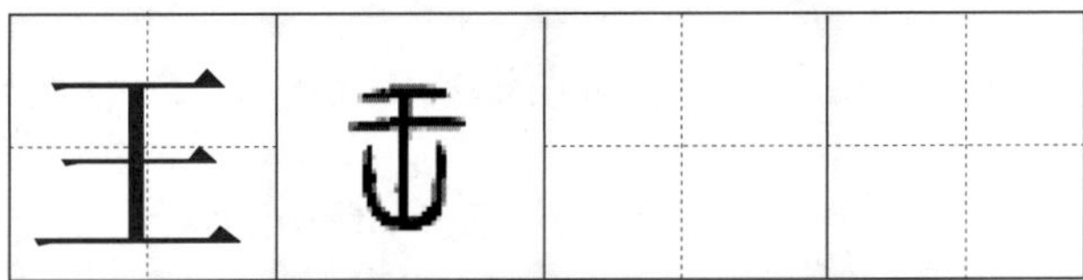

[yù] Jadestücke, die auf einer Schnur aufgereiht sind. Später wurde zur klaren Unterscheidung von 王 ein Punktstrich in der unteren rechten Ecke hinzugefügt.

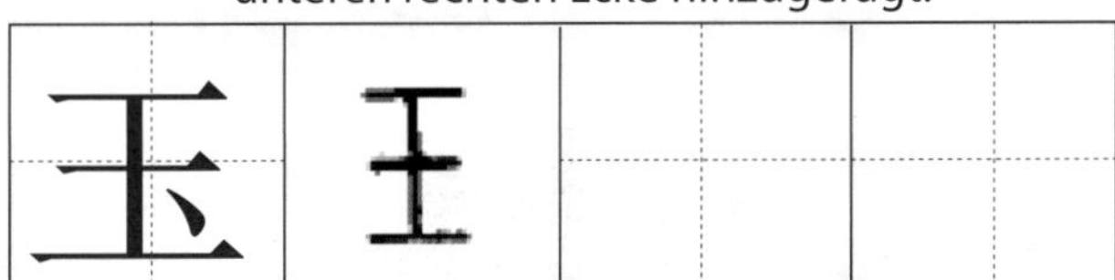

(4) Schriftzeichen auf der Basis von *Pinyin* schreiben

[mǎ] [kè] [ān] [nà]

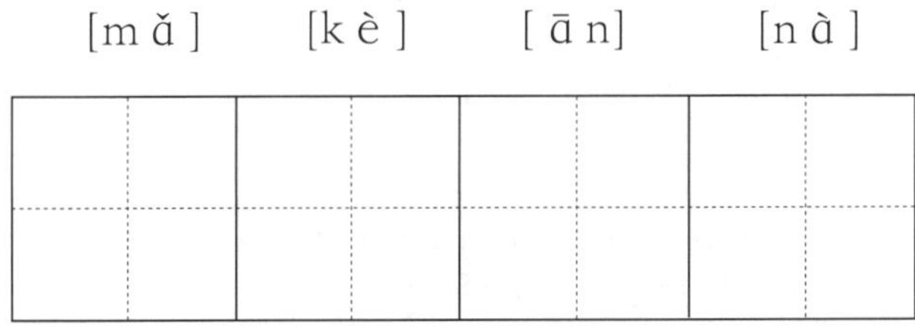

[zhōng] [wén] [míng] [zì]

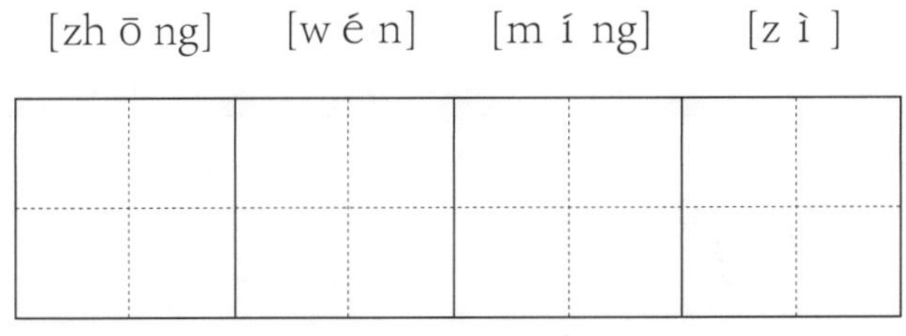

[rèn] [shí] [dà] [jiā]

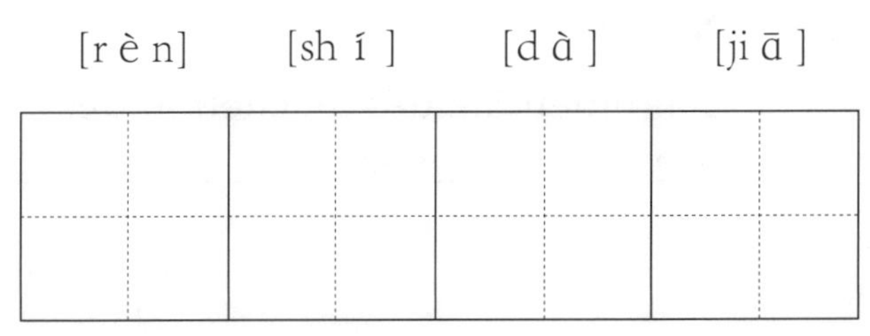

Lektion 3

Inhalte

1. Einüben der Strichfolge: 高、兴、对、不、起、认、识、们、先、生、太。
2. Zeichenstrukturanalyse: 亻 + □； 女 + □。
3. Zusammenfassende Übungen:
(1) Signifikum und Phonetikum: 对、起、认、们、太。
(2) Schreiben Sie Schriftzeichen auf der Basis des Signifikums: 亻，女。
(3) Einander ähnliche Schriftzeichen: 十，千，什。
(4) Schriftzeichen auf der Basis von *Pinyin* schreiben.

1. Einüben der Strichfolge

[gāo]

高

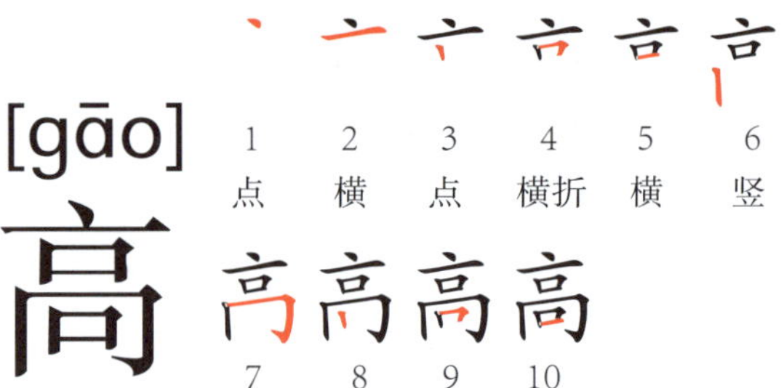

Schreiben Sie das Zeichen in der richtigen Strichfolge.

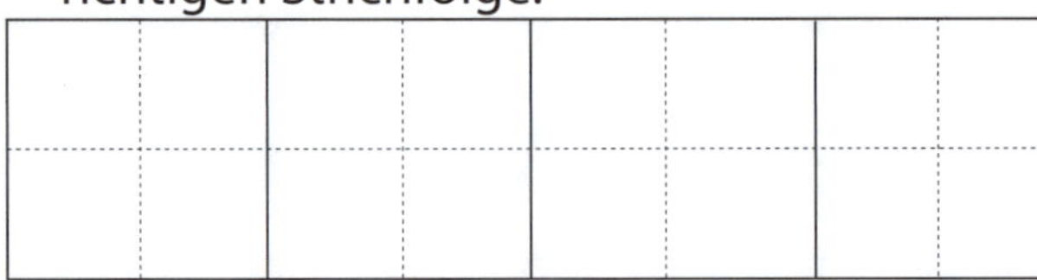

[xìng]

兴

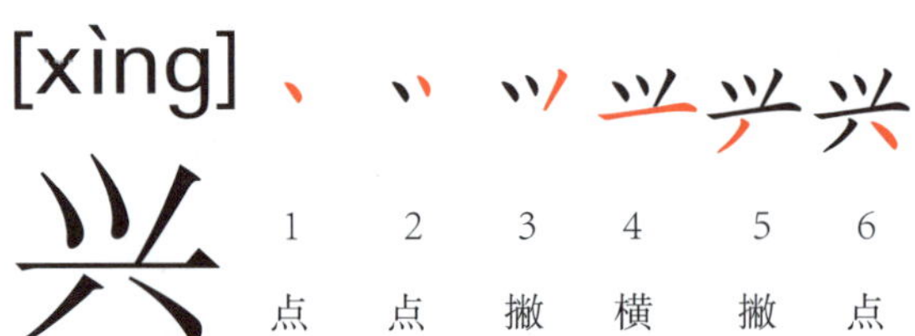

Schreiben Sie das Zeichen in der richtigen Strichfolge.

[duì]

对

Schreiben Sie das Zeichen in der richtigen Strichfolge.

[bù]

不

Schreiben Sie das Zeichen in der richtigen Strichfolge.

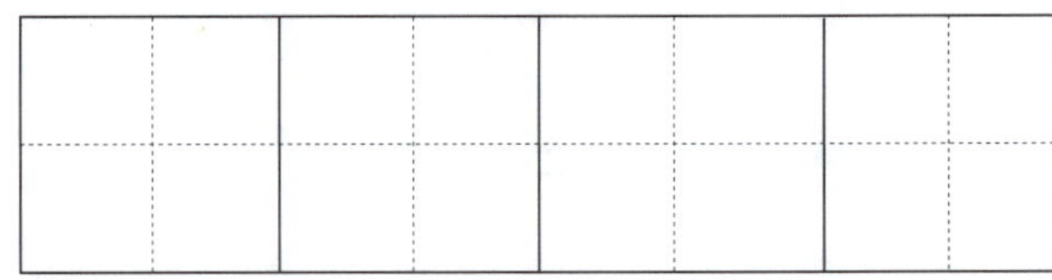

[qǐ]

起

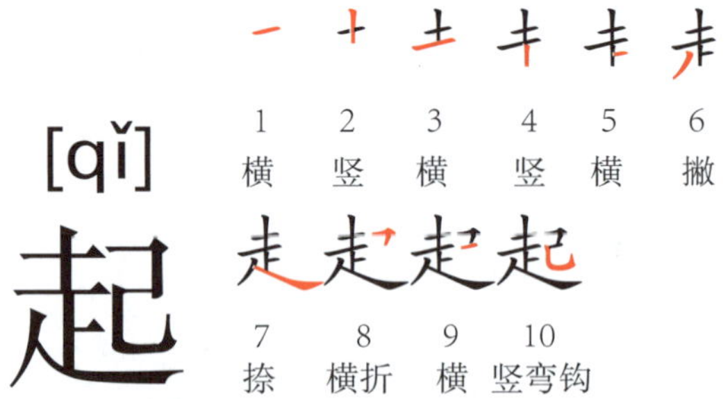

Schreiben Sie das Zeichen in der richtigen Strichfolge.

[rèn] 认

1 点 2 横折钩 3 撇 4 捺

Schreiben Sie das Zeichen in der richtigen Strichfolge.

[xiān] 先

1 撇 2 横 3 竖 4 横 5 撇 6 竖弯钩

Schreiben Sie das Zeichen in der richtigen Strichfolge.

[shí] 识

1 点 2 横折钩 3 竖 4 横折 5 横 6 撇 7 点

Schreiben Sie das Zeichen in der richtigen Strichfolge.

[shēng] 生

1 撇 2 横 3 竖 4 竖 5 横

Schreiben Sie das Zeichen in der richtigen Strichfolge.

[men] 们

1 撇 2 竖 3 点 4 竖 5 横折钩

Schreiben Sie das Zeichen in der richtigen Strichfolge.

[tài] 太

1 横 2 撇 3 捺 4 点

Schreiben Sie das Zeichen in der richtigen Strichfolge.

2. Zeichenstrukturanalyse

(1) Piktographisches Zeichen

[rén] 亻

【Grundbedeutung】Eine Person, die seitlich aufrecht steht, bedeutet „Mensch”. Schriftzeichen, die die Komponente 亻 enthalten, haben mit dem Menschen zu tun.

(2) Entwicklung des Schriftzeichens

früher ⟶ heute

Orakelknochen-/ Bronzeschrift jiǎ gǔ wén / jīnwén	Siegelschrift zhuànshū	Kanzleischrift lìshū	Standardschrift kǎishū
		亻	亻

(3) Beispielzeichen mit 亻 als Signifikum

[xiū] 休

Bedeutungskompositum: 亻 steht für den Menschen, 木 für einen Baum. Zusammengesetzt zeigen die beiden Komponenten einen Menschen, der sich an einen Baum lehnt: „sich ausruhen”.

[tā] 他

S+P-Schriftzeichen: Das Signifikum 亻 steht für den Menschen, 也 yě ist Phonetikum. Das Zeichen steht heute zumeist für die männliche Form des Personalpronomens der 3. Person: „er”, „ihn”.

(4) Strichfolge

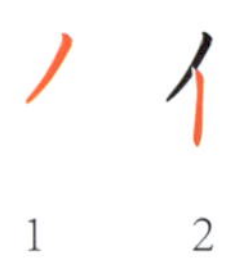

1 撇　2 竖

Schreiben Sie das Zeichen in der richtigen Strichfolge.

(1) Piktographisches Zeichen

[nǚ] 女

【Grundbedeutung】Eine Frau in kniender Position, bedeutet „Frau”. Die Bedeutung von Schriftzeichen, die die Komponente 女 enthalten, hat zumeist mit dem weiblichen Geschlecht zu tun.

(2) Entwicklung des Schriftzeichens

früher ⟶ heute

Orakelknochen-/ Bronzeschrift jiǎ gǔ wén / jīnwén	Siegelschrift zhuànshū	Kanzleischrift lìshū	Standardschrift kǎishū
		女	女

(3) Beispielzeichen mit 女 als Signifikum

[hǎo]

Bedeutungskompositum: 女 steht für die Frau, 子 für ein Kind. Zusammengesetzt zeigen die beiden Komponenten die Schönheit von Mutter und Kind: „gut”.

[mā] 妈

S+P-Schriftzeichen: 女 steht für den Menschen, 马 ist das Phonetikum. Das Zeichen steht für die umgangassprachliche Form von „Mutter”: „Mama”.

(4) Strichfolge

1 撇折　2 撇　3 横

Schreiben Sie das Zeichen in der richtigen Strichfolge.

3. Zusammenfassende Übungen:

(1) Markieren Sie Signifika und Phonetika mit verschiedenen Farben.

亻 + 十 = 什 (什么)

走 + 己 = 起 (起来)

讠 + 人 = 认 （ 认识 ）

讠 + 只 = 识 (认识)

亻 + 门 = 们 (我们)

(2) Schreiben Sie Schriftzeichen auf der Basis des Signifikums.

[r é n] [n ǐ] [ ] [ ]

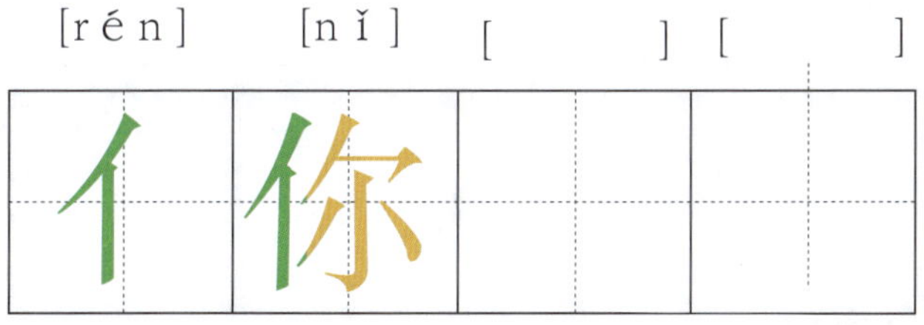

(Grün: Signifikum; gelb: Phonetikum)

[n ǚ] [h ǎ o] [ ] [ ]

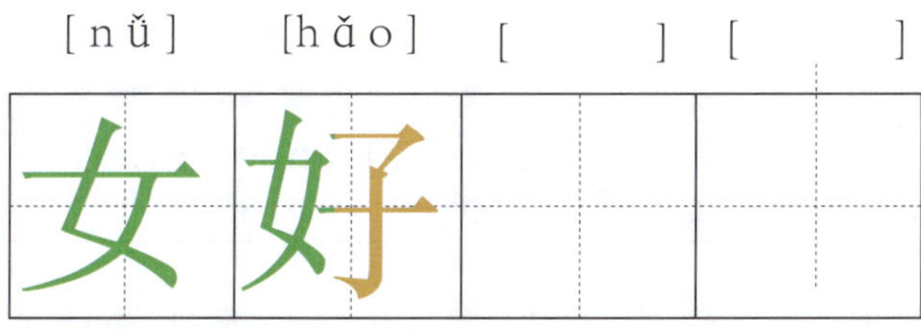

(Grün: Signifikum; gelb: Phonetikum)

(3) Vergleichen und schreiben Sie einander ähnliche Schriftzeichen.

[sh í] Zahl 10

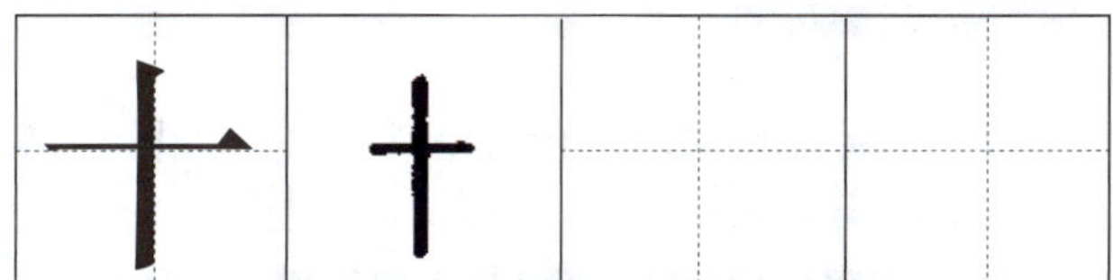

[sh í] Ursprünglich „zehn Menschen", heute vor allem Teil von 什么 shénme „was?" „welches?".

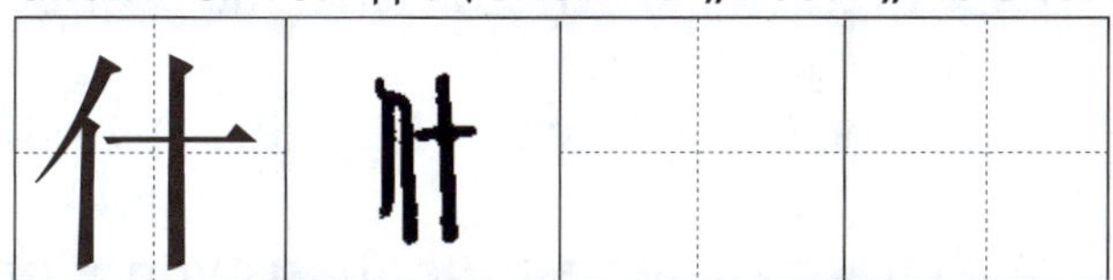

[qi ā n] Hundert 百 mal zehn 十 : tausend.

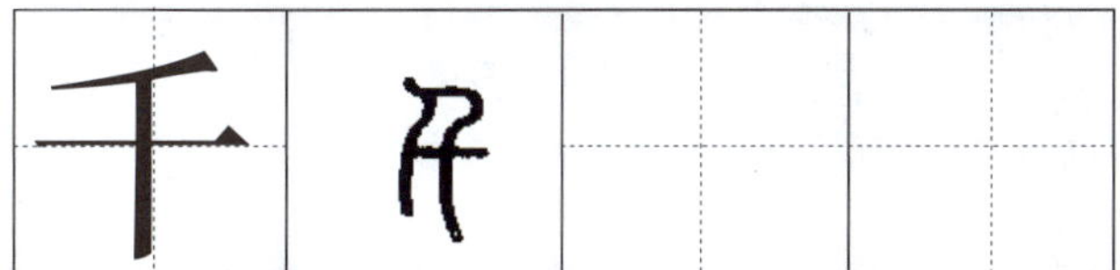

(4) Schriftzeichen auf der Basis von *Pinyin* schreiben

[w ǒ] [sh ì] [w á ng] [y ù]

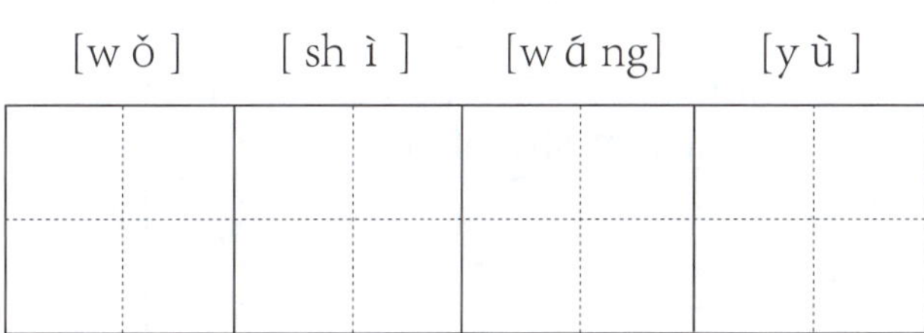

[n ǐ] [x ì ng] [sh í] [me]

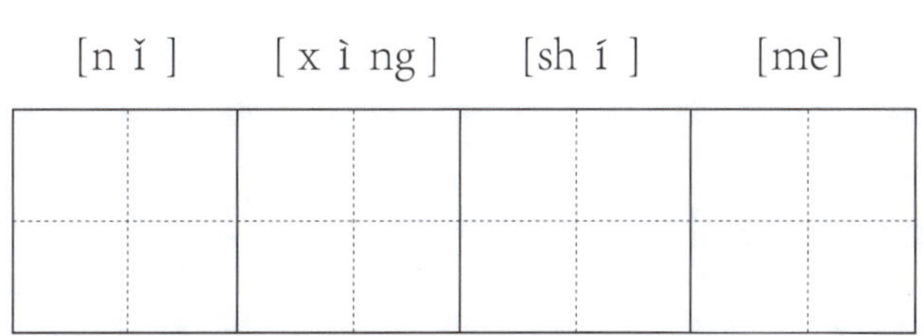

[xi ā n] [sh ē ng] [n ǚ] [sh ì]

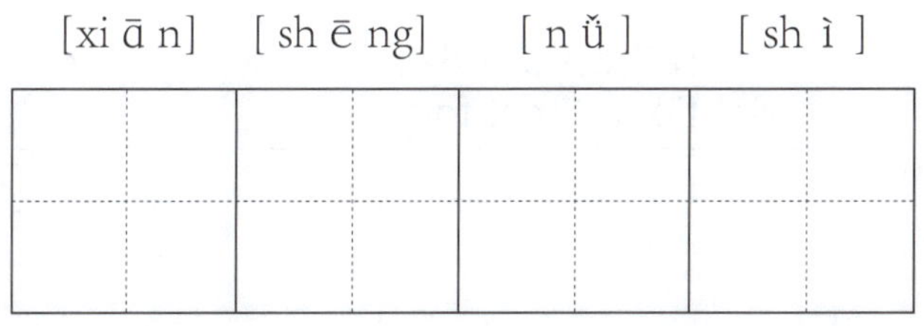

Einheit-2 Lektion 1

Inhalte

1. Einüben der Strichfolge: 早、上、日、本、人、吗、哪、里、英、国、住。
2. Zusammenfassende Übungen:
(1) Signifikum und Phonetikum: 英、吗、哪、住、国。
(2) Schreiben Sie Schriftzeichen auf der Basis des Signifikums: 艹。
(3) Einander ähnliche Schriftzeichen: 木，本，末。
(4) Schriftzeichen auf der Basis von *Pinyin* schreiben.

[rì]

日

1 2 3 4

竖 横折 横 横

Schreiben Sie das Zeichen in der richtigen Strichfolge.

1. Einüben der Strichfolge

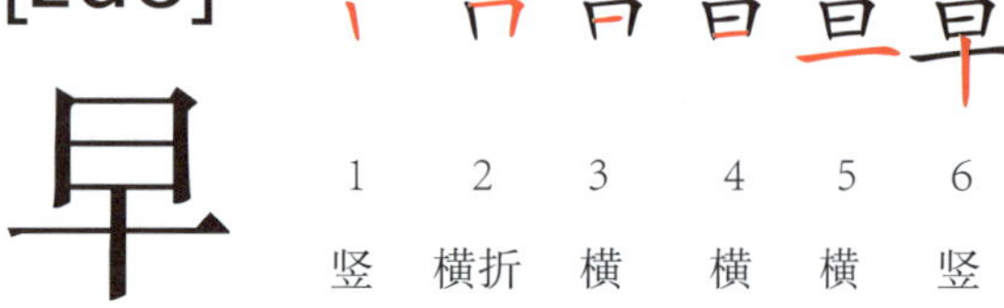

Schreiben Sie das Zeichen in der richtigen Strichfolge.

[běn]

Schreiben Sie das Zeichen in der richtigen Strichfolge.

[shàng]

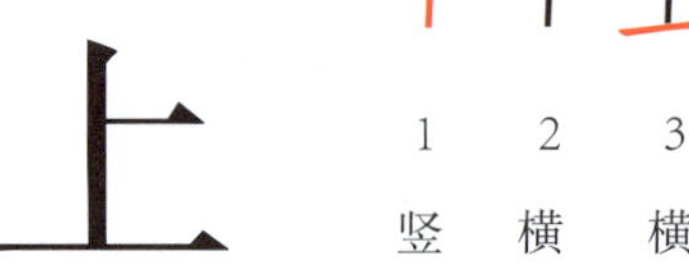

Schreiben Sie das Zeichen in der richtigen Strichfolge.

[rén]

Schreiben Sie das Zeichen in der richtigen Strichfolge.

[ma]

吗

1	2	3	4	5	6
竖	横折	横	横折	竖折折钩	横

Schreiben Sie das Zeichen in der richtigen Strichfolge.

[yīng]

英

1	2	3	4	5	6	7	8
横	撇	撇	竖	横折	横	撇	捺

Schreiben Sie das Zeichen in der richtigen Strichfolge.

[nǎ]

哪

1	2	3	4	5	6	7	8	9
竖	横折	横	横折钩	横	横	撇	横折弯钩	竖

Schreiben Sie das Zeichen in der richtigen Strichfolge.

[guó]

国

1	2	3	4	5	6	7	8
竖	横折钩	横	横	竖	横	点	横

Schreiben Sie das Zeichen in der richtigen Strichfolge.

[lǐ]

里

1	2	3	4	5	6	7
竖	横折	横	横	竖	横	横

Schreiben Sie das Zeichen in der richtigen Strichfolge.

[zhù]

住

1	2	3	4	5	6	7
撇	竖	点	横	横	竖	横

Schreiben Sie das Zeichen in der richtigen Strichfolge.

2. Zusammenfassende Übungen

(1) Markieren Sie Signifika und Phonetika mit verschiedenen Farben.

艹 + 央 = 英 (英雄)

口 + 马 = 吗 (吃了吗)

口 + 那 = 哪 (哪里)

亻 + 主 = 住 (住在)

女 + 也 = 她 (她们)

(2) Schreiben Sie Schriftzeichen auf der Basis des Signifikums.

cǎo 艹 + yāng 央 = (yīng 英)

艹 + zǎo 早 = ( )

艹 + huà 化 = ( )

艹 + yǐ 乙 = ( )

艹 + jīn 斤 = ( )

(3) Vergleichen und schreiben Sie einander ähnliche Schriftzeichen.

[mù] ähnelt einem Baum: „Holz".

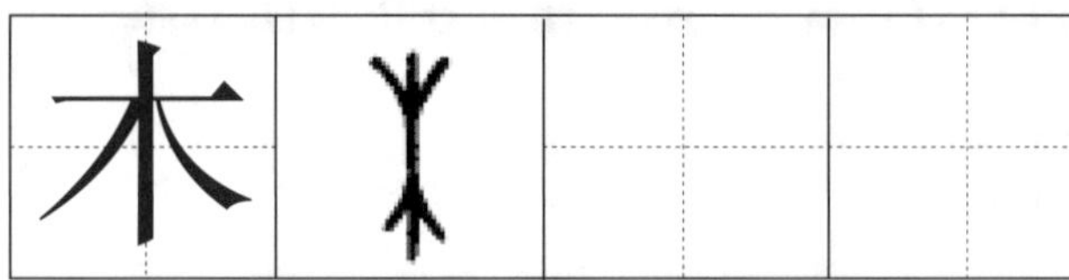

[běn] Der untere waagerechte Strich deutet auf den Wurzelbereich hin: „Herkunft", „Wurzel", (ZEW für Bücher).

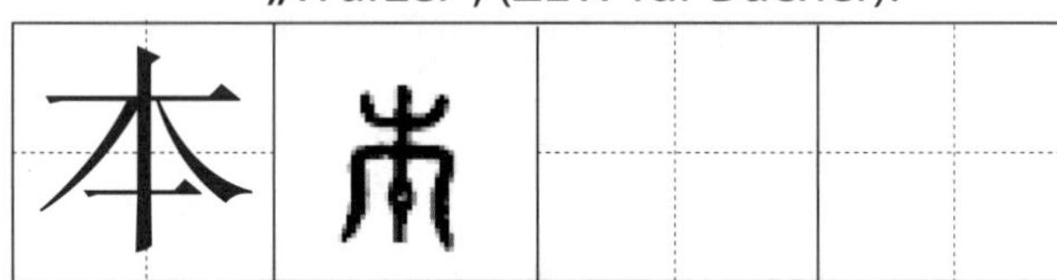

[mò] Der obere waagerechte Strich deutet auf den Wipfelbereich hin: „Ende", „Spitze".

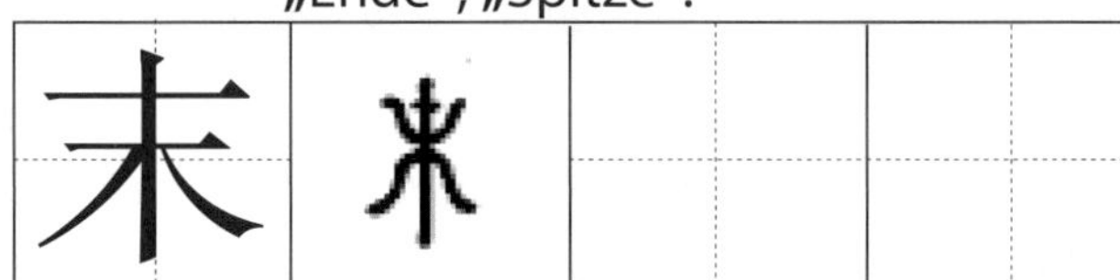

(4) Schriftzeichen auf der Basis von *Pinyin* schreiben.

[zhù] [zài] [běi] [jīng]

[shì] [zhōng] [guó] [rén]

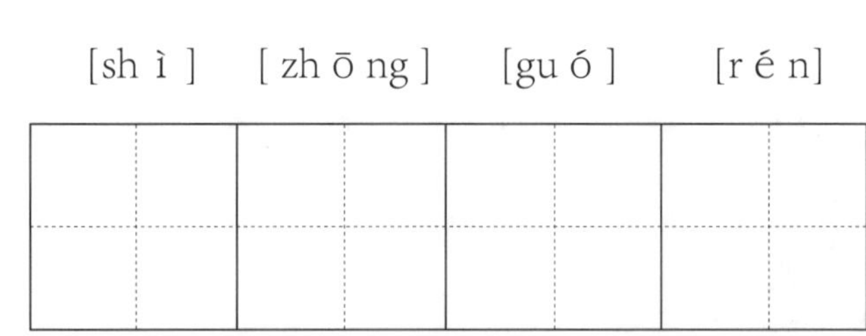

[ào] [dà] [lì] [yà]

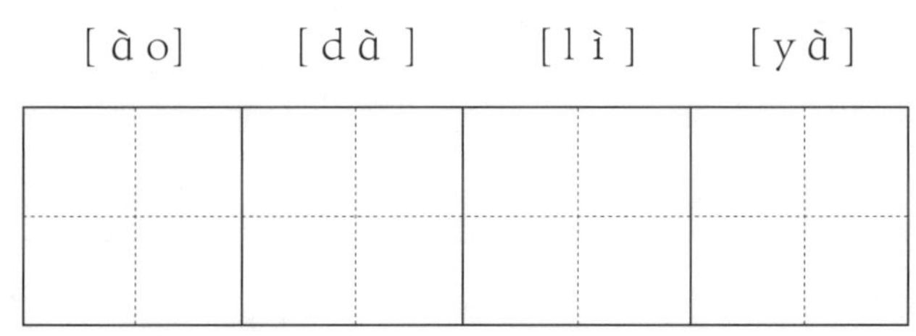

Lektion 2

Inhalte

1. Einüben der Strichfolge: 在、北、京、伦、敦、他、吧、但、尼、明、星。
2. Zusammenfassende Übungen:
(1) Signifikum und Phonetikum: 伦、他、们、明、星。
(2) Schreiben Sie Schriftzeichen auf der Basis des Phonetikums: 门。
(3) Einander ähnliche Schriftzeichen: 比，北，从。
(4) Schriftzeichen auf der Basis von *Pinyin* schreiben.

[jīng] 京

1 点, 2 横, 3 竖, 4 横折, 5 横, 6 竖钩

7 点, 8 点

Schreiben Sie das Zeichen in der richtigen Strichfolge.

1. Einüben der Strichfolge

[zài] 在

1 横, 2 撇, 3 竖, 4 横, 5 竖, 6 横

Schreiben Sie das Zeichen in der richtigen Strichfolge.

[lún] 伦

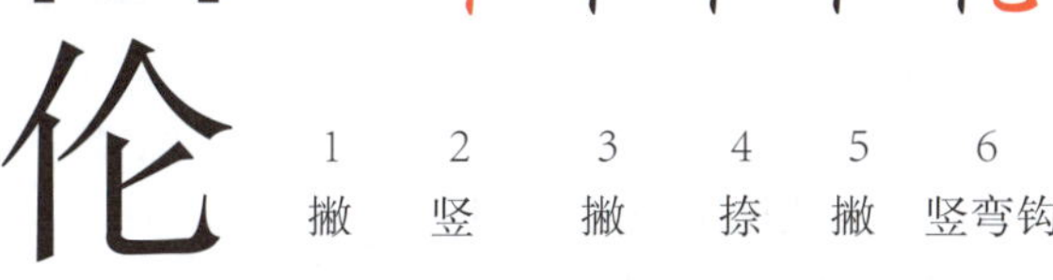

1 撇, 2 竖, 3 撇, 4 捺, 5 撇, 6 竖弯钩

Schreiben Sie das Zeichen in der richtigen Strichfolge.

[dūn] 敦

1 点, 2 横, 3 竖, 4 横折, 5 横, 6 横撇

7 弯钩, 8 提, 9 捺, 10 横, 11 撇, 12 捺

Schreiben Sie das Zeichen in der richtigen Strichfolge.

[běi] 北

1 竖, 2 横, 3 提, 4 撇, 5 竖弯钩

Schreiben Sie das Zeichen in der richtigen Strichfolge.

[tā]
他

丿 亻 仛 仲 他

1 撇　2 竖　3 横折钩　4 竖　5 竖弯钩

Schreiben Sie das Zeichen in der richtigen Strichfolge.

[ní]
尼

1 横折　2 横　3 撇　4 撇　5 竖弯钩

Schreiben Sie das Zeichen in der richtigen Strichfolge.

[ba]
吧

1 竖　2 横折　3 横　4 横折　5 竖　6 横　7 竖弯钩

Schreiben Sie das Zeichen in der richtigen Strichfolge.

[míng]
明

1 竖　2 横折　3 横　4 横　5 撇　6 横折钩　7 横　8 横

Schreiben Sie das Zeichen in der richtigen Strichfolge.

[dàn]
但

丿 亻 亻 但

1 撇　2 竖　3 竖　4 横折　5 横　6 横　7 横

Schreiben Sie das Zeichen in der richtigen Strichfolge.

[xīng]
星

1 竖　2 横折　3 横　4 横　5 撇　6 横　7 横　8 竖　9 横

Schreiben Sie das Zeichen in der richtigen Strichfolge.

2. Zusammenfassende Übungen:

(1) Markieren Sie Signifika und Phonetika mit verschiedenen Farben.

亻 + 仑 = 伦 (伦敦)

亻 + 也 = 他 (他们)

口 + 巴 = 吧 （ 好吧 ）

日 + 月 = 明 (明天)

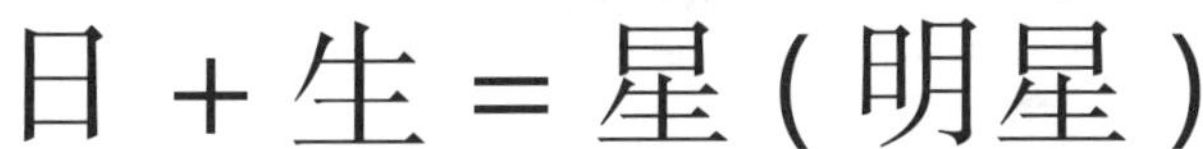

日 + 生 = 星 (明星)

(2) Schreiben Sie Schriftzeichen auf der Basis des Signifikums.

口 + 门 (mén) = (问 (wèn))

亻 + 门 (mén) = (　　　)

门 (mén) + 耳 = (　　　)

心 + 门 (mén) = (　　　)

(3) Vergleichen und schreiben Sie einander ähnliche Schriftzeichen.

[b ě i] zeigt zwei Menschen, die einander den Rücken zuwenden: ursprünglich „Rücken", später „Norden".

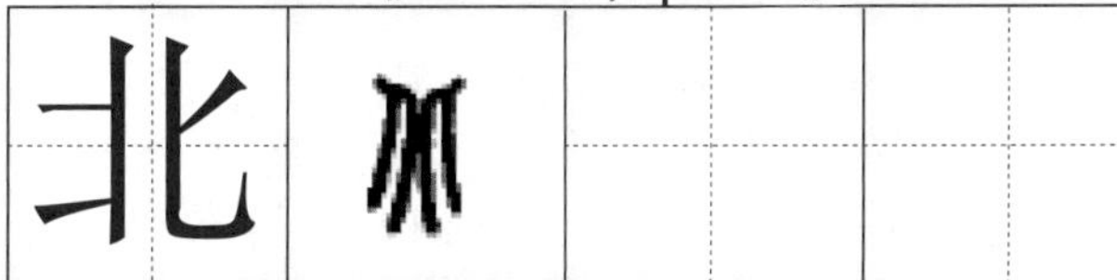

[b ǐ] Zwei Menschen, die nebeneinander stehen: „vergleichen".

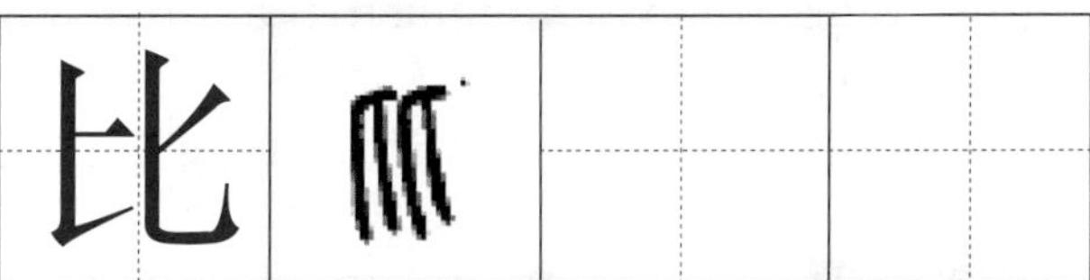

[c ó ng] Ein Mensch folgt dem anderen: „folgen", „von···her".

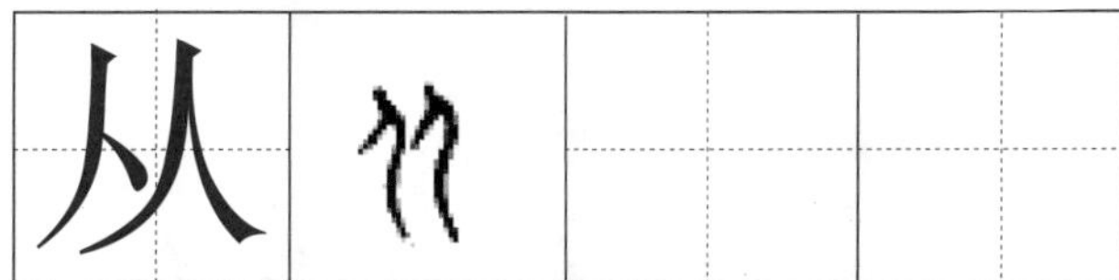

(4) Schriftzeichen auf der Basis von *Pinyin* schreiben

[di à n] [y ǐ ng] [m í ng] [x ī ng]

[sh ì] [q ī ng] [d ǎ o] [r é n]

[w ǒ] [b ù] [zh ī] [d à o]

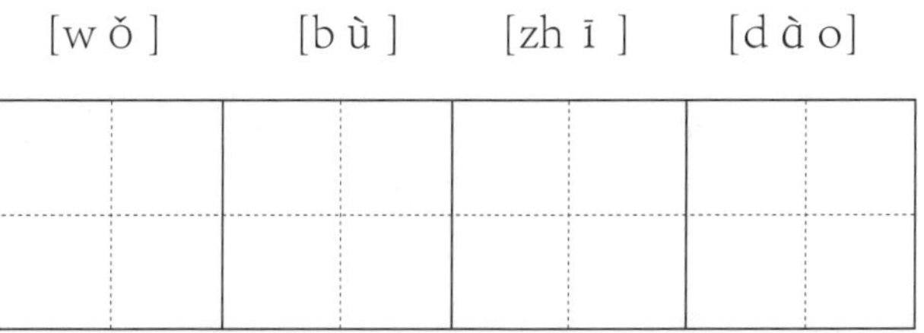

Lektion 3

Inhalte

1. Einüben der Strichfolge: 南、美、加、拿、大、新、西、兰、非、利、亚。
2. Zeichenstrukturanalyse: 口 + □; 日 + □
3. Zusammenfassende Übungen:
(1) Signifikum und Phonetikum: 美、利、新、加、拿。
(2) Schreiben Sie Schriftzeichen auf der Basis des Signifikums: 口，日。
(3) Einander ähnliche Schriftzeichen: 夫，天，大。
(4) Schriftzeichen auf der Basis von *Pinyin* schreiben.

1. Einüben der Strichfolge

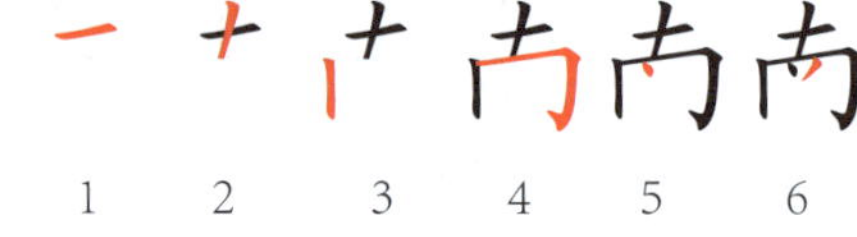

[nán] 南

1 横　2 撇　3 竖　4 横折钩　5 点　6 点

7 横　8 横　9 竖

Schreiben Sie das Zeichen in der richtigen Strichfolge.

[měi] 美

1 点　2 点　3 横　4 横　5 竖　6 横

7 横　8 撇　9 捺

Schreiben Sie das Zeichen in der richtigen Strichfolge.

[jiā] 加

1 横折钩　2 撇　3 竖　4 横折　5 横

Schreiben Sie das Zeichen in der richtigen Strichfolge.

[ná] 拿

1 撇　2 捺　3 横　4 竖　5 横折　6 横

7 撇　8 横　9 横　10 弯钩

Schreiben Sie das Zeichen in der richtigen Strichfolge.

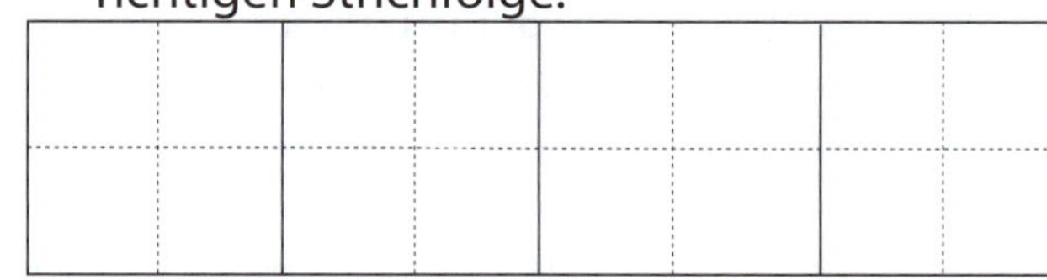

[dà] 大

1 横　2 撇　3 捺

Schreiben Sie das Zeichen in der richtigen Strichfolge.

[xīn]

新

1 竖 2 横折 3 点 4 点 5 横 6 横 7 竖钩 8 点 9 点 10 撇 11 撇 12 横 13 竖

Schreiben Sie das Zeichen in der richtigen Strichfolge.

[fēi]

非

1 竖 2 横 3 横 4 横 5 竖 6 横 7 横 8 横

Schreiben Sie das Zeichen in der richtigen Strichfolge.

[xī]

西

1 横 2 竖 3 横折钩 4 撇 5 竖弯 6 横

Schreiben Sie das Zeichen in der richtigen Strichfolge.

[lì]

利

1 撇 2 横 3 竖 4 撇 5 点 6 竖 7 竖钩

Schreiben Sie das Zeichen in der richtigen Strichfolge.

[lán]

兰

1 点 2 撇 3 横 4 横 5 横

Schreiben Sie das Zeichen in der richtigen Strichfolge.

[yà]

亚

1 横 2 竖 3 竖 4 点 5 撇 6 横

Schreiben Sie das Zeichen in der richtigen Strichfolge.

2. Zeichenstrukturanalyse

(1) Piktographisches Zeichen

[kǒu] 口 (Grundbedeutung) „Mund"/ „Maul" eines Menschen oder Tieres. Schriftzeichen, die die Komponente 口 enthalten, haben zumeist mit dem Mund oder Lauten zu tun.

(2) Entwicklung des Schriftzeichens

früher → heute

Orakelknochen-/ Bronzeschrift jiǎ gǔ wén / jīn wén			
ㅂ	ㅂ	口	口

(3) Beispielzeichen mit 口 als Signifikum

[pǐn] 品 Bedeutungskompositum: Drei 口 zusammen stehen für „probieren", aber auch für „Vielfalt" und „Produkt".

[jiào] 叫 S+P-Schriftzeichen: Das Signifikum 口 steht für den Mund, 丩 jiū ist Phonetikum. Das Zeichen bedeutet „rufen" (von Menschen oder Tieren).

(4) Strichfolge

丨 冂 口

1 竖 | 2 横折 | 3 横

(1) Piktographisches Zeichen

[rì] 日 (Grundbedeutung): die Sonne. Schriftzeichen, die die Komponente 日 enthalten, haben zumeist mit der Sonne und dem Tageslicht zu tun.

(2) Entwicklung des Schriftzeichens

→

⊙	θ	日	日

(3) Beispielzeichen mit 日 als Signifikum

[míng] 明 Bedeutungskompositum: 日 steht für die Sonne, 月 für den Mond. Zusammengesetzt bedeuten sie „leuchten", „strahlen".

[hàn] 旱 S+P-Schriftzeichen: Das Signifikum 日 steht für die Sonne, 干 gān ist Phonetikum. Das Zeichen bedeutet „trocken", „Dürre".

(4) Strichfolge

冂 冃 日

1 竖 | 2 横 | 3 横

3. Zusammenfassende Übungen:

(1) Markieren Sie Signifika und Phonetika mit verschiedenen Farben.

羊 + 大 = 美 (美国)

禾 + 刂 = 利 (便利)

亲 + 斤 = 新(新西兰)

力 + 口 = 加 (加减)

合 + 手 = 拿 (明星)

(2) Schreiben Sie Schriftzeichen auf der Basis des Signifikums.

[kǒu] [bā] [ ] [ ]

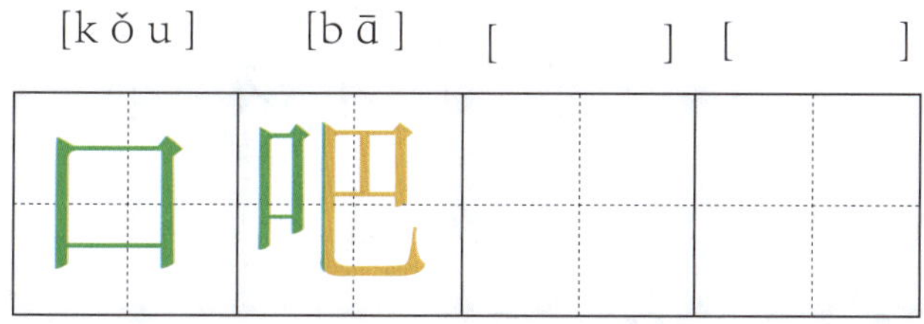

(Grün: Signifikum; gelb: Phonetikum)

[rì] [míng] [ ] [ ]

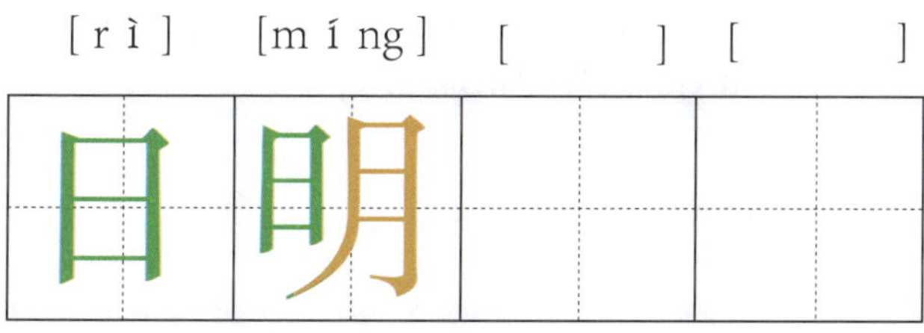

(3) Vergleichen und schreiben Sie einander ähnliche Schriftzeichen.

[fū] Der obere waagerechte Strich zeigt eine Haarspange auf dem Kopf: „erwachsener Mann", „Ehemann".

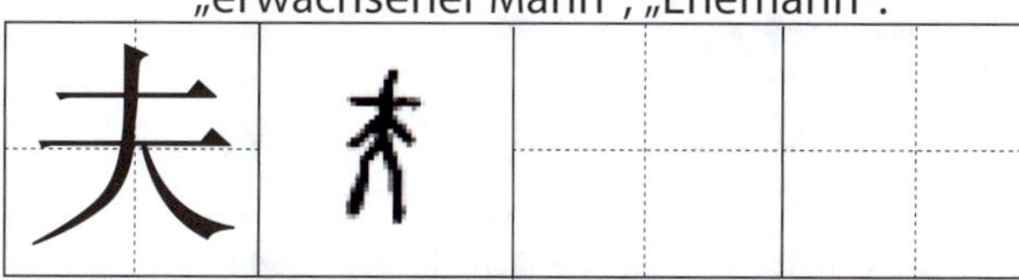

[tiān] Der Kopf des Menschen reicht bis zum Himmel: „Himmel", „Tag".

[dà] Ein Mensch streckt Arme und Beine aus: „groß".

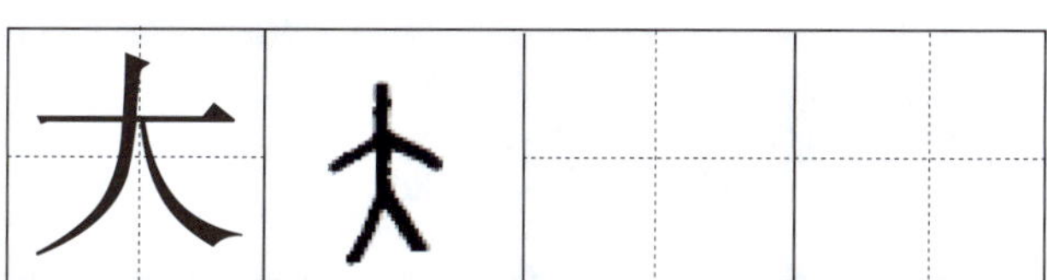

(4) Schriftzeichen auf der Basis von *Pinyin* schreiben

[jiā] [ná] [dà] [rén]

[xīn] [xī] [lán] [rén]

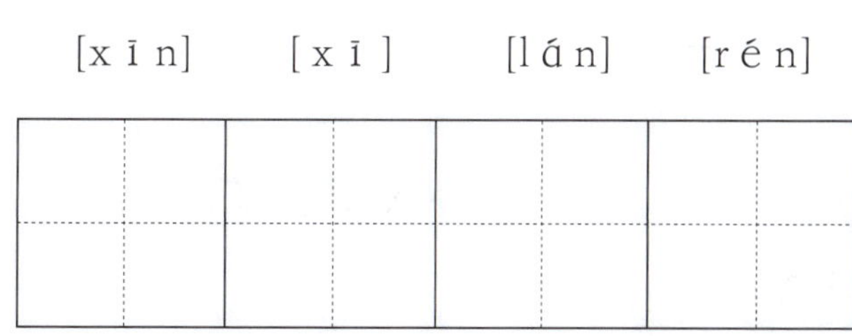

[zhù] [zài] [lún] [dūn]

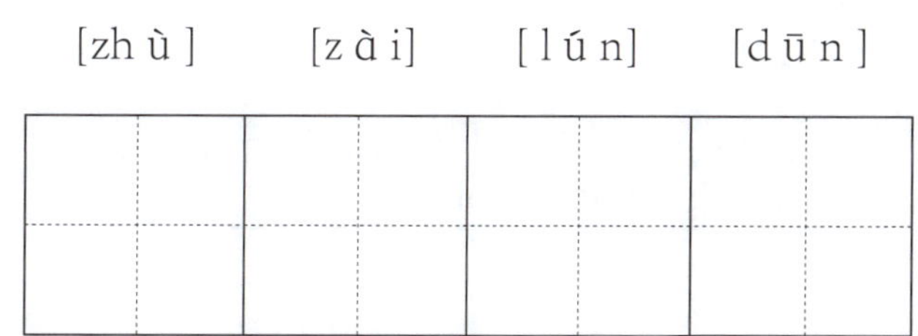

Einheit-3 Lektion 1

Inhalte

1. Einüben der Strichfolge: 她、妹、这、弟、和、也、学、做、记、者、爸。
2. Zusammenfassende Übungen:
(1) Signifikum und Phonetikum: 她、妹、这、记、爸。
(2) Schreiben Sie Schriftzeichen auf der Basis des Signifikums: 巴。
(3) Einander ähnliche Schriftzeichen: 生，主，王。
(4) Schriftzeichen auf der Basis von *Pinyin* schreiben.

1. Einüben der Strichfolge

[tā]

她

1	2	3	4	5	6
撇折	撇	提	横折钩	竖	竖弯钩

Schreiben Sie das Zeichen in der richtigen Strichfolge.

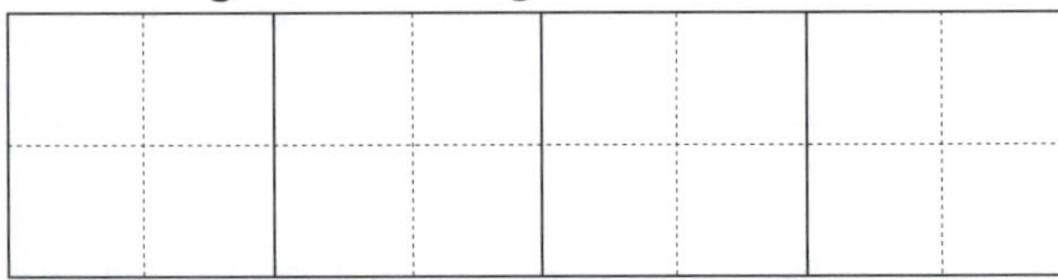

[mèi]

妹

1	2	3	4	5	6	7	8
撇折	撇	提	横	横	竖	撇	捺

Schreiben Sie das Zeichen in der richtigen Strichfolge.

[zhè]

这

1	2	3	4	5	6	7
点	横	撇	点	点	横折弯	捺

Schreiben Sie das Zeichen in der richtigen Strichfolge.

[dì]

弟

1	2	3	4	5	6	7
点	点	横折	横	竖折折钩	竖	撇

Schreiben Sie das Zeichen in der richtigen Strichfolge.

[hé]

和

1	2	3	4	5	6	7	8
撇	横	竖	撇	点	竖	横折	横

Schreiben Sie das Zeichen in der richtigen Strichfolge.

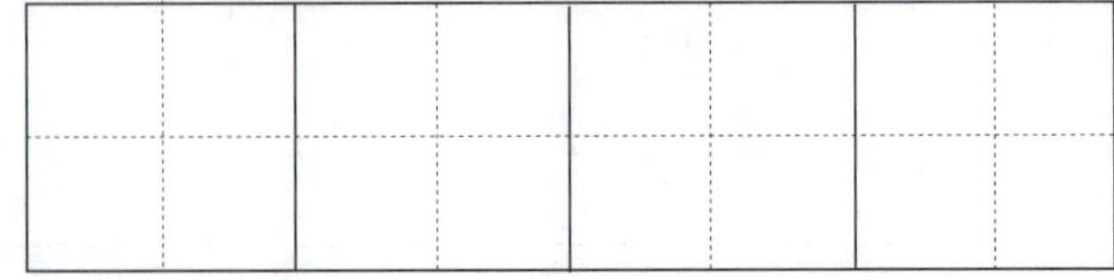

[yě] 也

1	2	3	4	5	6	7
横	竖钩	提	点	横折	横	撇

Schreiben Sie das Zeichen in der richtigen Strichfolge.

[bà] 爸

1	2	3	4	5	6	7	8
撇	点	撇	捺	横折	竖	横	竖弯钩

Schreiben Sie das Zeichen in der richtigen Strichfolge.

[xué] 学

1	2	3	4	5	6	7	8
点	点	点	点	横钩	横钩	弯钩	横

Schreiben Sie das Zeichen in der richtigen Strichfolge.

[jì] 记

1	2	3	4	5
点	横折钩	横折	横	竖弯钩

Schreiben Sie das Zeichen in der richtigen Strichfolge.

[zuò] 做

1	2	3	4	5	6	7	8	9	10	11
撇	竖	横	撇	竖	横折	横	撇	横	撇	捺

Schreiben Sie das Zeichen in der richtigen Strichfolge.

[zhě] 者

1	2	3	4	5	6	7	8
横	竖	横	撇	竖	横折钩	横	横

Schreiben Sie das Zeichen in der richtigen Strichfolge.

2. Zusammenfassende Übungen:

(1) Markieren Sie Signifika und Phonetika mit verschiedenen Farben.

禾 + 口 = 和 (和平)

女 + 未 = 妹 (妹妹)

亻 + 故 = 做 (做事)

讠 + 己 = 记 (记者)

父 + 巴 = 爸 (爸爸)

(2) Schreiben Sie Schriftzeichen mit dem gleichen Phonetikum.

口 + 巴 (bā) = (吧 (ba))

父 + 巴 (bā) = (   )

扌 + 巴 (bā) = (   )

爪 + 巴 (bā) = (   )

疒 + 巴 (bā) = (   )

(3) Vergleichen und schreiben Sie einander ähnliche Schriftzeichen.

[sh ē ng] Eine Pflanze, die aus dem Boden wächst: „wachsen", „entstehen".

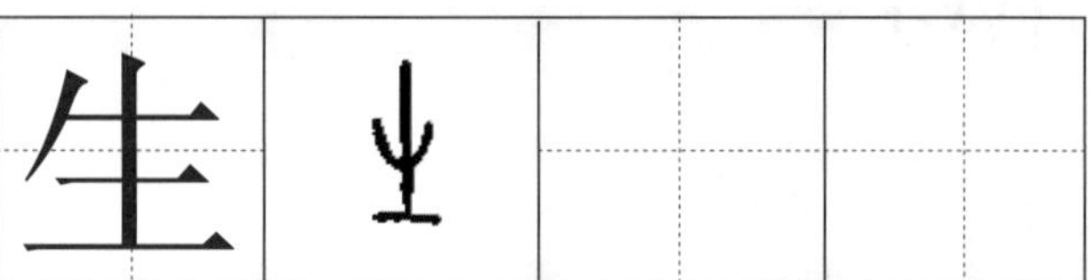

[zh ǔ] Eine Flamme eines Lichtes, Bedeutung ausgeweitet zu „hauptsächlich", „wichtig".

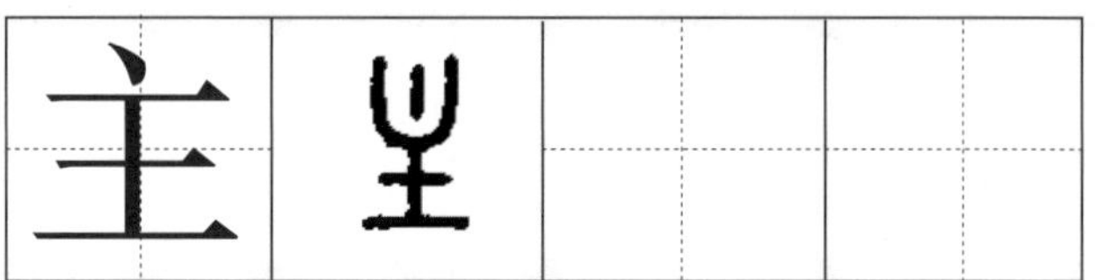

[w á ng] Ursprünglich eine Axt, ein Symbol von Macht: „Stammesführer", „König".

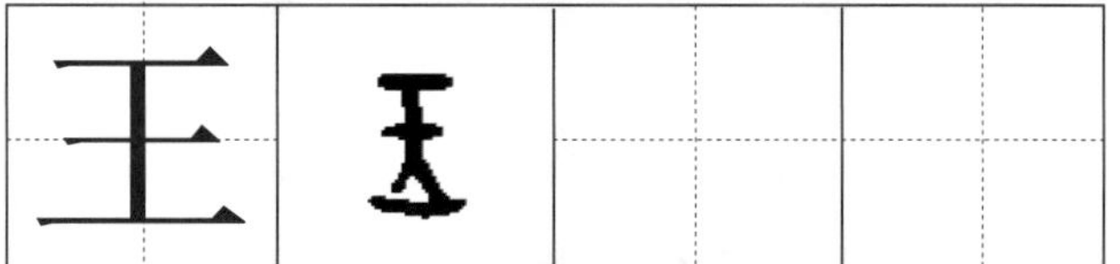

(4) Schriftzeichen auf der Basis von *Pinyin* schreiben

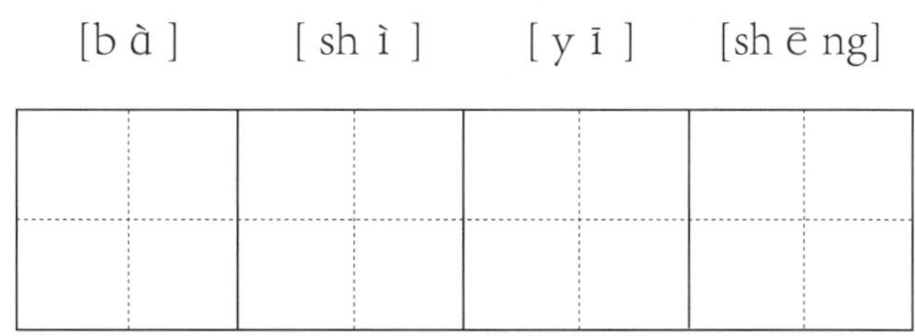

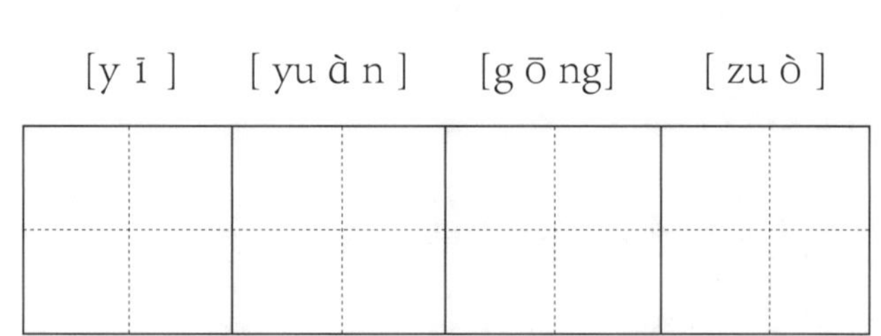

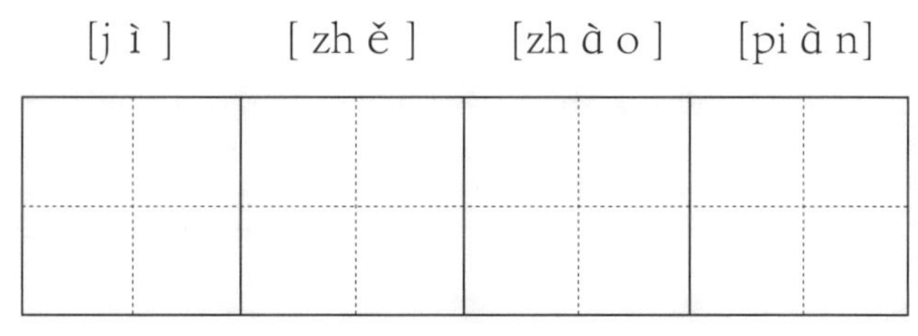

Lektion 2

Inhalte

1. Einüben der Strichfolge: 工、作、医、院、妈、都、家、的、照、片、校。
2. Zusammenfassende Übungen:
(1) Signifikum und Phonetikum: 作、院、都、家、校。
(2) Schreiben Sie Schriftzeichen auf der Basis des Phonetikums: 马。
(3) Einander ähnliche Schriftzeichen: 工，士，土。
(4) Schriftzeichen auf der Basis von *Pinyin* schreiben.

[yī]

1	2	3	4	5	6	7
横	撇	横	横	撇	点	竖折

Schreiben Sie das Zeichen in der richtigen Strichfolge.

1. Einüben der Strichfolge

[gōng]

1	2	3
横	竖	横

Schreiben Sie das Zeichen in der richtigen Strichfolge.

[yuàn]

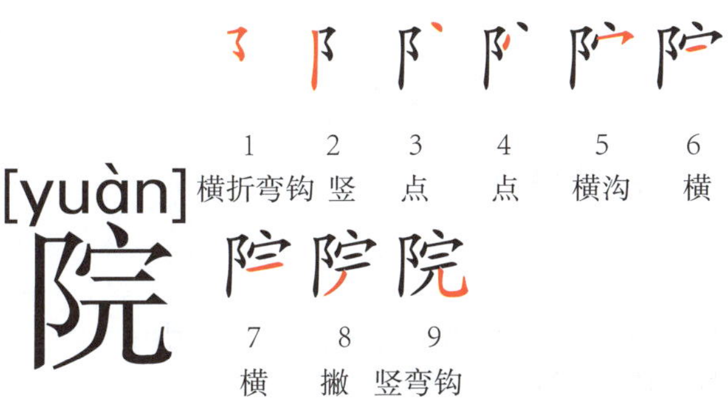

1	2	3	4	5	6	7	8	9
横折弯钩	竖	点	点	横沟	横	横	撇	竖弯钩

Schreiben Sie das Zeichen in der richtigen Strichfolge.

[zuò]

作

1	2	3	4	5	6	7
撇	竖	撇	横	竖	横	横

Schreiben Sie das Zeichen in der richtigen Strichfolge.

[mā]

妈

1	2	3	4	5	6
撇折	撇	提	横折	竖折折钩	横

Schreiben Sie das Zeichen in der richtigen Strichfolge.

[jiā]

家

1 点 2 点 3 横钩 4 横 5 撇 6 弯钩 7 撇 8 撇 9 撇 10 捺

Schreiben Sie das Zeichen in der richtigen Strichfolge.

[zhào]

照

1 竖 2 横折 3 横 4 横 5 横折钩 6 撇 7 竖 8 横折 9 横 10 点 11 点 12 点 13 点

Schreiben Sie das Zeichen in der richtigen Strichfolge.

[de]

的

1 撇 2 竖 3 横折钩 4 横 5 横 6 撇 7 横折钩 8 点

Schreiben Sie das Zeichen in der richtigen Strichfolge.

[piàn]

片

1 撇 2 竖 3 横 4 横折

Schreiben Sie das Zeichen in der richtigen Strichfolge.

[xiào]

校

1 横 2 竖 3 撇 4 点 5 点 6 横 7 撇 8 点 9 撇 10 捺

Schreiben Sie das Zeichen in der richtigen Strichfolge.

[dōu]

都

1 横 2 竖 3 横 4 撇 5 竖 6 横折钩 7 横 8 横 9 横折弯钩 10 竖

Schreiben Sie das Zeichen in der richtigen Strichfolge.

2. Zusammenfassende Übungen:

(1) Markieren Sie Signifika und Phonetika mit verschiedenen Farben.

亻 + 乍 = 作（作业）

阝 + 完 = 院（医院）

者 + 阝 = 都（都是）

宀 + 豕 = 家（大家）

木 + 交 = 校（学校）

(2) Schreiben Sie Schriftzeichen auf der Basis des Phonetikums.

女 + 马 (mǎ) = （妈 (mā)）

口 + 马 (mǎ) = （ ）

石 + 马 (mǎ) = （ ）

吅 + 马 (mǎ) = （ ）

王 + 马 (mǎ) = （ ）

(3) Vergleichen und schreiben Sie einander ähnliche Schriftzeichen.

[gōng] Ein Werkzeug. Bedeutung erweitert zu „Arbeit“, „Arbeiter“.

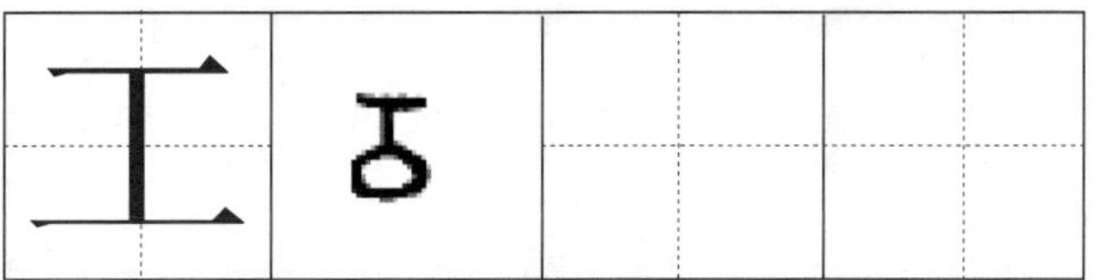

[shì] Ein Werkzeug wie eine Axtklinge, erweitert zu „Krieger“, „Soldat“.

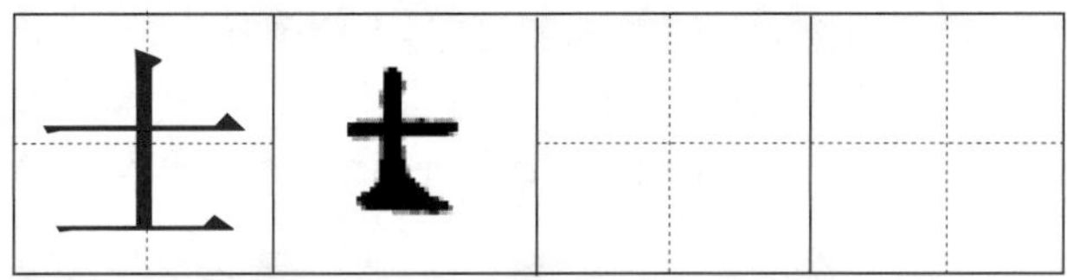

[tǔ] Der untere Strich symbolisiert den Erdboden: „Erde“.

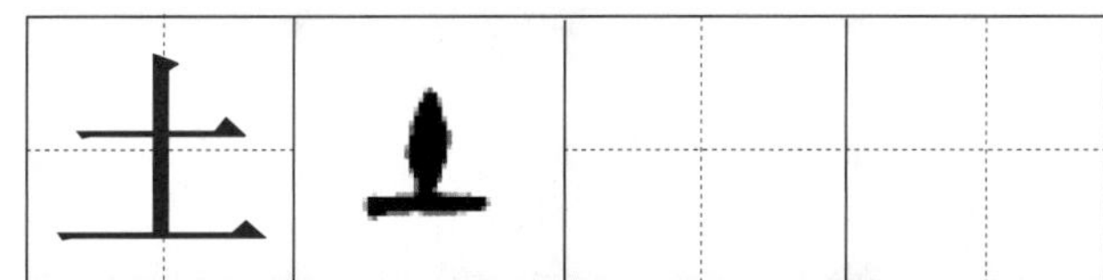

(4) Schriftzeichen auf der Basis von *Pinyin* schreiben

[gē] [gē] [yī] [shēng]

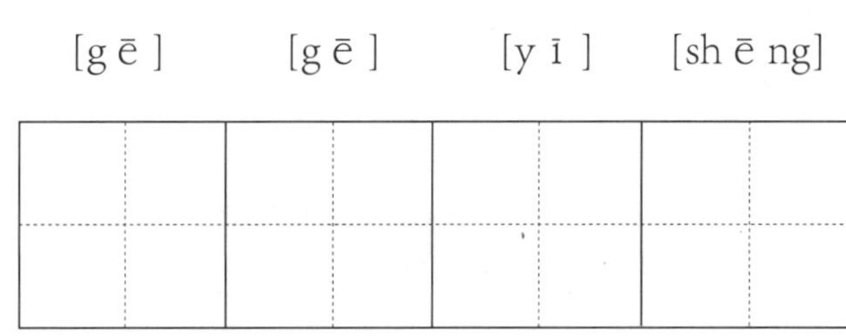

[jiě] [jiě] [hù] [shì]

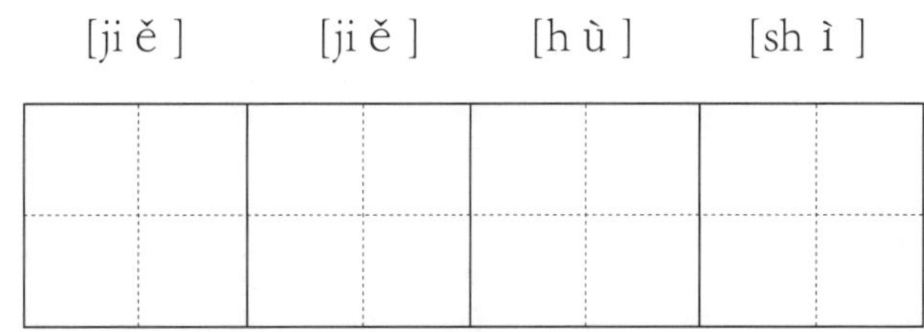

[dōu] [zài] [yī] [yuàn]

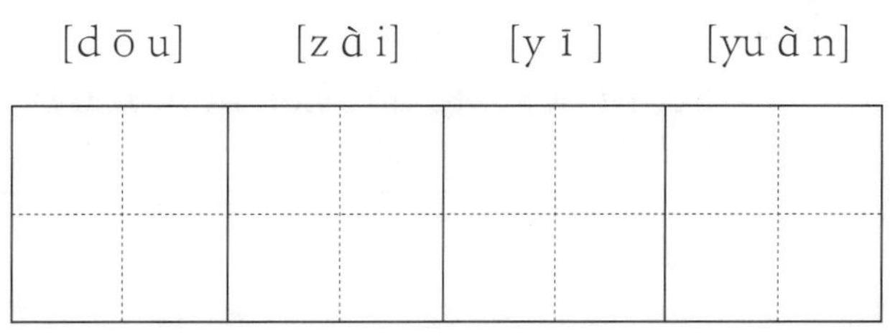

Lektion 3

Inhalte

1. Einüben der Strichfolge: 哥、老、师、护、士、服、务、员、理、发、书。
2. Zeichenstrukturanalyse: 宀 + □; 阝 + □
3. Zusammenfassende Übungen:
(1) Signifikum und Phonetikum: 哥、护、理、程、员。
(2) Schreiben Sie Schriftzeichen auf der Basis des Signifikums: 宀, 阝。
(3) Einander ähnliche Schriftzeichen: 交, 文, 父。
(4) Schriftzeichen auf der Basis von *Pinyin* schreiben.

1. Einüben der Strichfolge

[gē]

哥

1 横　2 竖　3 横折　4 横　5 竖　6 横

7 竖　8 横折　9 横　10 竖钩

Schreiben Sie das Zeichen in der richtigen Strichfolge.

[lǎo]

老

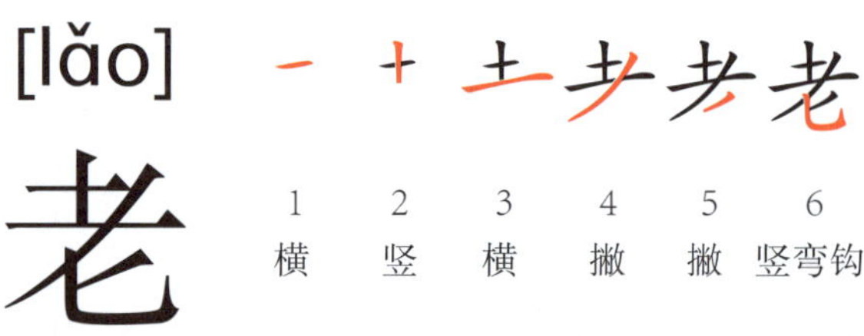

1 横　2 竖　3 横　4 撇　5 撇　6 竖弯钩

Schreiben Sie das Zeichen in der richtigen Strichfolge.

[shī]

师

1 竖　2 撇　3 横　4 竖　5 横折钩　6 竖

Schreiben Sie das Zeichen in der richtigen Strichfolge.

[hù]

护

1 横　2 竖钩　3 提　4 点　5 横折　6 横

7 撇

Schreiben Sie das Zeichen in der richtigen Strichfolge.

[shì]

士

1 横　2 竖　3 横

Schreiben Sie das Zeichen in der richtigen Strichfolge.

[fú]

服

1	2	3	4	5	6	7	8
撇	横折钩	横	横	横折钩	竖	横撇	捺

Schreiben Sie das Zeichen in der richtigen Strichfolge.

[lǐ]

理

1	2	3	4	5	6	7	8	9	10	11
横	横	竖	提	竖	横折	横	横	竖	横	横

Schreiben Sie das Zeichen in der richtigen Strichfolge.

[wù]

务

1	2	3	4	5
撇	横撇	捺	横折钩	撇

Schreiben Sie das Zeichen in der richtigen Strichfolge.

[fà]

发

1	2	3	4	5
撇折	撇	横撇	捺	点

Schreiben Sie das Zeichen in der richtigen Strichfolge.

[yuán]

员

1	2	3	4	5	6	7
竖	撇折	横	竖	横折	撇	点

Schreiben Sie das Zeichen in der richtigen Strichfolge.

[shū]

书

1	2	3	4
横折	横折钩	竖	点

Schreiben Sie das Zeichen in der richtigen Strichfolge.

2. Zeichenstrukturanalyse

(1) Piktographisches Zeichen

[mián] (Grundbedeutung) „Dach" eines Hauses. Schriftzeichen, die die Komponente 宀 enthalten, haben zumeist mit Häusern und Räumlichkeiten zu tun.

宀

(2) Entwicklung des Schriftzeichens

früher → heute

Orakelknochen-/Bronzeschrift ji ǎ g ǔ wén / j ī nwén	Siegelschrift zhuànsh ū	Kanzleischrift lìsh ū	Standardschrift k ǎ ish ū
		宀	宀

(3) Beispielzeichen mit 宀 als Signifikum

[jiā] 家 Bedeutungskompositum: 宀 drückt eine Behausung aus. 豕 stellt ein Schwein dar. Zusammen stehen sie für das „Zuhause", die „Familie".

[jì]  S+P-Schriftzeichen: Das Signifikum ist 宀, das Phonetikum 奇 qí. Das Zeichen bedeutet „beauftragen", „mit der Post schicken".

(4) Strichfolge

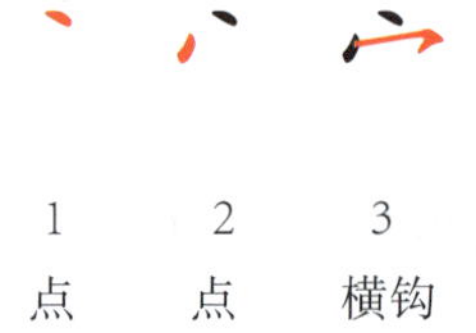

1 点 2 点 3 横钩

Schreiben Sie das Zeichen in der richtigen Strichfolge.

(1) Piktographisches Zeichen

[yì] 阝 (Grundbedeutung) Auf der rechten Seite eines Zeichens eine gekürzte Form von 邑 „Stadt". Schriftzeichen, die die Komponente 阝 enthalten, haben zumeist mit dem Konzept „Stadt" zu tun. Im Volksmund wird diese Komponente auch oft 右耳朵 yòu' ě rdu ō „rechtes Ohr" genannt.

(2) Entwicklung des Schriftzeichens

früher → heute

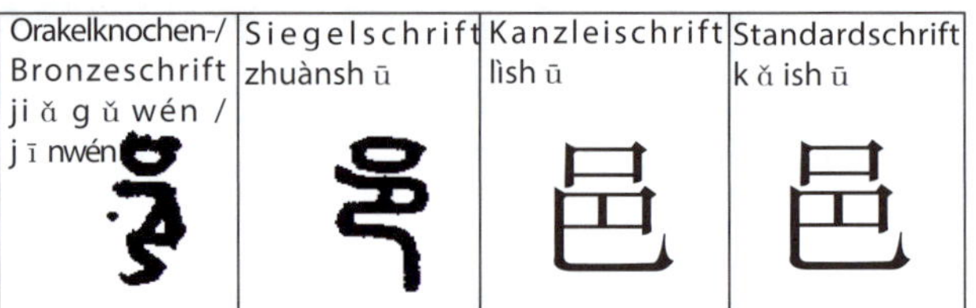

Orakelknochen-/Bronzeschrift ji ǎ g ǔ wén / j ī nwén	Siegelschrift zhuànsh ū	Kanzleischrift lìsh ū	Standardschrift k ǎ ish ū
		邑	邑

(3) Beispielzeichen mit 阝 als Signifikum

[dū]  都 S+P-Schriftzeichen: 阝 ist Signifikum, 者 (heute zh ě) Phonetikum. Grundbedeutung: „Großstadt", „Metropole".

[lín] 邻 邻 S+P-Schriftzeichen: 阝 ist Signifikum, 令 lìng ist Phonetikum. (Im Langzeichen 鄰 ist das Phonetikum 粦 lín.) Ursprüngliche Bedeutung „Wohnbevölkerung", heute auch „Nachbar".

(4) Strichfolge

1 横折弯钩 2 竖

Schreiben Sie das Zeichen in der richtigen Strichfolge.

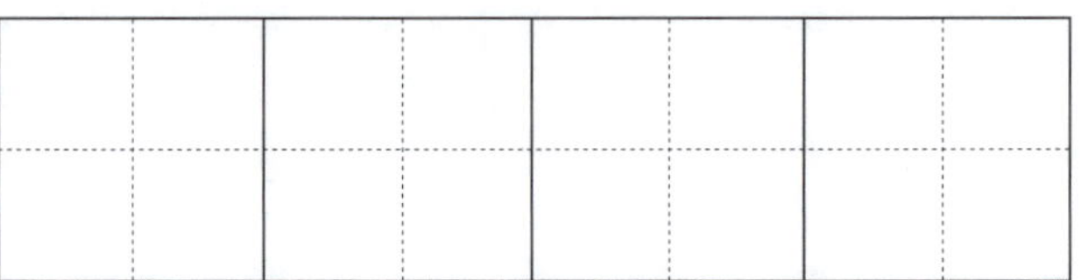

3. Zusammenfassende Übungen:

(1) Markieren Sie Signifika und Phonetika mit verschiedenen Farben.

可 + 可 = 哥（哥哥）

扌 + 户 = 护（护士）

王 + 里 = 理（理发）

禾 + 呈 = 程（工程师）

口 + 贝 = 员（服务员）

(2) Schreiben Sie Schriftzeichen auf der Basis des Signifikums.

[mi á n] [ji ā] [ ] [ ]

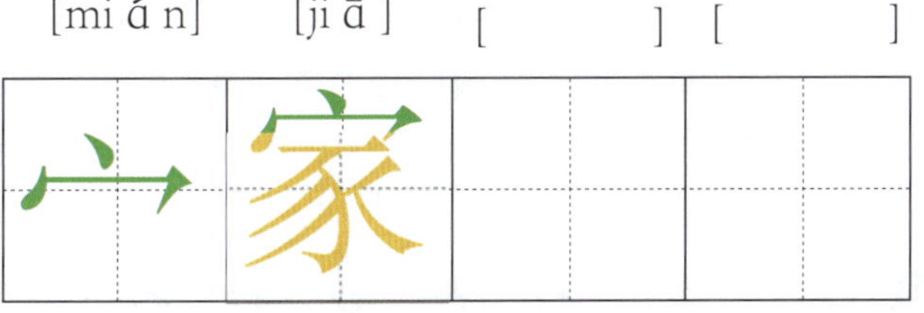

(Grün: Signifikum, gelb: Phonetikum)

[y ì] [y ó u] [ ] [ ]

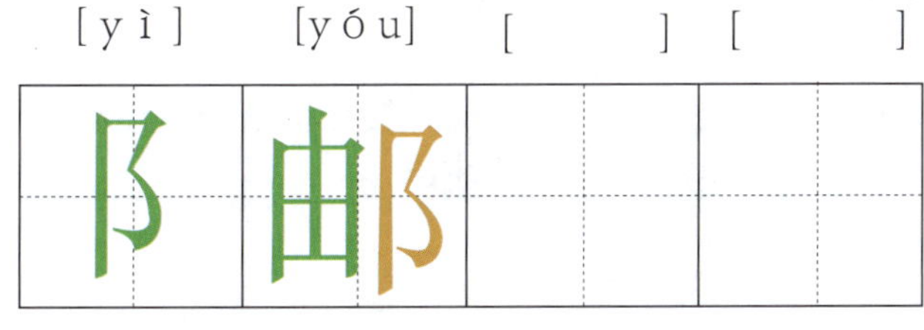

(Grün: Signifikum, gelb: Phonetikum)

(3) Vergleichen und schreiben Sie einander ähnliche Schriftzeichen.

[ji ā o] Ein Mensch mit übergeschlagenen Beinen: „austauschen".

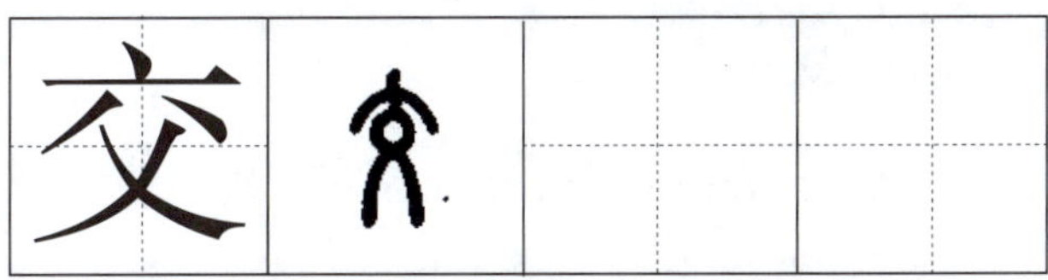

[w é n] Eine Körperbemalung; später erweitert zu „Text", „Schrift".

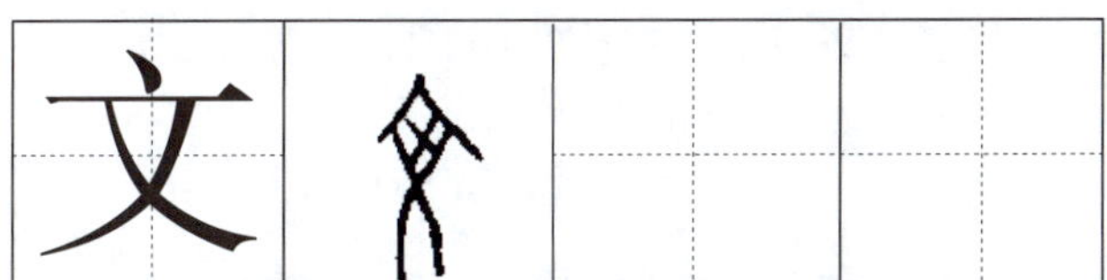

[f ù] Eine Hand, die eine Axt hält, drückt einen erwachsenen Mann aus; heute „Vater".

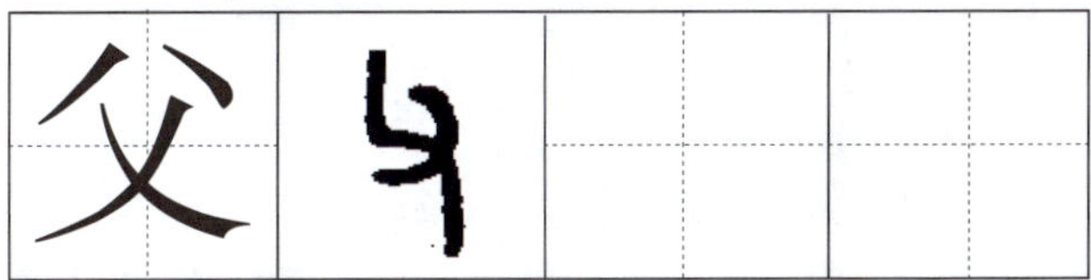

(4) Schriftzeichen auf der Basis von *Pinyin* schreiben

[d ō u] [sh ì] [xu é] [sh ē ng]

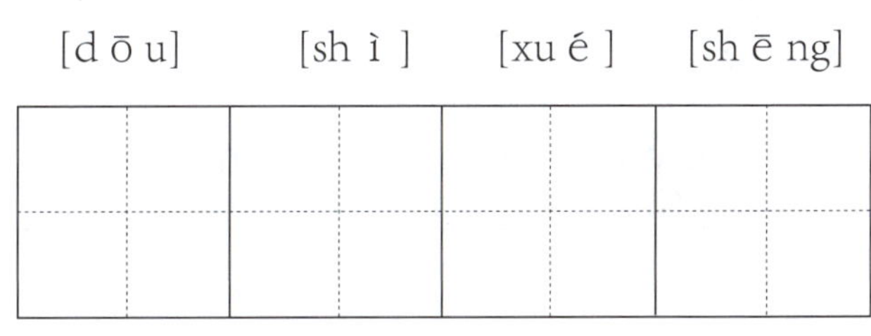

[li á n] [x ì] [f ú] [w ù]

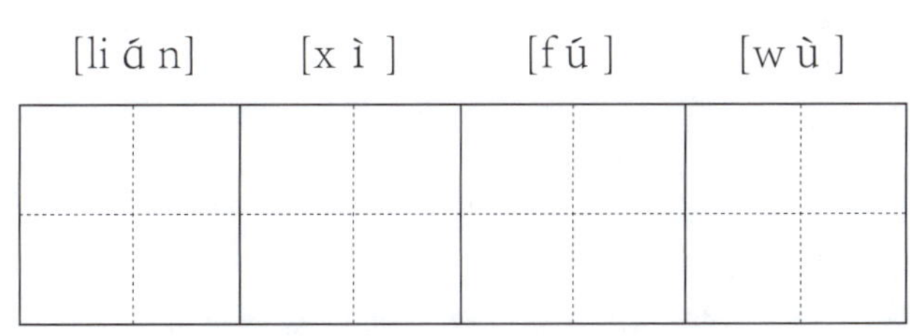

[ji ā] [t í ng] [zh í] [y è]

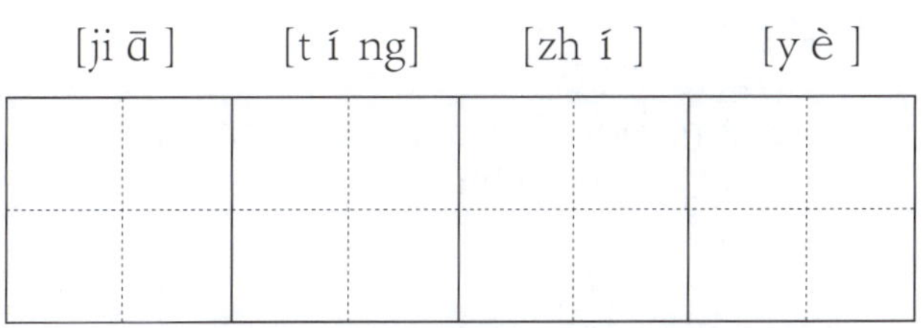

Einheit-4　Lektion 1

Inhalte

1. Einüben der Strichfolge: 海、现、谁、岁、多、知、道、帅、酷、真、最。
2. Zusammenfassende Übungen:
(1) Signifikum und Phonetikum: 谁、海、现、知、酷。
(2) Schreiben Sie Schriftzeichen auf der Basis des Signifikums: 辶。
(3) Einander ähnliche Schriftzeichen: 住，隹，往。
(4) Schriftzeichen auf der Basis von *Pinyin* schreiben.

[shuí]

谁

1	2	3	4	5	6	7	8	9	10
点	横折钩	撇	竖	点	横	横	横	竖	横

Schreiben Sie das Zeichen in der richtigen Strichfolge.

1. Einüben der Strichfolge

[hǎi]

1	2	3	4	5	6	7	8	9	10
点	点	点	撇	横	撇折	横折钩	点	横	点

Schreiben Sie das Zeichen in der richtigen Strichfolge.

[xiàn]

1	2	3	4	5	6	7	8
横	横	竖	提	竖	横折	撇	竖弯钩

Schreiben Sie das Zeichen in der richtigen Strichfolge.

[suì]

岁

1	2	3	4	5	6
竖	竖折	竖	撇	横撇	点

Schreiben Sie das Zeichen in der richtigen Strichfolge.

[duō]

多

1	2	3	4	5	6
撇	横撇	点	撇	横撇	点

Schreiben Sie das Zeichen in der richtigen Strichfolge.

[zhī]

知

1	2	3	4	5	6	7	8
撇	横	横	撇	点	竖	横折	横

Schreiben Sie das Zeichen in der richtigen Strichfolge.

[kù]

酷

1	2	3	4	5	6	7	8	9	10	11	12	13	14
横	竖	横折钩	撇	竖折	横	横	撇	横	竖	横	竖	横折	横

Schreiben Sie das Zeichen in der richtigen Strichfolge.

[dào]

道

1	2	3	4	5	6	7	8	9	10	11	12
点	点	横	撇	竖	横折	横	横	横	点	横折弯	捺

Schreiben Sie das Zeichen in der richtigen Strichfolge.

[zhēn]

真

1	2	3	4	5	6	7	8	9	10
横	撇	竖	横竖	横	横	横	横	撇	点

Schreiben Sie das Zeichen in der richtigen Strichfolge.

[shuài]

帅

1	2	3	4	5
竖	撇	竖	横折钩	竖

Schreiben Sie das Zeichen in der richtigen Strichfolge.

[zuì]

最

1	2	3	4	5	6	7	8	9	10	11	12
竖	横折	横	横	横	竖	竖	横	横	提	横撇	捺

Schreiben Sie das Zeichen in der richtigen Strichfolge.

2. Zusammenfassende Übungen:

(1) Markieren Sie Signifika und Phonetika mit verschiedenen Farben.

讠 + 隹 = 谁 (你是谁)

氵 + 每 = 海 (大海)

王 + 见 = 现 (现在)

矢 + 口 = 知 (知道)

酉 + 告 = 酷 （ 真酷 ）

(2) Schreiben Sie Schriftzeichen auf der Basis des Signifikums.

wén		chuò			zhè
文	+	辶	=	(	这)

qiān					
千	+	辶	=	(	)

dà					
大	+	辶	=	(	)

bái					
白	+	辶	=	(	)

yún					
云	+	辶	=	(	)

(3) Vergleichen und schreiben Sie einander ähnliche Schriftzeichen.

[zhù] 亻 ist Signifikum, 主 zhǔ ist Phonetikum. Grundbedeutung „bleiben", „wohnen".

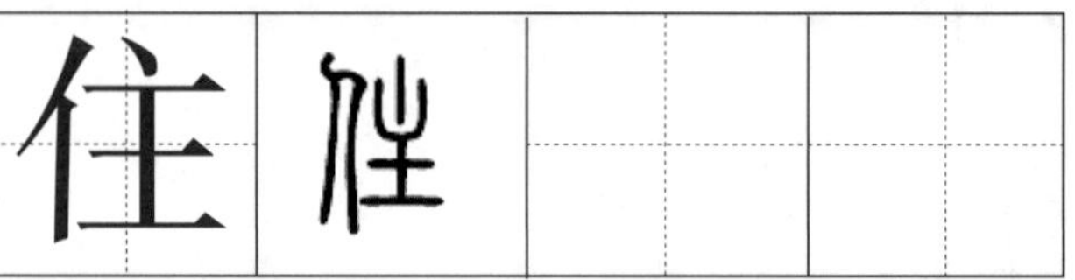

[zhuī] Ein Vogel.

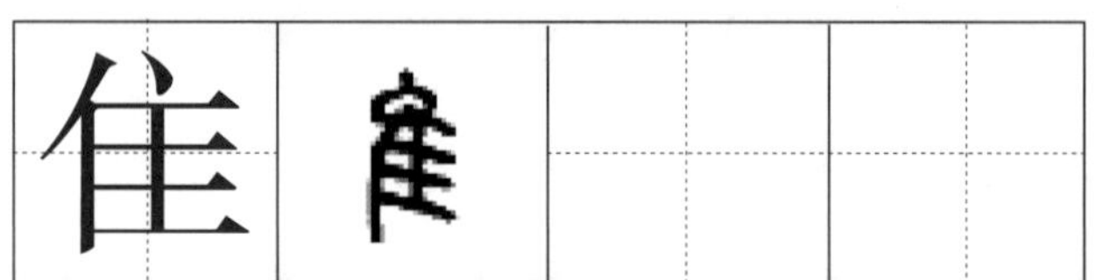

[wǎng] 彳 „sich vorwärts bewegen" ist Signifikum. (Ursprüngliches Phonetikum ist 王 wáng): „an einen Ort gehen".

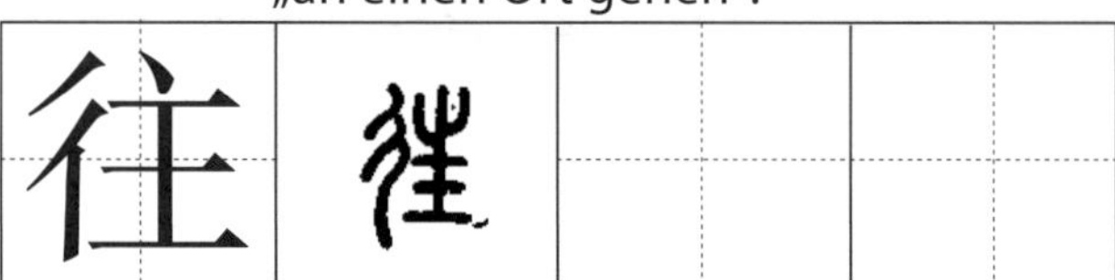

(4) Schriftzeichen auf der Basis von *Pinyin* schreiben

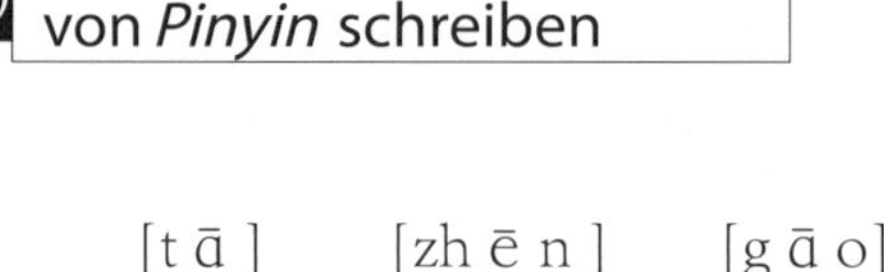

[tā] [zhēn] [gāo] [ā]

[hěn] [shuài] [hěn] [kù]

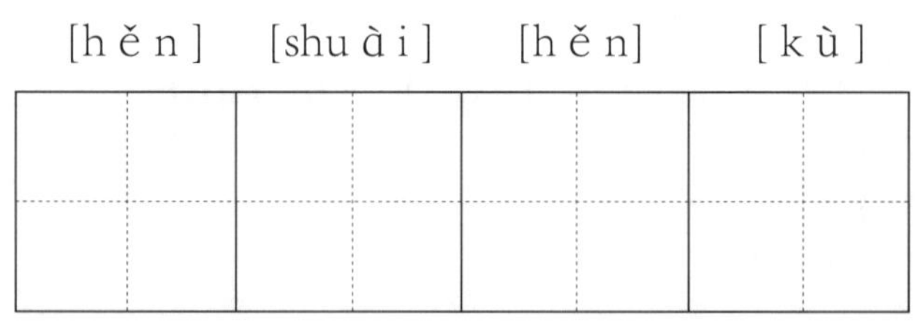

[piāo] [liàng] [kě] [ài]

Lektion 2

Inhalte

1. Einüben der Strichfolge: 喜、欢、出、篮、球、运、动、年、龄、地、籍。
2. Zusammenfassende Übungen:
(1) Signifikum und Phonetikum: 箱、篮、球、演、地。
(2) Schreiben Sie Schriftzeichen auf der Basis des Phonetikums: 令。
(3) Einander ähnliche Schriftzeichen: 力，刀，万。
(4) Schriftzeichen auf der Basis von *Pinyin* schreiben.

1. Einüben der Strichfolge

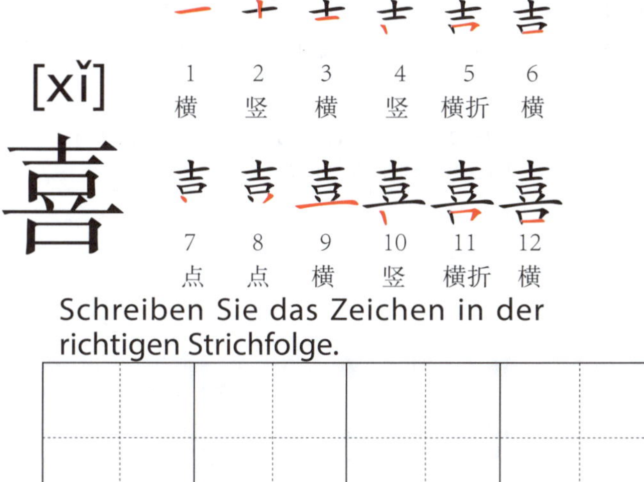

[xǐ] 喜

1	2	3	4	5	6	7	8	9	10	11	12
横	竖	横	竖	横折	横	点	点	横	竖	横折	横

Schreiben Sie das Zeichen in der richtigen Strichfolge.

[huān] 欢

1	2	3	4	5	6
横撇	点	撇	横撇	撇	捺

Schreiben Sie das Zeichen in der richtigen Strichfolge.

[chū] 出

1	2	3	4	5
竖横	竖	竖	竖横	竖

Schreiben Sie das Zeichen in der richtigen Strichfolge.

[lán] 篮

1	2	3	4	5	6	7	8	9	10	11	12	13	14	15	16
撇	横	点	撇	横	点	竖	竖	撇	横	点	点	横折	竖	竖	横

Schreiben Sie das Zeichen in der richtigen Strichfolge.

[qiú] 球

1	2	3	4	5	6	7	8	9	10	11
横	横	竖	提	横	竖钩	点	提	点	捺	点

Schreiben Sie das Zeichen in der richtigen Strichfolge.

[yùn]

运

1 横 2 横 3 撇折 4 点 5 点 6 横折弯 7 捺

Schreiben Sie das Zeichen in der richtigen Strichfolge.

[líng]

龄

1 竖 2 横 3 竖 4 横 5 撇 6 点 7 竖折 8 竖 9 撇 10 捺 11 点 12 横钩 13 点

Schreiben Sie das Zeichen in der richtigen Strichfolge.

[dòng]

动

1 横 2 横 3 撇折 4 点 5 横折钩 6 撇

Schreiben Sie das Zeichen in der richtigen Strichfolge.

[dì]

地

1 横 2 竖 3 提 4 横折钩 5 竖 6 竖弯钩

Schreiben Sie das Zeichen in der richtigen Strichfolge.

[nián]

年

1 撇 2 横 3 横 4 竖 5 横 6 竖

Schreiben Sie das Zeichen in der richtigen Strichfolge.

[jí]

籍

1 撇 2 横 3 点 4 撇 5 横 6 点 7 横 8 横 9 横 10 竖 11 撇 12 点 13 横 14 竖 15 16 17 18 19 20

Schreiben Sie das Zeichen in der richtigen Strichfolge.

2.Zusammenfassende Übungen:

(1) Markieren Sie Signifika und Phonetika mit verschiedenen Farben.

竹＋相＝箱（邮箱）

竹＋监＝篮（篮球）

王＋求＝球（足球）

氵＋寅＝演（演员）

土＋也＝地（地方）

(2) Schreiben Sie Schriftzeichen auf der Basis des Phonetikums.

山＋令 (lìng)＝（岭 lǐng）

齿＋令 (lìng)＝（　）

钅＋令 (lìng)＝（　）

令 (lìng)＋页＝（　）

羊＋令 (lìng)＝（　）

(3) Vergleichen und schreiben Sie einander ähnliche Schriftzeichen.

[lì] Altertümlicher Pflug, erweiterte Bedeutung: „Kraft".

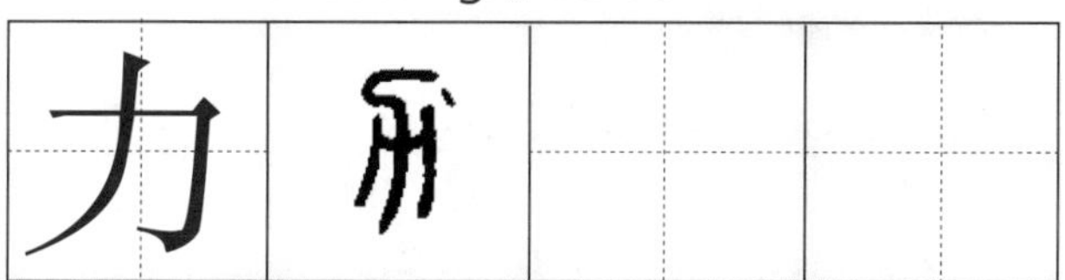

[dāo] Klinge, „Messer".

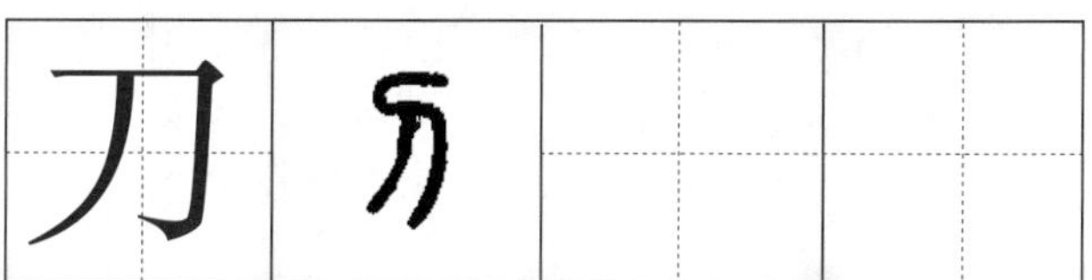

[wàn] Das Langzeichen 萬 zeigt einen Skorpion, später wurde es zur Zahl „zehntausend".

(4) Schriftzeichen auf der Basis von *Pinyin* schreiben.

[diàn] [zǐ] [yóu] [xiāng]

[xióng] [māo] [kě] [ài]

[yáo] [míng] [lán] [qiú]

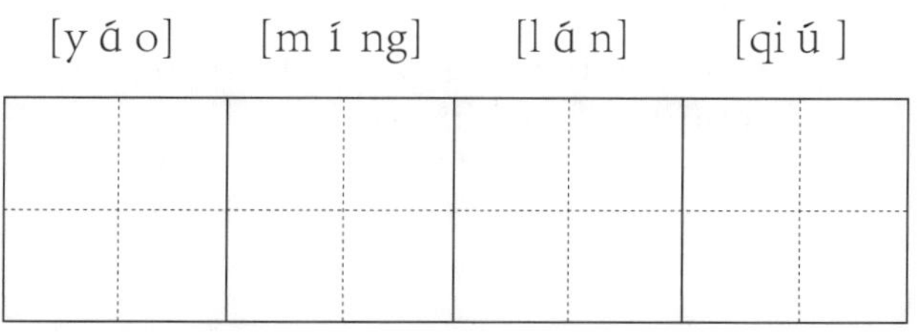

Lektion 3

Inhalte

1. Einüben der Strichfolge: 电、子、邮、箱、物、熊、猫、可、爱、演、轻。
2. Zeichenstrukturanalyse: 土 + □; 氵+ □
3. Zusammenfassende Übungen:
(1) Signifikum und Phonetikum: 邮、物、猫、演、轻。
(2) Schreiben Sie Schriftzeichen auf der Basis des Signifikums: 土，氵。
(3) Einander ähnliche Schriftzeichen: 子，于，干。
(4) Schriftzeichen auf der Basis von *Pinyin* schreiben.

1. Einüben der Strichfolge

[diàn]

电

1 竖　2 横折钩　3 横　4 横　5 竖弯钩

Schreiben Sie das Zeichen in der richtigen Strichfolge.

[zǐ]

子

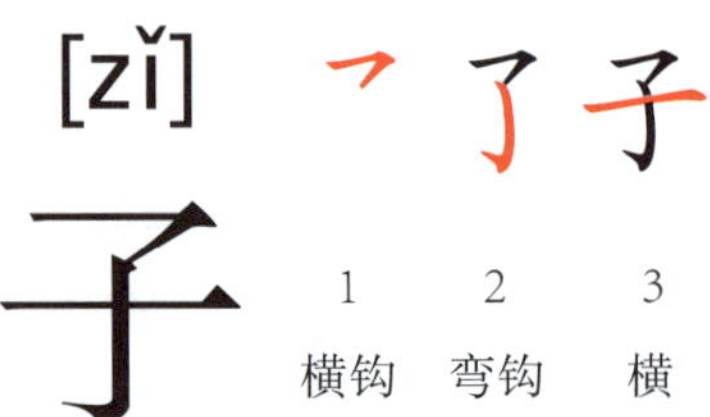

1 横钩　2 弯钩　3 横

Schreiben Sie das Zeichen in der richtigen Strichfolge.

[yóu]

邮

1 竖　2 横折　3 横　4 竖　5 横　6 横折弯钩

7 竖

Schreiben Sie das Zeichen in der richtigen Strichfolge.

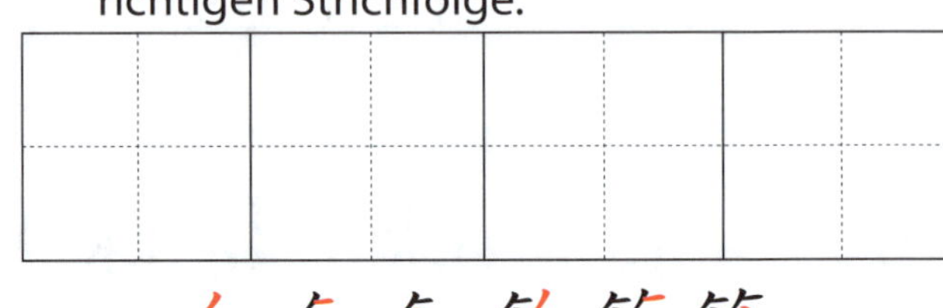

[xiāng]

箱

1 撇　2 横　3 点　4 撇　5 横　6 点

7 横　8 竖　9 撇　10 点　11 竖　12 横折钩

13 横　14 横　15 横

Schreiben Sie das Zeichen in der richtigen Strichfolge.

[wù]

物

1 撇　2 横　3 竖　4 提　5 撇　6 横折钩

7 竖　8 撇

Schreiben Sie das Zeichen in der richtigen Strichfolge.

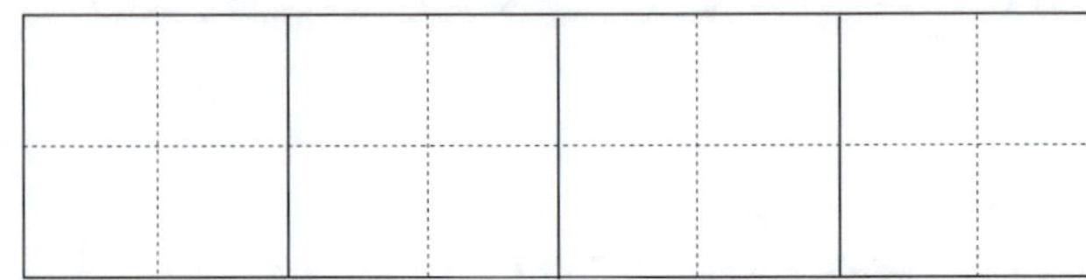

[xióng] 熊

1 撇折, 2 点, 3 竖, 4 横折钩, 5 横, 6 横, 7 撇, 8 竖弯钩, 9 撇, 10 竖弯钩, 11 点, 12 点, 13 点, 14 点

Schreiben Sie das Zeichen in der richtigen Strichfolge.

[ài] 爱

1 撇, 2 点, 3 点, 4 点, 5 点, 6 横钩, 7 横, 8 撇, 9 横撇, 10 捺

Schreiben Sie das Zeichen in der richtigen Strichfolge.

[māo] 猫

1 撇, 2 弯钩, 3 撇, 4 横, 5 撇, 6 撇, 7 竖, 8 横折钩, 9 横, 10 竖, 11 横

Schreiben Sie das Zeichen in der richtigen Strichfolge.

[yǎn] 演

1 点, 2 点, 3 提, 4 点, 5 点, 6 横沟, 7 横, 8 竖, 9 横折, 10 横, 11 竖, 12 横, 13 撇, 14 点

Schreiben Sie das Zeichen in der richtigen Strichfolge.

[kě] 可

1 横, 2 竖, 3 横折, 4 横, 5 竖钩

Schreiben Sie das Zeichen in der richtigen Strichfolge.

[qīng] 轻

1 横, 2 折撇, 3 竖, 4 提, 5 横撇, 6 点, 7 横, 8 竖, 9 横

Schreiben Sie das Zeichen in der richtigen Strichfolge.

2. Zeichenstrukturanalyse

(1) Piktographisches Zeichen

[tǔ]

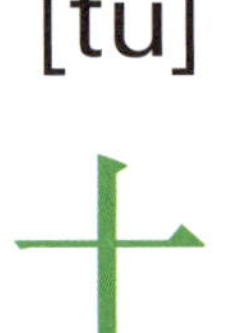

(Grundbedeutung) Ein Erdhaufen: „Erde", ein häufiges Signifikum in chinesischen Schriftzeichen.

(2) Entwicklung des Schriftzeichens

früher ⟶ heute

Orakelknochen-/ Bronzeschrift jiǎgǔwén / jīnwén	Siegelschrift zhuànshū	Kanzleischrift lìshū	Standardschrift kǎishū

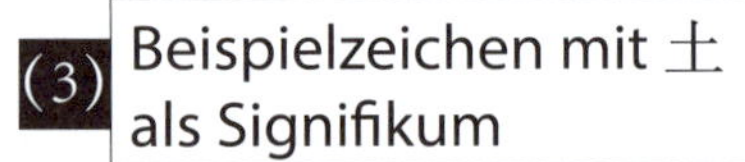

(3) Beispielzeichen mit 土 als Signifikum

[chén]

Bedeutungskompositum: 小 bedeutet „klein", „winzig". 土 steht für die Substanz „Erde", zusammen stehen beide für „Staubkörner".

[dì]

S+P-Schriftzeichen: Das Signifikum 土 steht für Erde, 也 yě ist Phonetikum: „Erdboden", „Ort".

(4) Strichfolge

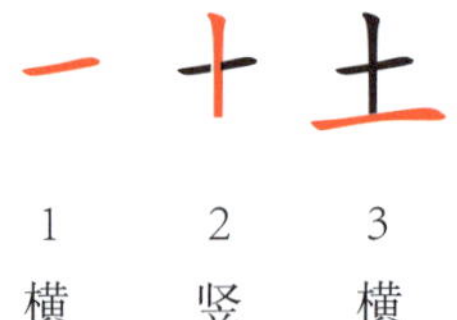

Schreiben Sie das Zeichen in der richtigen Strichfolge.

(1) Piktographisches Zeichen

[shuǐ]

氵

(Grundbedeutung) fließendes Flusswasser, bedeutet „Wasser" oder „Flüssigkeit", ein häufiges Signifikum in chinesischen Schriftzeichen.

(2) Entwicklung des Schriftzeichens

früher ⟶ heute

Orakelknochen-/ Bronzeschrift jiǎgǔwén / jīnwén	Siegelschrift zhuànshū	Kanzleischrift lìshū	Standardschrift kǎishū

(3) Beispielzeichen mit 氵 als Signifikum

[hàn]

S+P-Schriftzeichen: 氵 steht für Flüssigkeit, 干 gān ist Phonetikum: „Schweiß".

[yáng]

S+P-Schriftzeichen: 氵 steht für Wasser, 羊 yáng ist Phonetikum. Das Zeichen bedeutet „Meer", „Ozean".

(4) Strichfolge

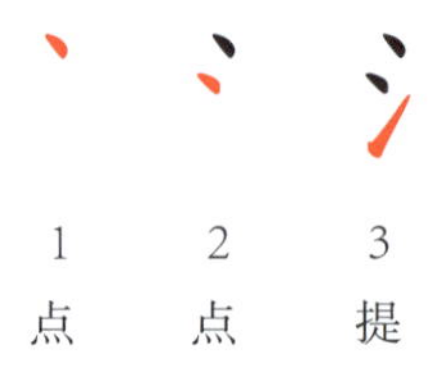

Schreiben Sie das Zeichen in der richtigen Strichfolge.

3. Zusammenfassende Übungen:

(1) Markieren Sie Signifika und Phonetika mit verschiedenen Farben.

由 + 阝 = 邮（邮箱）

牛 + 勿 = 物（动物）

犭 + 苗 = 猫（熊猫）

氵 + 票 = 漂（漂亮）

王 + 见 = 现（现在）

(2) Schreiben Sie Schriftzeichen auf der Basis des Signifikums.

[tǔ] [dì] [ ] [ ]

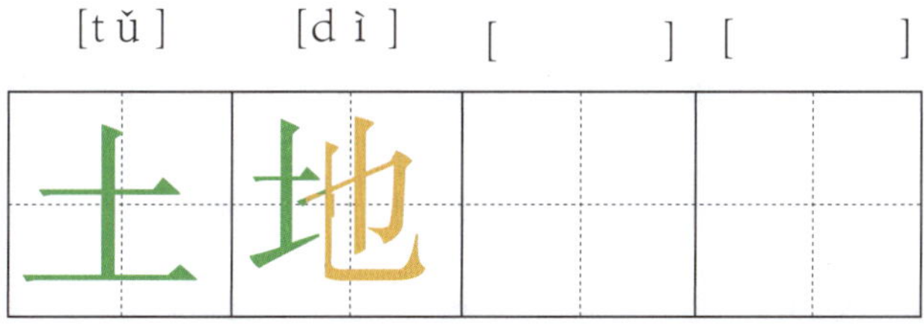

(Grün: Signifikum; gelb: Phonetikum)

[shuǐ] [hǎi] [ ] [ ]

(Grün: Signifikum; gelb: Phonetikum)

(3) Vergleichen und schreiben Sie einander ähnliche Schriftzeichen.

[zǐ] „Kind"

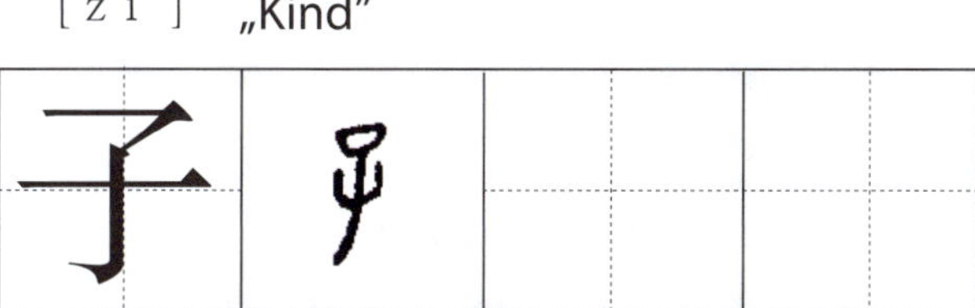

[yú] (Präposition der Zeit oder des Orts:) „in", „an".

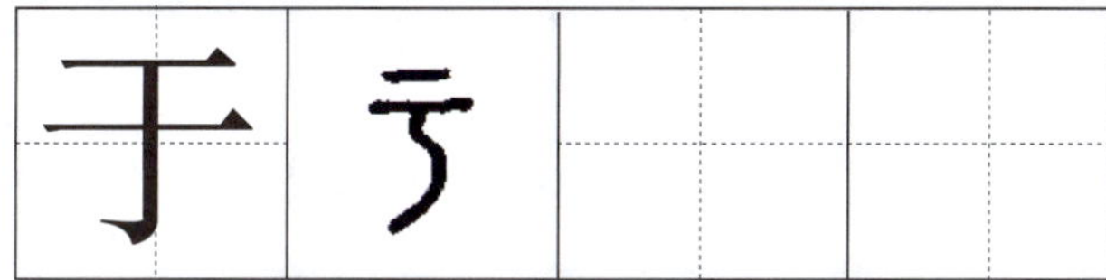

[gān] Im Altertum ein Schild zur Verteidigung, heute zahlreiche Bedeutungen: „trocken", „tun, machen".

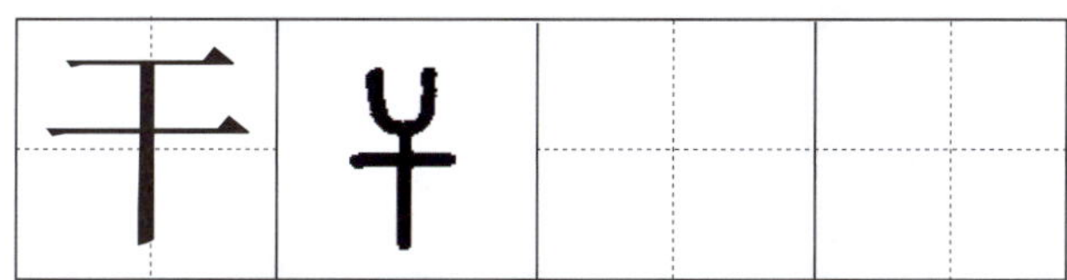

(4) Schriftzeichen auf der Basis von *Pinyin* schreiben

[zhōng] [guó] [gōng] [fū]

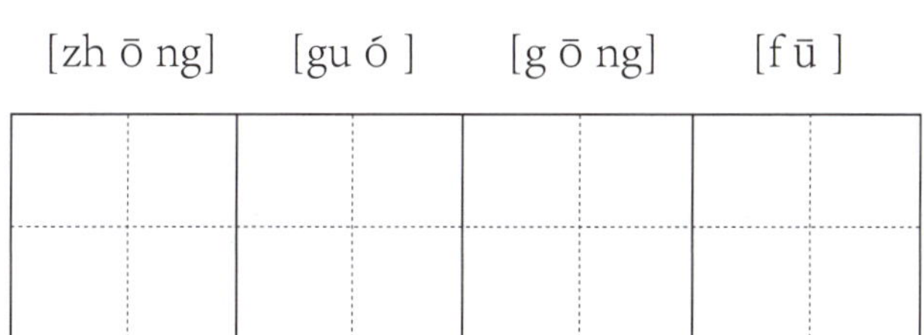

[zuì] [kù] [yǎn] [yuán]

[tóu] [fà] [xìng] [gǎn]

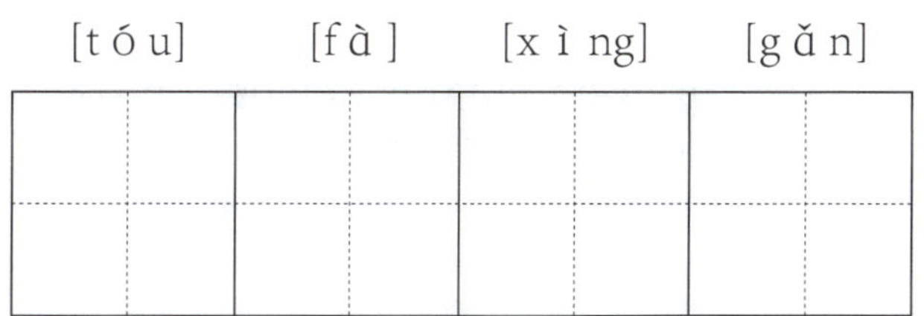

Einheit-5 Lektion 1

Inhalte

1. Einüben der Strichfolge: 话、手、机、号、码、公、园、路、少、址、寓。。
2. Zusammenfassende Übungen:

(1) Signifikum und Phonetikum: 话、码、园、路、寓。

(2) Schreiben Sie Schriftzeichen auf der Basis des Signifikums: 少。

(3) Einander ähnliche Schriftzeichen: 少，小，光。

(4) Schriftzeichen auf der Basis von *Pinyin* schreiben.

[jī]

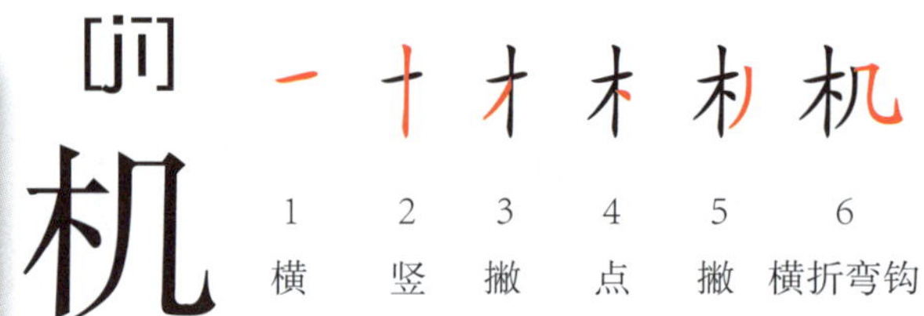

Schreiben Sie das Zeichen in der richtigen Strichfolge.

1. Einüben der Strichfolge

[huà]

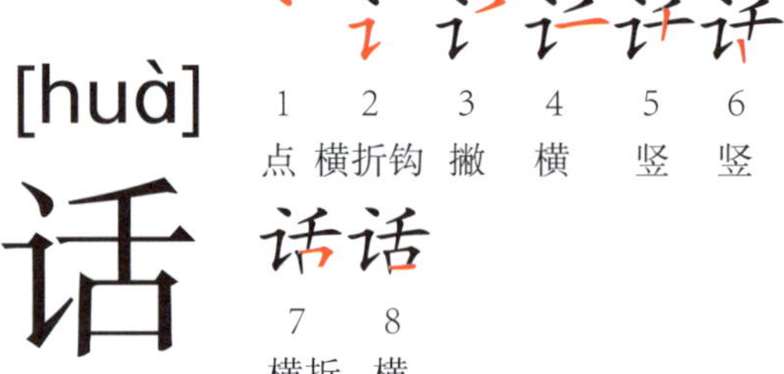

Schreiben Sie das Zeichen in der richtigen Strichfolge.

[hào]

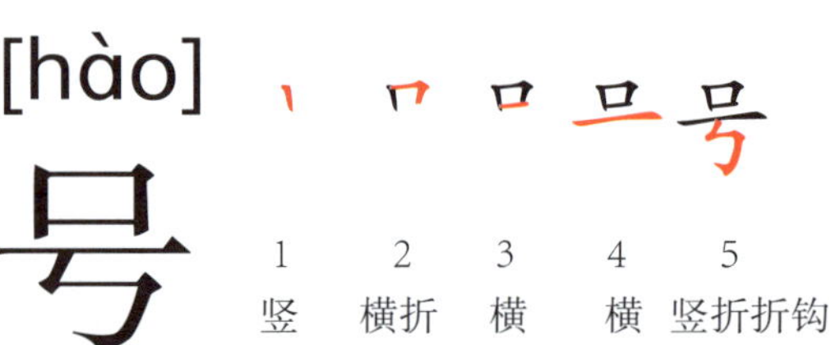

Schreiben Sie das Zeichen in der richtigen Strichfolge.

[shǒu]

Schreiben Sie das Zeichen in der richtigen Strichfolge.

[mǎ]

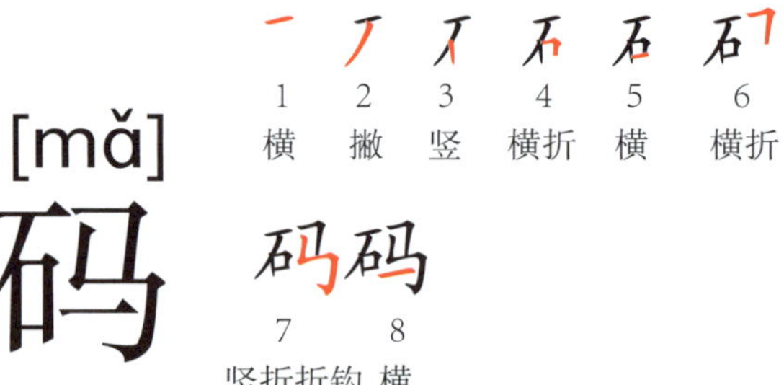

Schreiben Sie das Zeichen in der richtigen Strichfolge.

[gōng]

公

1	2	3	4
撇	捺	撇折	点

Schreiben Sie das Zeichen in der richtigen Strichfolge.

[shǎo]

少

1	2	3	4
竖	点	点	撇

Schreiben Sie das Zeichen in der richtigen Strichfolge.

[yuán]

园

1	2	3	4	5	6	7
竖	横折钩	横	横	撇	竖弯钩	横

Schreiben Sie das Zeichen in der richtigen Strichfolge.

[yù]

寓

1	2	3	4	5	6	7	8	9	10	11	12
点	点	横钩	竖	横折	横	横	竖	横折钩	竖	横	点

Schreiben Sie das Zeichen in der richtigen Strichfolge.

[lù]

路

1	2	3	4	5	6	7	8	9	10	11	12	13
竖	横折	横	竖	横	竖	提	撇	横撇	捺	竖	横折	横

Schreiben Sie das Zeichen in der richtigen Strichfolge.

[zhǐ]

址

1	2	3	4	5	6	7
横	竖	提	竖	横	竖	横

Schreiben Sie das Zeichen in der richtigen Strichfolge.

2. Zusammenfassende Übungen:

(1) Markieren Sie Signifika und Phonetika mit verschiedenen Farben.

讠＋舌＝话（电话）

石＋马＝码（号码）

口＋元＝园（公园）

足＋各＝路（道路）

宀＋禺＝寓（公寓）

(2) Schreiben Sie Schriftzeichen auf der Basis des Signifikums.

扌＋少（shǎo）＝（抄 chāo）

禾＋少（shǎo）＝（　　）

石＋少（shǎo）＝（　　）

纟＋少（shǎo）＝（　　）

口＋少（shǎo）＝（　　）

(3) Vergleichen und schreiben Sie einander ähnliche Schriftzeichen.

[shǎo] Setzt sich aus vier kleinen Strichen zusammen: „wenige".

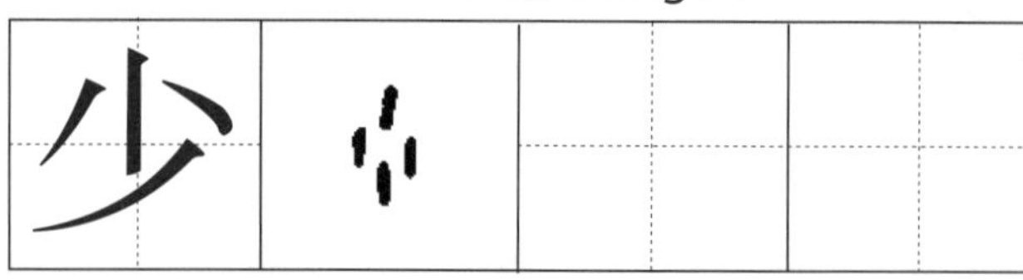

[xiǎo] Drei kleine Striche: „klein".

[guāng] Oben 火 „Feuer", unten „Mensch": „leuchten".

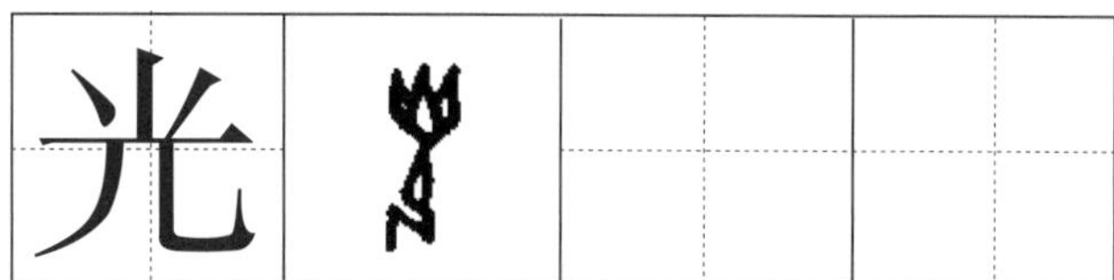

(4) Schriftzeichen auf der Basis von *Pinyin* schreiben

[diàn] [huà] [hào] [mǎ]

[gōng] [yuán] [lù] [hào]

[zhù] [zài] [nǎ] [lǐ]

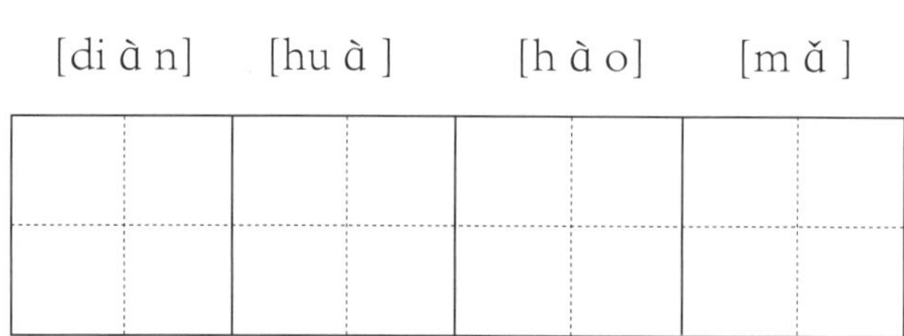

Lektion 2

Inhalte

1. Einüben der Strichfolge: 房、间、以、给、打、姚、件、收、到、谢、送。
2. Zusammenfassende Übungen:
(1) Signifikum und Phonetikum: 房、给、件、收、到。
(2) Schreiben Sie Schriftzeichen auf der Basis des Phonetikums: 几。
(3) Einander ähnliche Schriftzeichen: 几，凡，儿。
(4) Schriftzeichen auf der Basis von *Pinyin* schreiben.

1. Einüben der Strichfolge

[fáng]

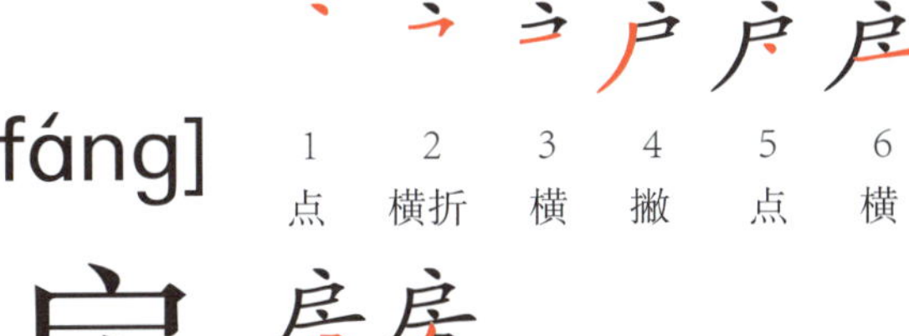

1	2	3	4	5	6
点	横折	横	撇	点	横

房

7	8
横折钩	撇

Schreiben Sie das Zeichen in der richtigen Strichfolge.

[jiān]

1	2	3	4	5	6
点	竖	横折钩	竖	横折	横

间

7
横

Schreiben Sie das Zeichen in der richtigen Strichfolge.

[yǐ]

以

1	2	3	4
竖钩	点	撇	点

Schreiben Sie das Zeichen in der richtigen Strichfolge.

[gěi]

1	2	3	4	5	6
撇折	撇折	提	撇	捺	横

给

7	8	9
竖	横折	横

Schreiben Sie das Zeichen in der richtigen Strichfolge.

[dǎ]

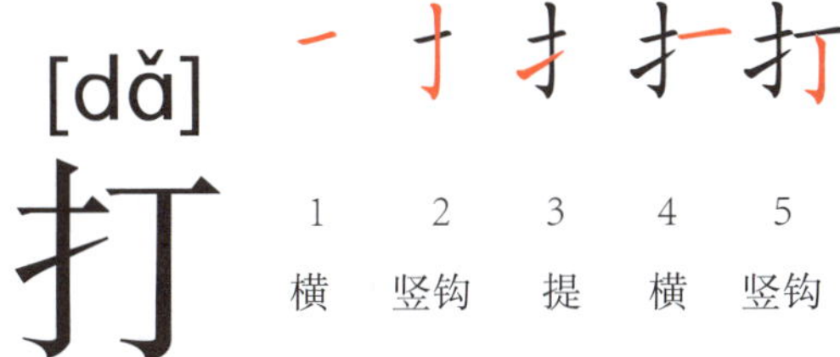

打

1	2	3	4	5
横	竖钩	提	横	竖钩

Schreiben Sie das Zeichen in der richtigen Strichfolge.

[yáo]

姚

1	2	3	4	5	6	7	8	9
撇折	撇	提	撇	点	点	竖弯钩	点	点

Schreiben Sie das Zeichen in der richtigen Strichfolge.

[shōu]

收

1	2	3	4	5	6
竖提	竖	撇	横	撇	捺

Schreiben Sie das Zeichen in der richtigen Strichfolge.

[xiè]

谢

1	2	3	4	5	6	7	8	9	10	11	12
点	横折钩	撇	竖	横折钩	横	横	横	撇	横	竖钩	点

Schreiben Sie das Zeichen in der richtigen Strichfolge.

[jiàn]

件

1	2	3	4	5	6
撇	竖	撇	横	横	竖

Schreiben Sie das Zeichen in der richtigen Strichfolge.

[sòng]

送

1	2	3	4	5	6	7	8	9
点	点	横	横	撇	点	点	横折弯	捺

Schreiben Sie das Zeichen in der richtigen Strichfolge.

[dào]

到

1	2	3	4	5	6	7	8
横	撇折	点	横	竖	提	竖	竖钩

Schreiben Sie das Zeichen in der richtigen Strichfolge.

2. Zusammenfassende Übungen:

(1) Markieren Sie Signifika und Phonetika mit verschiedenen Farben.

户 + 方 = 房 (房间)

纟 + 合 = 给 (送给)

亻 + 牛 = 件 (收件)

丩 + 攵 = 收 (收发)

至 + 刂 = 到 (到达)

(2) Schreiben Sie Schriftzeichen auf der Basis des Phonetikums.

木 + 几 (jǐ) = (机 (jī))

月 + 几 (jǐ) = ( )

饣 + 几 (jǐ) = ( )

讠 + 几 (jǐ) = ( )

口 + 几 (jǐ) = ( )

(3) Vergleichen und schreiben Sie einander ähnliche Schriftzeichen.

[jǐ] Ein Teetischchen. Heute auch verwendet in 几个 jǐ ge „wie viele", „einige".

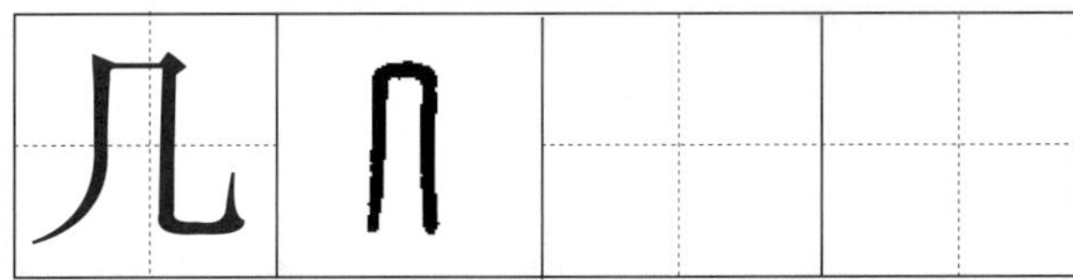

[fán] „alles", „jedes".

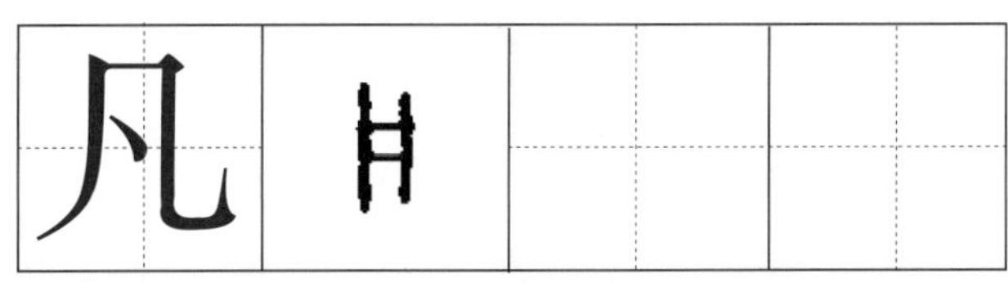

[ér] „Kind"

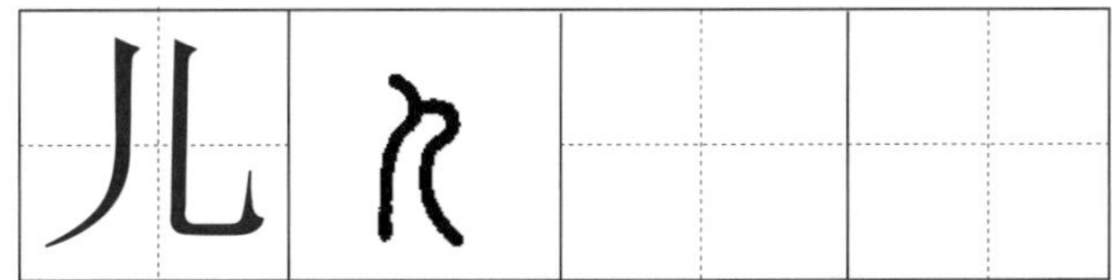

(4) Schriftzeichen auf der Basis von *Pinyin* schreiben.

[nǐ] [zhǎo] [shuí] [ya]

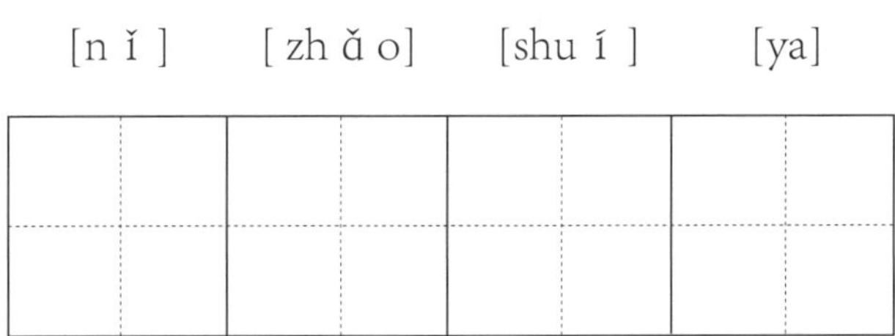

[wǒ] [bù] [zhī] [dào]

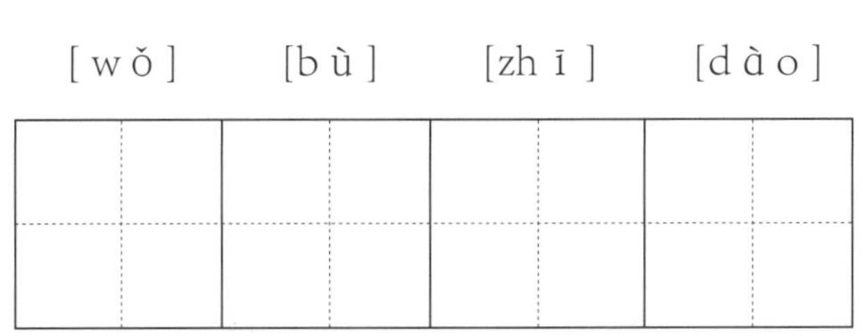

[xǐ] [huān] [yáo] [míng]

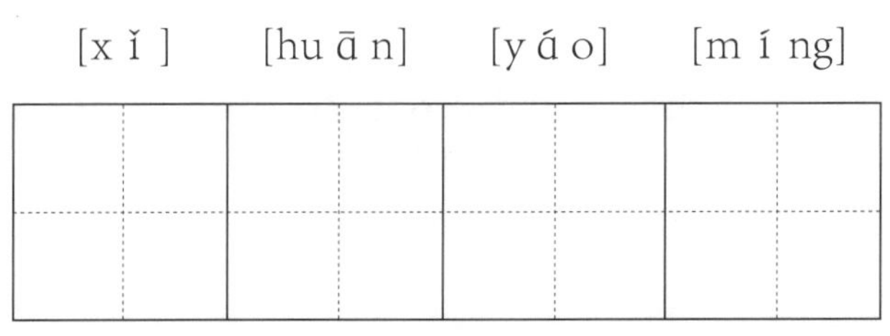

Lektion 3

Inhalte

1. Einüben der Strichfolge: 短、信、退、省、市、区、街、史、永、民、错。
2. Zeichenstrukturanalyse: 言 + □; 辶 + □
3. Zusammenfassende Übungen:
(1) Signifikum und Phonetikum: 信、退、街、省、错。
(2) Schreiben Sie Schriftzeichen auf der Basis des Signifikums: 言，辶。
(3) Einander ähnliche Schriftzeichen: 民，氏，氐。
(4) Schriftzeichen auf der Basis von *Pinyin* schreiben.

1. Einüben der Strichfolge

[duǎn] 短

1 撇 2 横 3 横 4 撇 5 点 6 横 7 竖 8 横折 9 横 10 点 11 撇 12 横

Schreiben Sie das Zeichen in der richtigen Strichfolge.

[xìn] 信

1 撇 2 竖 3 点 4 横 5 横 6 横 7 竖 8 横折 9 横

Schreiben Sie das Zeichen in der richtigen Strichfolge.

[tuì] 退

1 横折 2 横 3 横 4 竖钩 5 点 6 点 7 点 8 横折弯 9 捺

Schreiben Sie das Zeichen in der richtigen Strichfolge.

[shěng] 省

1 竖 2 点 3 点 4 撇 5 竖 6 横折钩 7 横 8 横 9 横

Schreiben Sie das Zeichen in der richtigen Strichfolge.

[shì] 市

1 点 2 横 3 竖 4 横折钩 5 竖

Schreiben Sie das Zeichen in der richtigen Strichfolge.

[qū]

区

1 横 2 撇 3 点 4 竖折

Schreiben Sie das Zeichen in der richtigen Strichfolge.

[yǒng]

永

1 点 2 横竖钩 3 横撇 4 撇 5 捺

Schreiben Sie das Zeichen in der richtigen Strichfolge.

[jiē]

街

1 撇 2 撇 3 竖 4 横 5 竖 6 横 7 横 8 竖 9 提 10 横 11 横 12 竖钩

Schreiben Sie das Zeichen in der richtigen Strichfolge.

[mín]

民

1 横折 2 横 3 竖钩 4 横 5 弯钩

Schreiben Sie das Zeichen in der richtigen Strichfolge.

[shǐ]

史

1 竖 2 横折 3 横 4 撇 5 捺

Schreiben Sie das Zeichen in der richtigen Strichfolge.

[cuò]

错

1 撇 2 横 3 横 4 横 5 竖钩 6 横 7 竖 8 竖 9 横 10 竖 11 横折钩 12 横 13 横

Schreiben Sie das Zeichen in der richtigen Strichfolge.

2. Zeichenstrukturanalyse

(1) Piktographisches Zeichen

[yán] 言 (Grundbedeutung) ursprünglich ein Mund mit herausgestreckter Zunge: „Worte", „sprechen", ein häufiges Signifikum in chinesischen Schriftzeichen. In Kurzzeichen links stehend verkürzt zu 讠.

(2) Entwicklung des Schriftzeichens

früher → heute

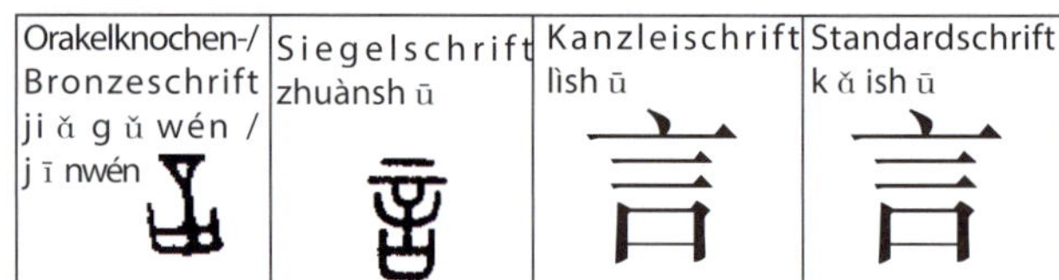

Orakelknochen-/ Bronzeschrift ji ǎ g ǔ wén / j ī nwén	Siegelschrift zhuànsh ū	Kanzleischrift lìsh ū	Standardschrift k ǎ ish ū
		言	言

(3) Beispielzeichen mit 言 als Signifikum

[xìn] 信 Bedeutungskompositum: 亻 bedeutet „Mensch", 言 „gesprochene Worte". Zusammengesetzt stehen sie für „Vertrauen".

[yǔ]

S+P-Schriftzeichen: Das Signifikum 言 (讠) steht für „sprechen", 吾 wú ist Phonetikum: „Sprache", „Worte".

(4) Strichfolge

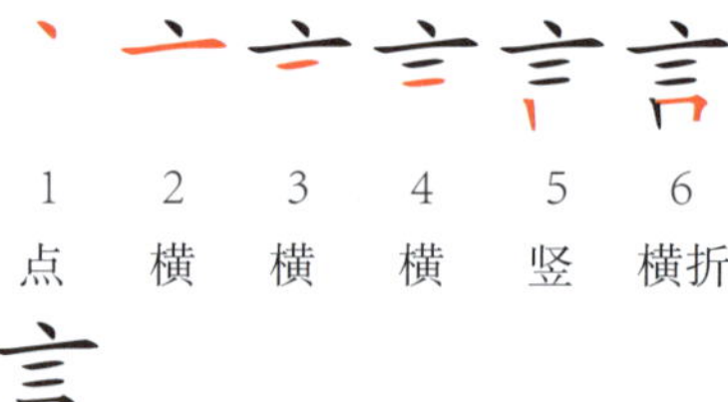

Schreiben Sie das Zeichen in der richtigen Strichfolge.

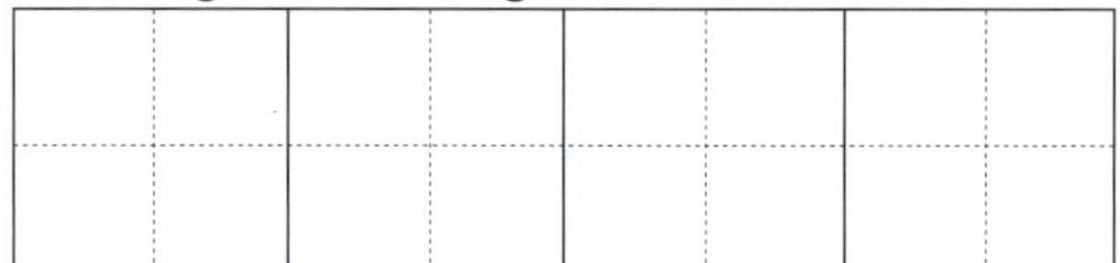

(1) Piktographisches Zeichen

[chuò]

(Grundbedeutung) ein sich vorwärts bewegender Fuß. Als häufiges Signifikum für „Fortbewegung" in chinesischen Schriftzeichen wird es 辶 geschrieben und 走之 z ǒ uzh ī genannt.

(2) Entwicklung des Schriftzeichens.

früher → heute

Orakelknochen-/ Bronzeschrift ji ǎ g ǔ wén / j ī nwén	Siegelschrift zhuànsh ū	Kanzleischrift lìsh ū	Standardschrift k ǎ ish ū
		辶	辶

(3) Beispielzeichen mit 辶 als Signifikum

[guò]

Ursprünglich S+P-Schriftzeichen (Langzeichen 過 mit dem Phonetikum 咼 gu ō): Zusammengesetzt bedeuten sie „hindurchgehen", „vergehen" (von Zeit).

[jìn]

近 S+P-Schriftzeichen: Das Signifikum 辶 „sich fortbewegen" steht hier für Entfernung, 斤 j ī n ist Phonetikum. Das Zeichen bedeutet „nah".

(4) Strichfolge

Schreiben Sie das Zeichen in der richtigen Strichfolge.

3. Zusammenfassende Übungen:

(1) Markieren Sie Signifika und Phonetika mit verschiedenen Farben.

亻 + 言 = 信（短信）

辶 + 艮 = 退（退还）

行 + 圭 = 街（街道）

少 + 目 = 省（省市）

钅 + 昔 = 错（认错）

(2) Schreiben Sie Schriftzeichen auf der Basis des Signifikums.

[y á n] [shu ō] [ ] [ ]

(Gr ü n: Signifikum; gelb: Phonetikum)

[z ǒ u] [tu ì] [ ] [ ]

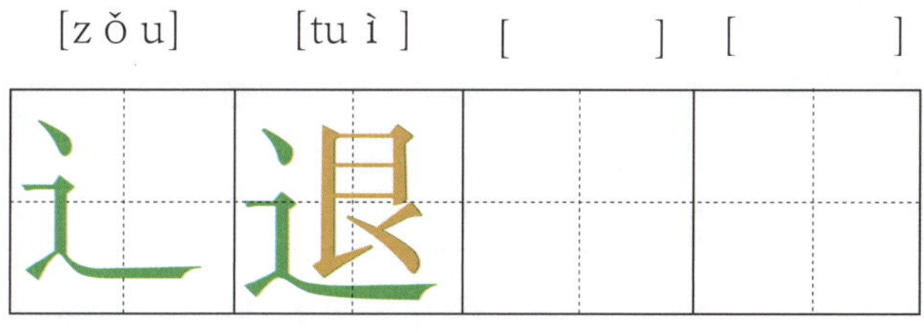

(Gr ü n: Signifikum; gelb: Phonetikum)

(3) Vergleichen und schreiben Sie einander ähnliche Schriftzeichen.

[m í n] „einfache Leute", „Volk".

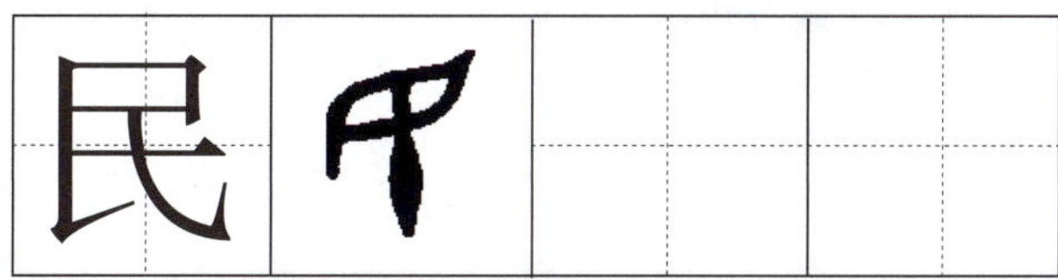

[sh ì] „Familienname".

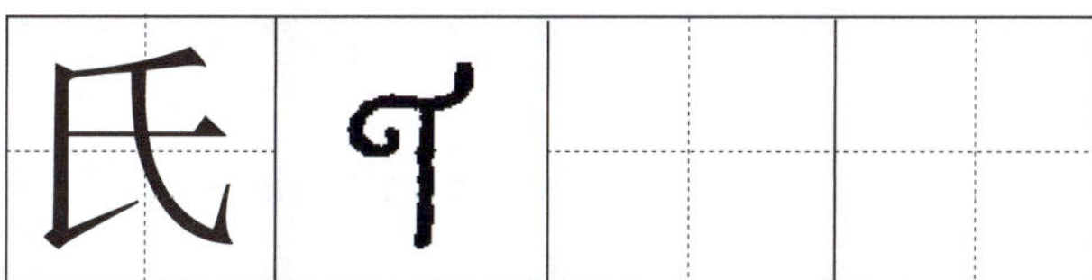

[d ī] Der untere Punktstrich verweist auf die Wurzel einer Pflanze: „Grundlage", „grundsätzlich".

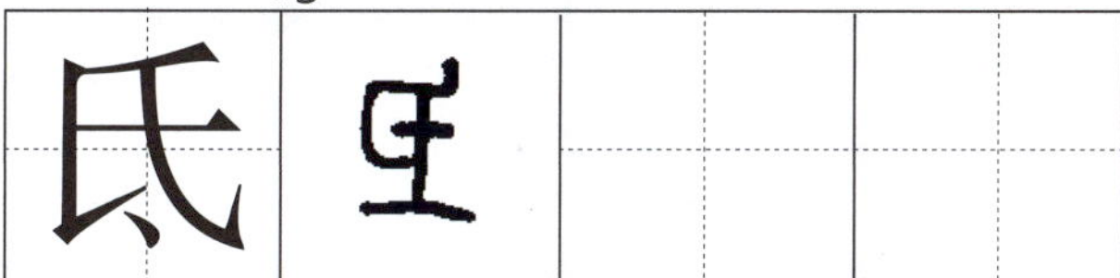

(4) Schriftzeichen auf der Basis von *Pinyin* schreiben.

[sh ě ng] [sh ì] [q ū] [ji ē]

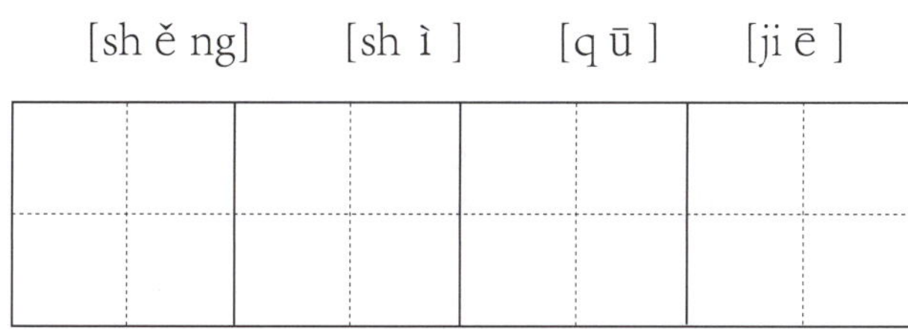

[f ā] [s ò ng] [tu ì] [ch ū]

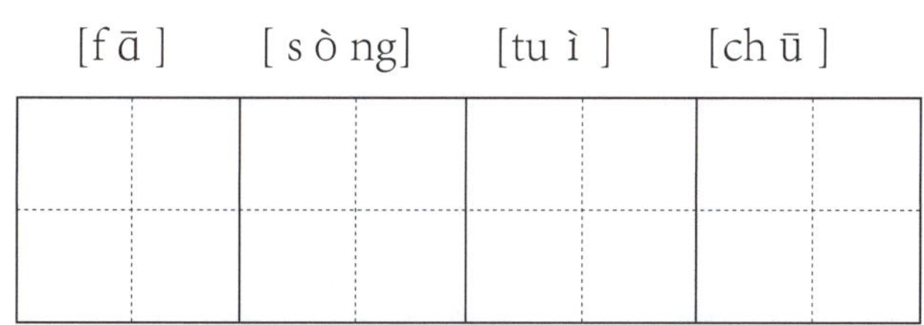

[xi è] [xi è] [q ǐ ng] [w è n]

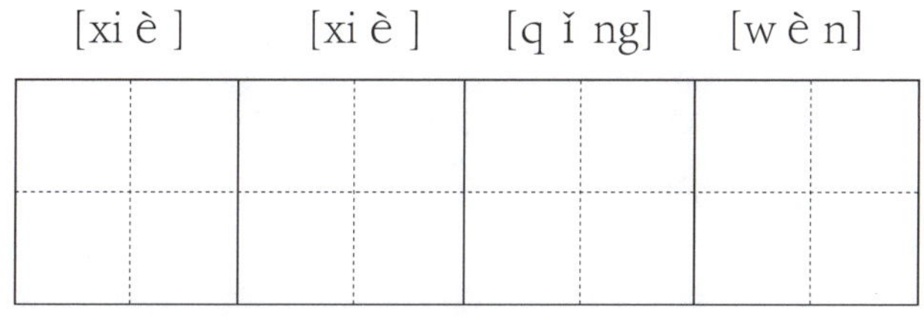

Einheit-6 Lektion 1

Inhalte

1. Einüben der Strichfolge: 月、今、吃、饭、去、天、克、怎、样、那、餐。
2. Zusammenfassende Übungen:
(1) Signifikum und Phonetikum: 吃、怎、期、题、想。
(2) Schreiben Sie Schriftzeichen auf der Basis des Signifikums: 马。
(3) Einander ähnliche Schriftzeichen: 乞，气，乙。
(4) Schriftzeichen auf der Basis von *Pinyin* schreiben.

[chī]

吃

1 2 3 4 5 6

竖 横折 横 撇 横 横折钩

Schreiben Sie das Zeichen in der richtigen Strichfolge.

1. Einüben der Strichfolge

[yuè]

月

1 2 3 4

撇 横折钩 横 横

Schreiben Sie das Zeichen in der richtigen Strichfolge.

[fàn]

饭

1 2 3 4 5 6 7

点 横钩 竖钩 撇 撇 横撇 捺

Schreiben Sie das Zeichen in der richtigen Strichfolge.

[jīn]

今

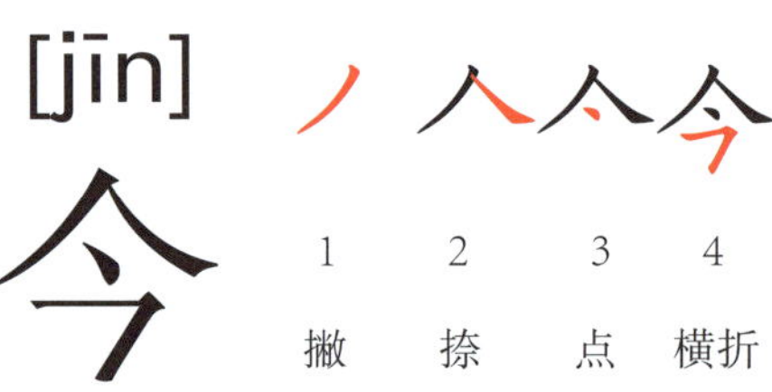

1 2 3 4

撇 捺 点 横折

Schreiben Sie das Zeichen in der richtigen Strichfolge.

[qù]

去

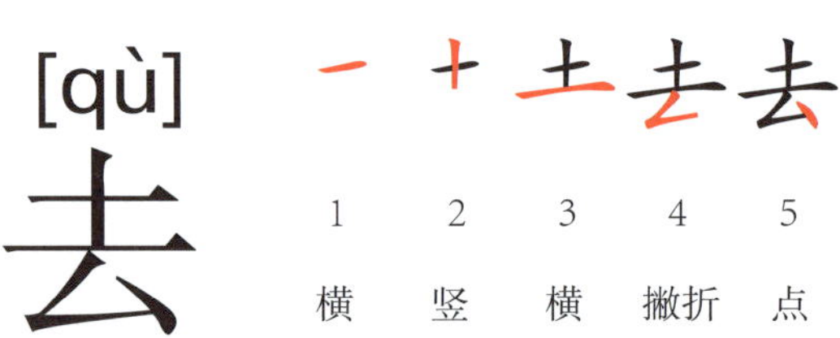

1 2 3 4 5

横 竖 横 撇折 点

Schreiben Sie das Zeichen in der richtigen Strichfolge.

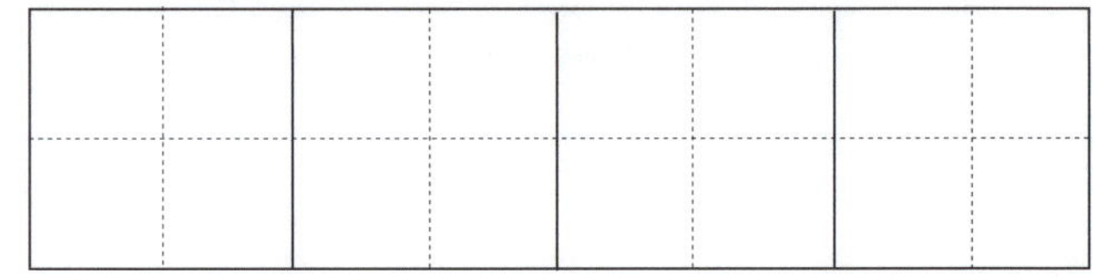

[tiān]

天

一 二 于 天

1 2 3 4

横 横 撇 捺

Schreiben Sie das Zeichen in der richtigen Strichfolge.

[yàng]

样

1 2 3 4 5 6

横 竖 撇 点 点 点

7 8 9 10

横 横 横 竖

Schreiben Sie das Zeichen in der richtigen Strichfolge.

[kè]

克

一 十 十 古 古 古 克

1 2 3 4 5 6 7

横 撇 竖 横折 横 撇 竖弯钩

Schreiben Sie das Zeichen in der richtigen Strichfolge.

[nà]

那

1 2 3 4 5 6

横折钩 横 横 撇 横折弯钩 竖

Schreiben Sie das Zeichen in der richtigen Strichfolge.

[zěn]

怎

1 2 3 4 5 6

撇 横 竖 横 横 点

7 8 9

卧钩 点 点

Schreiben Sie das Zeichen in der richtigen Strichfolge.

[cān]

餐

1 2 3 4 5 6

竖 横 撇 横撇 点 横撇

7 8 9 10 11 12

点 撇 捺 点 横折 横

13 14 15 16

横 竖钩 点 点

Schreiben Sie das Zeichen in der richtigen Strichfolge.

2. Zusammenfassende Übungen:

(1) Markieren Sie Signifika und Phonetika mit verschiedenen Farben.

口 + 乞 = 吃 (吃饭)

乍 + 心 = 怎 (怎么样)

其 + 月 = 期 (时期)

是 + 页 = 题 (问题)

相 + 心 = 想 （ 想要 ）

(2) Schreiben Sie Schriftzeichen auf der Basis des Signifikums.

jiā 加 + mǎ 马 = (jià)

马 + shǐ 史 = (   )

马 + yě 也 = (   )

马 + yòu 又 = (   )

马 + chuān 川 = (   )

(3) Vergleichen und schreiben Sie einander ähnliche Schriftzeichen.

[qǐ] „betteln"

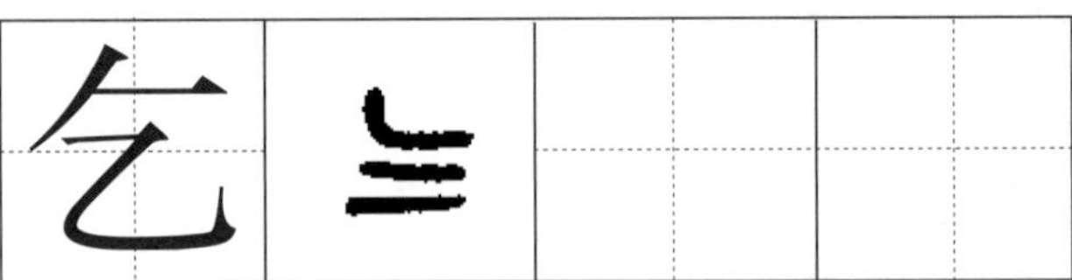

[qì] Symbolisiert Wolkenschwaden, die über den Himmel treiben: „Luft", „Qi".

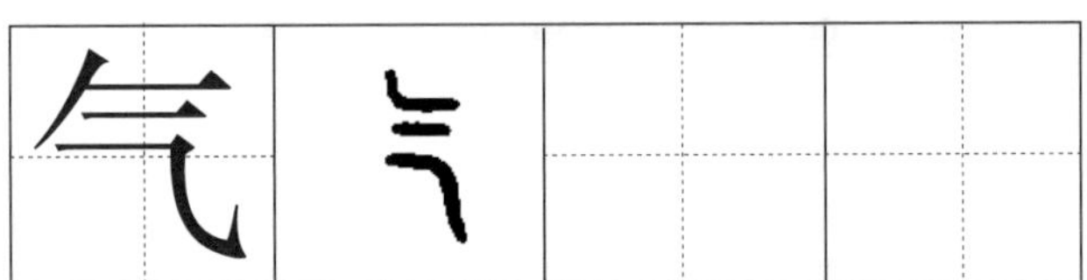

[yǐ] Der zweite der 10 Himmelsstämme (oft entsprechend B/b in Aufzählungen).

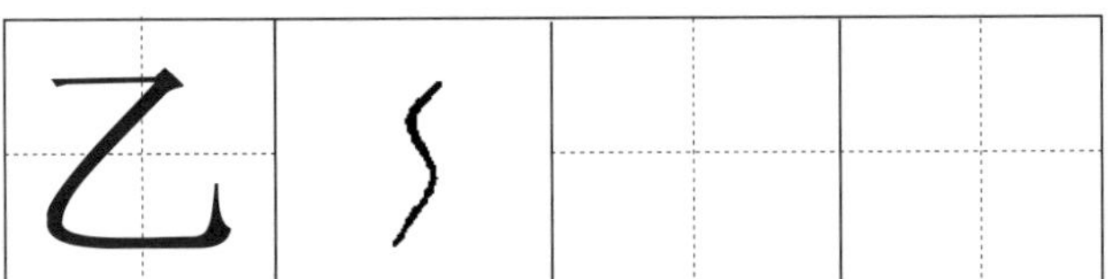

(4) Schriftzeichen auf der Basis von *Pinyin* schreiben.

[jīn] [tiān] [jǐ] [hào]

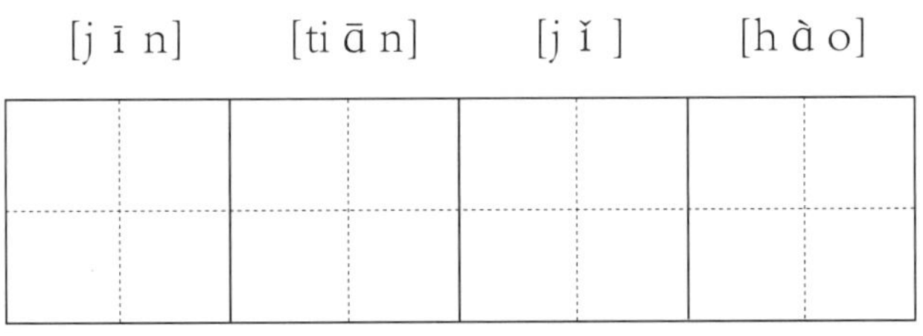

[qù] [chī] [zhōng] [cān]

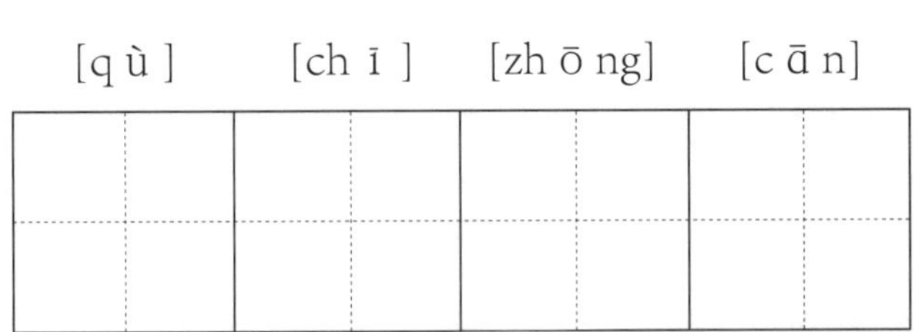

[mā] [mā] [chú] [fáng]

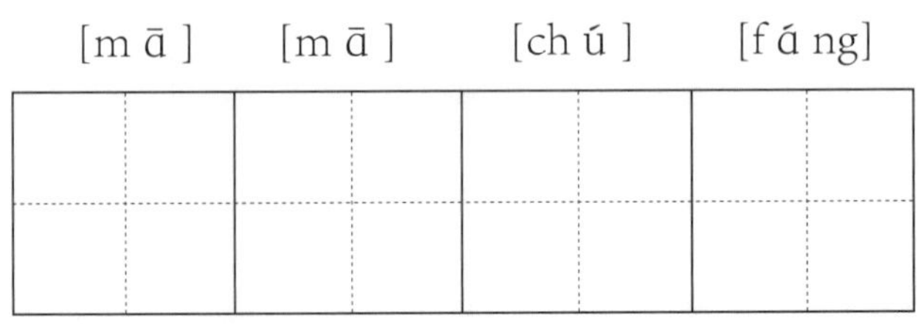

Lektion 2

Inhalte

1. Einüben der Strichfolge: 没、题、跟、看、见、面、班、派、下、个、蒂。
2. Zusammenfassende Übungen:
(1) Signifikum und Phonetikum: 没、快、打、题、班。
(2) Schreiben Sie Schriftzeichen auf der Basis des Signifikums: 页。
(3) Einander ähnliche Schriftzeichen: 艮，良，食。
(4) Schriftzeichen auf der Basis von *Pinyin* schreiben.

1. Einüben der Strichfolge

[méi] 没

1	2	3	4	5	6	7
点	点	提	撇	横折弯	横撇	捺

Schreiben Sie das Zeichen in der richtigen Strichfolge.

[tí] 题

1	2	3	4	5	6	7	8	9	10	11	12	13	14	15
竖	横折	横	横	横	竖	横	撇	捺	横	撇	竖	横折	撇	点

Schreiben Sie das Zeichen in der richtigen Strichfolge.

[gēn] 跟

1	2	3	4	5	6	7	8	9	10	11	12	13
竖	横折	横	竖	横	竖	提	横折	横	横	竖钩	撇	捺

Schreiben Sie das Zeichen in der richtigen Strichfolge.

[kàn] 看

1	2	3	4	5	6	7	8	9
撇	横	横	撇	竖	横折钩	横	横	横

Schreiben Sie das Zeichen in der richtigen Strichfolge.

[jiàn] 见

1	2	3	4
竖	横折	撇	竖弯钩

Schreiben Sie das Zeichen in der richtigen Strichfolge.

[miàn]

面

1 横 2 撇 3 竖 4 横折 5 竖 6 竖  7 横 8 横 9 横

Schreiben Sie das Zeichen in der richtigen Strichfolge.

[xià]

下

1 横 2 竖 3 点

Schreiben Sie das Zeichen in der richtigen Strichfolge.

[bān]

班

1 横 2 横 3 竖 4 提 5 点 6 撇  7 横 8 横 9 竖 10 横

Schreiben Sie das Zeichen in der richtigen Strichfolge.

[gè]

个

1 撇 2 捺 3 竖

Schreiben Sie das Zeichen in der richtigen Strichfolge.

[pài]

派

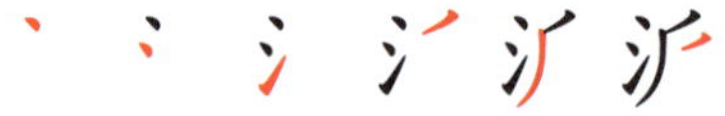

1 点 2 点 3 提 4 撇 5 撇 6 撇  7 竖钩 8 点 9 捺

Schreiben Sie das Zeichen in der richtigen Strichfolge.

[dì]

蒂

1 横 2 竖 3 撇 4 点 5 横 6 点  7 点 8 点 9 横钩 10 竖 11 横折钩 12 竖

Schreiben Sie das Zeichen in der richtigen Strichfolge.

2. Zusammenfassende Übungen:

(1) Markieren Sie Signifika und Phonetika mit verschiedenen Farben.

氵 + 殳 = 没（没有）

忄 + 夬 = 快（快乐）

扌 + 丁 = 打（打球）

是 + 页 = 题（题目）

王王 + 刂 = 班（班级）

(2) Schreiben Sie Schriftzeichen auf der Basis des Signifikums.

lìng + yè = (lǐng)
令 + 页 = （ 领 ）

dīng
丁 + 页 = （ ）

yú
予 + 页 = （ ）

kè
客 + 页 = （ ）

yuán
元 + 页 = （ ）

(3) Vergleichen und schreiben Sie einander ähnliche Schriftzeichen.

[gèn] Ursprünglich oben 目 „Auge", unten 比 „vergleichen": zwei Menschen, die einander anstarren.

[liáng] „gut", „hervorragend"

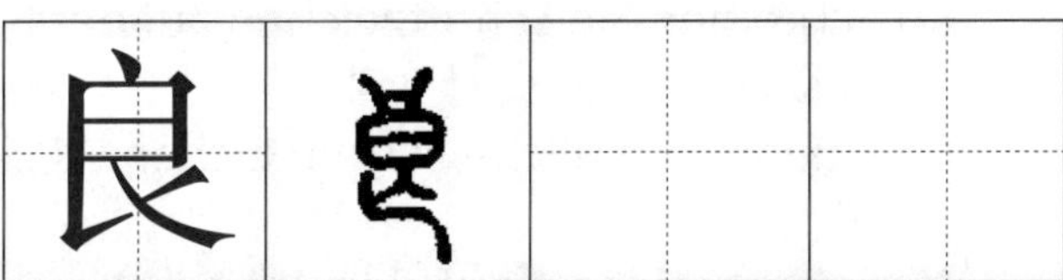

[shí] Oben ein Phonetikum, unten ein Topf, in dem Essen gekocht wird: „essen".

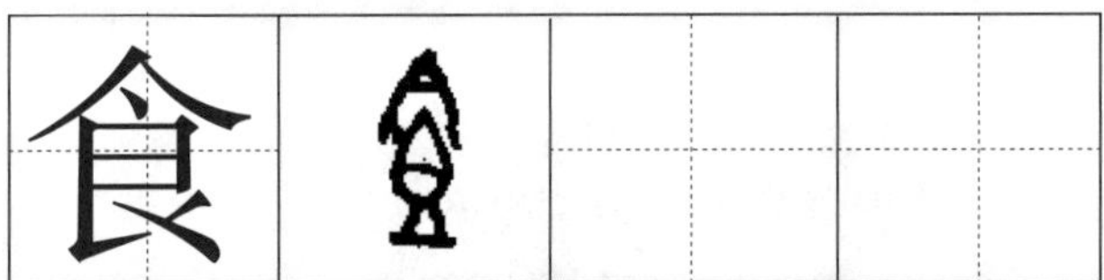

(4) Schriftzeichen auf der Basis von *Pinyin* schreiben.

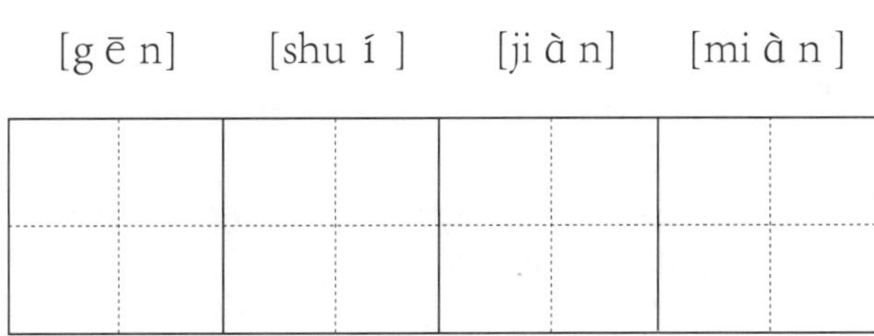

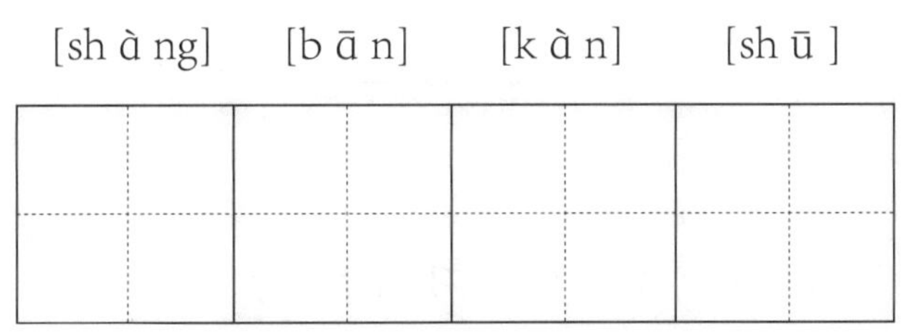

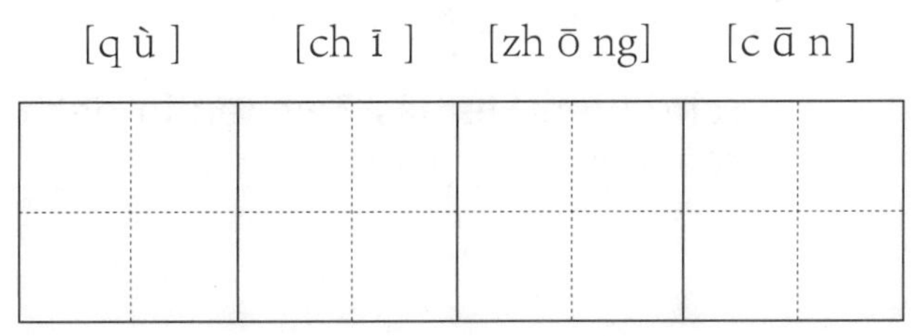

Lektion 3

Inhalte

1. Einüben der Strichfolge: 元、旦、清、端、午、圣、诞、春、节、劳、庆。
2. Zeichenstrukturanalyse: 月 + □; 扌 + □
3. Zusammenfassende Übungen:
(1) Signifikum und Phonetikum: 旦、清、端、朗、活。
(2) Schreiben Sie Schriftzeichen auf der Basis des Signifikums: 月，扌。
(3) Einander ähnliche Schriftzeichen: 旦，早，旱。
(4) Schriftzeichen auf der Basis von *Pinyin* schreiben.

1. Einüben der Strichfolge

[yuán]

元

1 横 2 横 3 撇 4 竖弯钩

Schreiben Sie das Zeichen in der richtigen Strichfolge.

[dàn]

旦

1 竖 2 横折 3 横 4 横 5 横

Schreiben Sie das Zeichen in der richtigen Strichfolge.

[qīng]

清

1 点 2 点 3 提 4 横 5 横 6 竖

7 横 8 竖 9 横折钩 10 横 11 横

Schreiben Sie das Zeichen in der richtigen Strichfolge.

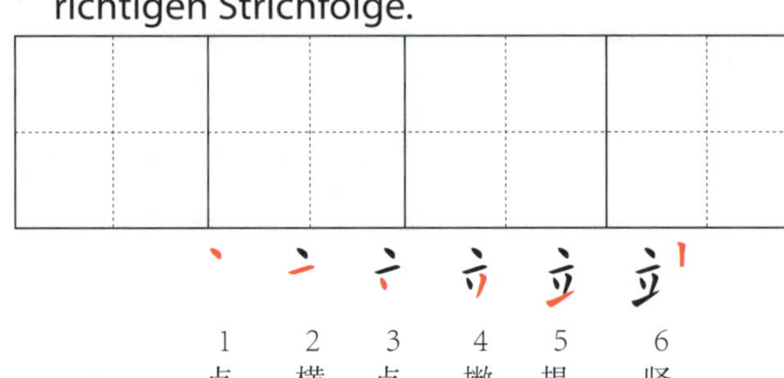

[duān]

端

1 点 2 横 3 点 4 撇 5 提 6 竖

7 横折 8 竖 9 横 10 撇 11 竖 12 横折钩

13 竖 14 竖

Schreiben Sie das Zeichen in der richtigen Strichfolge.

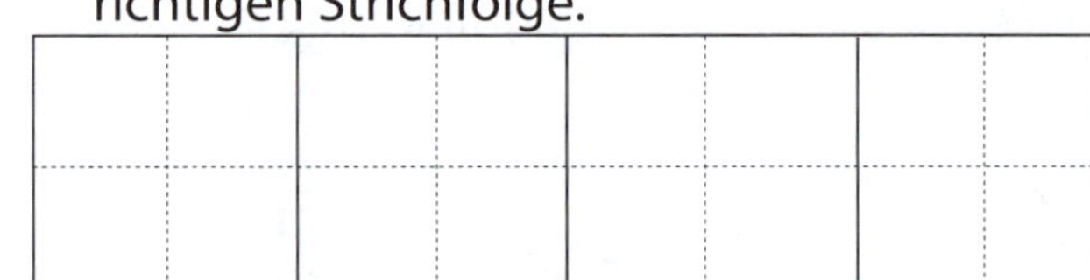

[wǔ]

午

1 撇 2 横 3 横 4 竖

Schreiben Sie das Zeichen in der richtigen Strichfolge.

[shèng]

圣

1 横撇　2 捺　3 横　4 竖　5 横

Schreiben Sie das Zeichen in der richtigen Strichfolge.

[jié]

节

1 横　2 撇　3 撇　4 横折钩　5 竖

Schreiben Sie das Zeichen in der richtigen Strichfolge.

[dàn]

诞

1 点　2 横折钩　3 撇　4 竖　5 横　6 竖折

7 横折弯　8 捺

Schreiben Sie das Zeichen in der richtigen Strichfolge.

[láo]

劳

1 横　2 竖　3 撇　4 点　5 横钩　6 横折钩

7 横折弯　8 捺

Schreiben Sie das Zeichen in der richtigen Strichfolge.

[chūn]

春

1 横　2 横　3 横　4 撇　5 捺　6 竖

7 横折钩　8 横　9 横

Schreiben Sie das Zeichen in der richtigen Strichfolge.

[qìng]

庆

1 点　2 横　3 撇　4 横　5 撇　6 捺

Schreiben Sie das Zeichen in der richtigen Strichfolge.

2. Zeichenstrukturanalyse

[yuè]

月 (Grundbedeutung) „Mond". Schriftzeichen, die die Komponente 月 enthalten, haben zumeist mit dem Mond zu tun. Allerdings wird auch 肉 ròu „Fleisch" als Signifikum oft 月 geschrieben.

früher ⟶ heute

(3) Beispielzeichen mit 月 als Signifikum.

[qī]

S+P-Schriftzeichen: Das Signifikum 月 steht für den Mond, 其 qī ist Phonetikum: „Zeitraum".

[lǎng]

S+P-Schriftzeichen: Das Signifikum 月 steht für den Mond, 良 liáng ist Phonetikum: „klar" (Himmel).

(4) Strichfolge

Schreiben Sie das Zeichen in der richtigen Strichfolge.

[shǒu]

扌 (Grundbedeutung) eine greifende Hand (手 shǒu), die links in Schriftzeichen zu 扌 verkürzt wird. Dieses Signifikum steht häufig für Handbewegungen.

früher ⟶ heute

(3) Beispielzeichen mit 扌 als Signifikum.

[bǎ]

把 S+P-Schriftzeichen: Das Signifikum 扌 steht für die Sonne, 巴 bā ist Phonetikum: „ergreifen".

[dǎ]

打 S+P-Schriftzeichen: Das Signifikum 扌 steht für die Sonne, 丁 dīng ist Phonetikum. Das Zeichen bedeutet „schlagen", „mit der Hand ausführen".

(4) Strichfolge

Schreiben Sie das Zeichen in der richtigen Strichfolge.

3. Zusammenfassende Übungen:

(1) Markieren Sie Signifika und Phonetika mit verschiedenen Farben.

日 + 一 = 旦（元旦）

氵 + 青 = 清（清明）

立 + 耑 = 端（端午）

良 + 月 = 朗（晴朗）

氵 + 舌 = 活（复活）

(2) Schreiben Sie Schriftzeichen auf der Basis des Signifikums.

[yu è] [cháo] [ ] [ ]

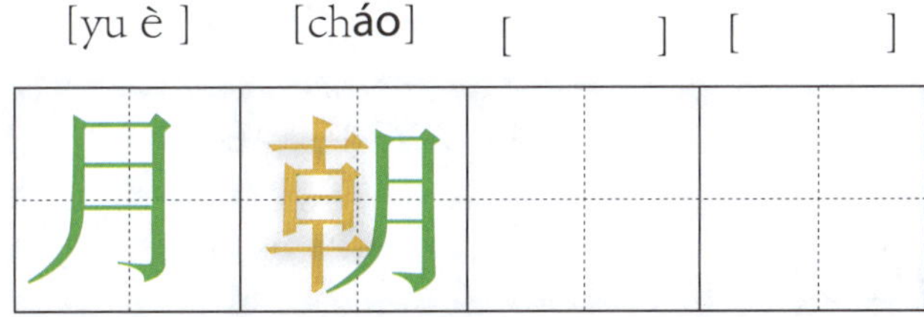

(Gr ü n: Signifikum; gelb: Phonetikum)

[sh ǒ u] [d ǎ] [ ] [ ]

(Gr ü n: Signifikum; gelb: Phonetikum)

(3) Vergleichen und schreiben Sie einander ähnliche Schriftzeichen.

[d à n] Unten der Erdboden, darüber die Sonne 日 :„Tagesanbruch".

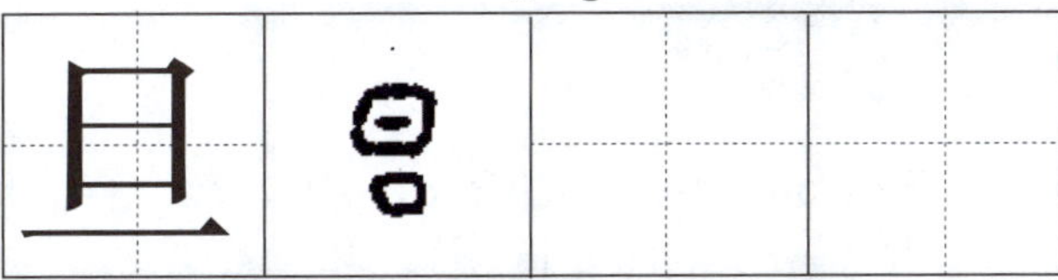

[z ǎ o] Oben die Sonne, unten die Kopfbedeckung eines Soldaten: „morgens".

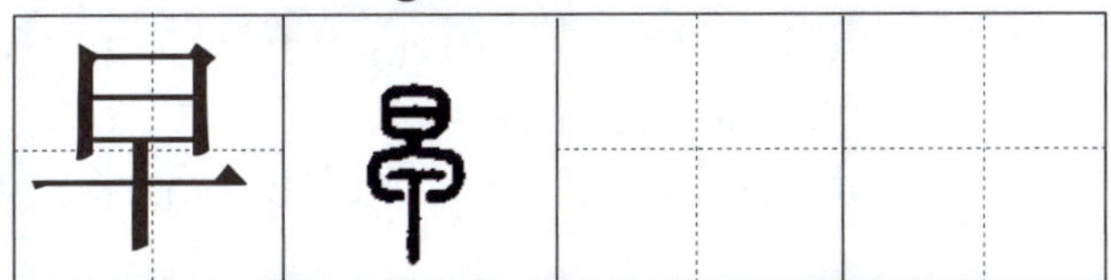

[h à n] Oben die Sonne, unten das Phonetikum 干 g ā n:„Dürre",„Trockenheit".

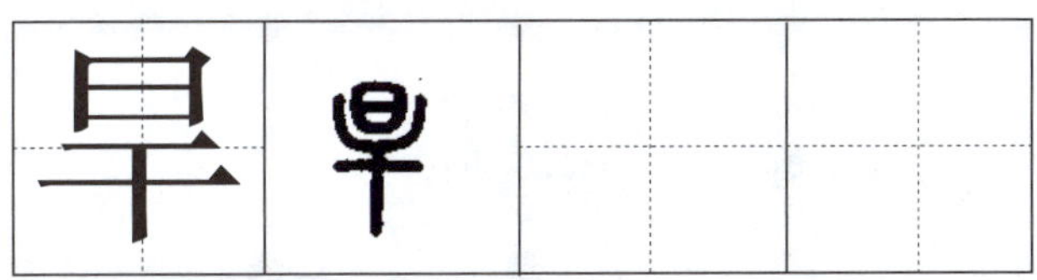

(4) Schriftzeichen auf der Basis von *Pinyin* schreiben.

[ji ǔ] [h à o] [sh ē ng] [r ì]

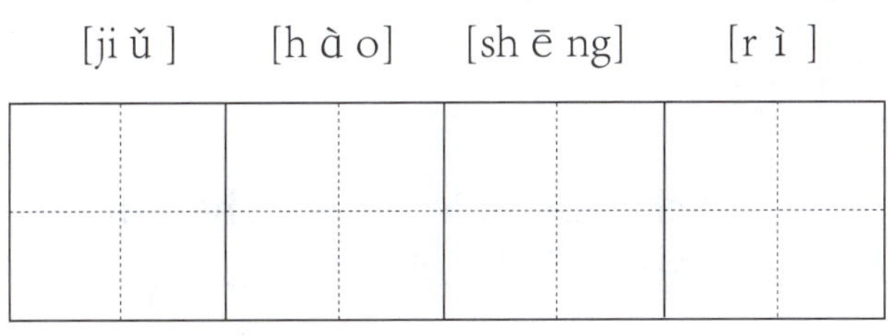

[l ǎ o] [sh ī] [q ǐ ng] [w ǒ]

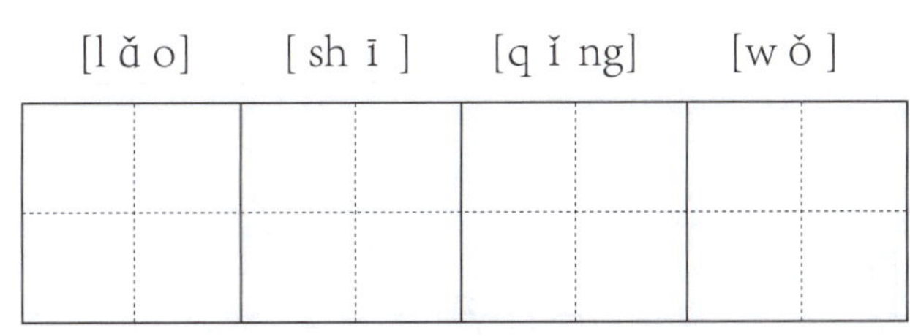

[xi à] [g è] [x ī ng] [q ī]

Einheit-7 Lektion 1

Inhalte

1. Einüben der Strichfolge: 周、末、有、时、要、爷、计、划、影、几、点。
2. Zusammenfassende Übungen:
(1) Signifikum und Phonetikum: 计、要、划、影、点。
(2) Schreiben Sie Schriftzeichen auf der Basis des Phonetikums: 半。
(3) Einander ähnliche Schriftzeichen: 半，羊，长。
(4) Schriftzeichen auf der Basis von *Pinyin* schreiben.

[yǒu] 有

1	2	3	4	5	6
横	撇	竖	横折钩	横	横

Schreiben Sie das Zeichen in der richtigen Strichfolge.

1.Einüben der Strichfolge

[zhōu] 周

1	2	3	4	5	6	7	8
撇	横折钩	横	竖	横	竖	横折	横

Schreiben Sie das Zeichen in der richtigen Strichfolge.

[shí] 时

1	2	3	4	5	6	7
竖	横折钩	横	横	横	竖钩	点

Schreiben Sie das Zeichen in der richtigen Strichfolge.

[mò] 末

1	2	3	4	5
横	横	竖	撇	捺

Schreiben Sie das Zeichen in der richtigen Strichfolge.

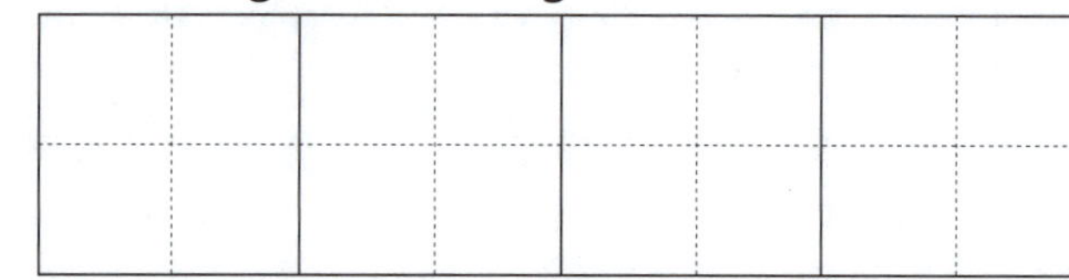

[yào] 要

1	2	3	4	5	6	7	8	9
横	竖	横折	竖	竖	横	撇折	撇	横

Schreiben Sie das Zeichen in der richtigen Strichfolge.

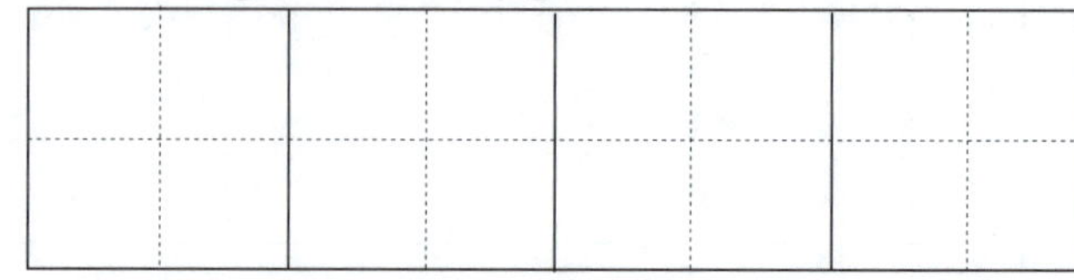

[yé]

爷

1 2 3 4 5 6

撇 点 撇 捺 横折钩 竖

Schreiben Sie das Zeichen in der richtigen Strichfolge.

[yǐng]

影

1 2 3 4 5 6

竖 横折 横 横 点 横

7 8 9 10 11 12

竖 横折 横 竖钩 点 点

13 14 15

撇 撇 撇

Schreiben Sie das Zeichen in der richtigen Strichfolge.

[jì]

计

1 2 3 4

点 横折钩 横 竖

Schreiben Sie das Zeichen in der richtigen Strichfolge.

[jǐ]

几

1 2

撇 横折折钩

Schreiben Sie das Zeichen in der richtigen Strichfolge.

[huà]

划

1 2 3 4 5 6

横 弯钩 撇 点 竖 竖钩

Schreiben Sie das Zeichen in der richtigen Strichfolge.

[diǎn]

点

1 2 3 4 5 6

竖 横 竖 横折 横 点

7 8 9

点 点 点

Schreiben Sie das Zeichen in der richtigen Strichfolge.

2. Zusammenfassende Übungen:

(1) Markieren Sie Signifika und Phonetika mit verschiedenen Farben.

讠 + 十 = 计 (计划)

西 + 女 = 要 (想要)

戈 + 刂 = 划 (计划)

景 + 彡 = 影 (电影)

占 + 灬 = 点 （ 几点 ）

(2) Schreiben Sie Schriftzeichen auf der Basis des Phonetikums.

亻 + 半 (bàn) = (伴 (bàn))

扌 + 半 (bàn) = (　　)

月 + 半 (bàn) = (　　)

半 (bàn) + 反 = (　　)

半 (bàn) + 刂 = (　　)

(3) Vergleichen und schreiben Sie einander ähnliche Schriftzeichen.

[b à n] Zwei Striche „teilen" eine Kuh 牛 in zwei Teile.

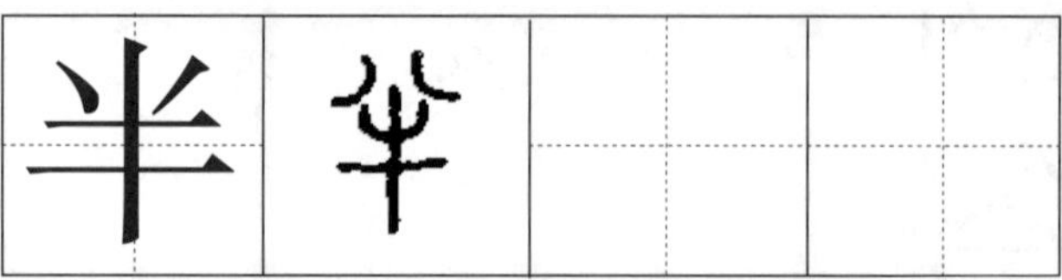

[y á ng] Aus dem Kopf ragen zwei Hörner hervor: „Schaf", „Ziege".

[ch á ng] Seitenansicht eines alten Mannes am Stock mit langen Haaren: „lang".

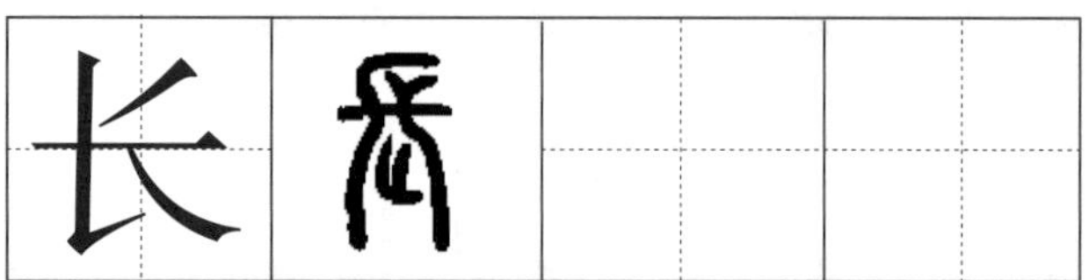

(4) Schriftzeichen auf der Basis von *Pinyin* schreiben.

[zh ō u] [m ò] [j ì] [hu à]

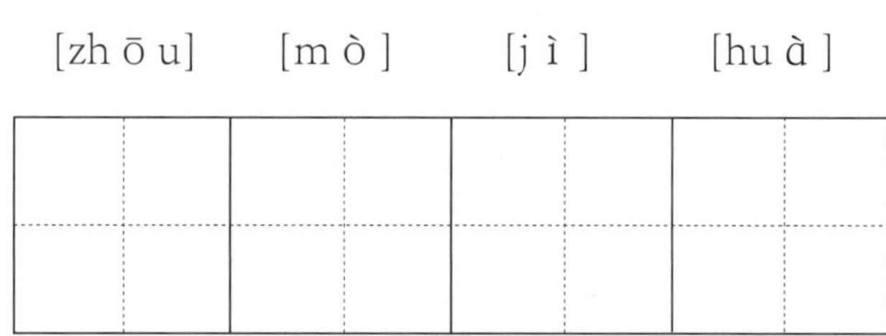

[w ǎ n] [sh à ng] [j ǐ] [di ǎ n]

[b ú] [ji à n] [b ú] [s à n]

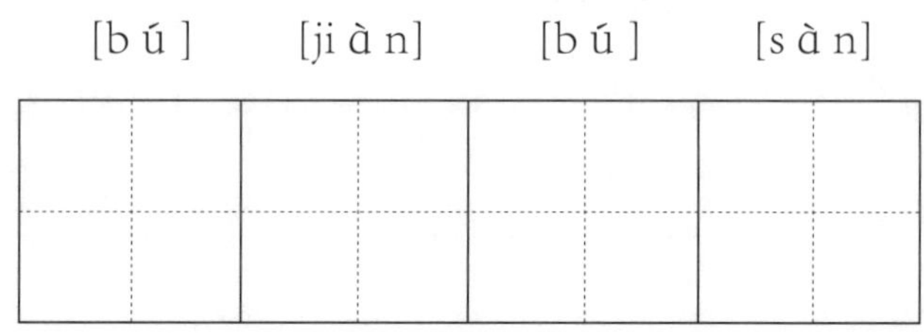

Lektion 2

Inhalte

1. Einüben der Strichfolge: 开、始、门、口、了、朋、友、晚、事、分、菜。
2. Zusammenfassende Übungen:
(1) Signifikum und Phonetikum: 始、样、晚、分、菜。
(2) Schreiben Sie Schriftzeichen auf der Basis des Phonetikums: 子。
(3) Einander ähnliche Schriftzeichen: 了、子、犭。
(4) Schriftzeichen auf der Basis von *Pinyin* schreiben.

1. Einüben der Strichfolge

[kāi]

Schreiben Sie das Zeichen in der richtigen Strichfolge.

[shǐ]

Schreiben Sie das Zeichen in der richtigen Strichfolge.

[mén]

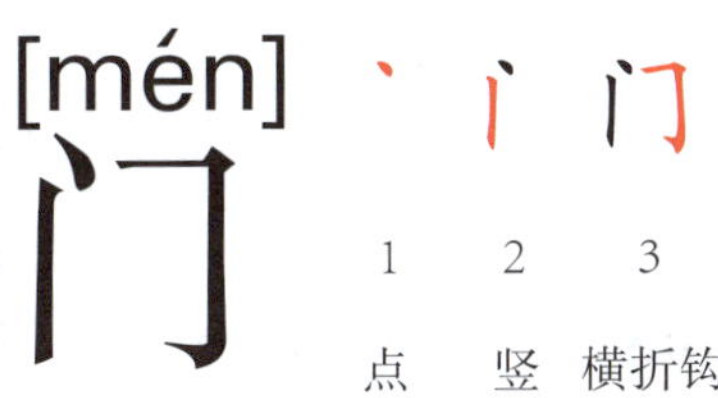

Schreiben Sie das Zeichen in der richtigen Strichfolge.

[kǒu]

Schreiben Sie das Zeichen in der richtigen Strichfolge.

[le]

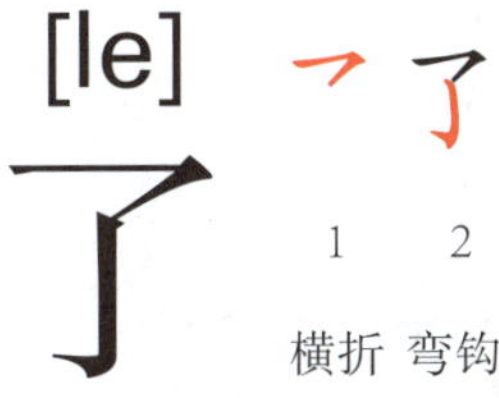

Schreiben Sie das Zeichen in der richtigen Strichfolge.

[péng]

朋

1	2	3	4	5	6	7	8
撇	横折钩	横	横	撇	横折钩	横	横

Schreiben Sie das Zeichen in der richtigen Strichfolge.

[shì]

事

1	2	3	4	5	6	7	8
横	竖	横折	横	横折	横	横	竖钩

Schreiben Sie das Zeichen in der richtigen Strichfolge.

[yǒu]

友

1	2	3	4
横	撇	横撇	捺

Schreiben Sie das Zeichen in der richtigen Strichfolge.

[fēn]

分

1	2	3	4
撇	捺	横折钩	撇

Schreiben Sie das Zeichen in der richtigen Strichfolge.

[wǎn]

晚

1	2	3	4	5	6	7	8	9	10	11
竖	横折	横	横	撇	横撇	竖	横折	横	撇	竖弯钩

Schreiben Sie das Zeichen in der richtigen Strichfolge.

[cài]

菜

1	2	3	4	5	6	7	8	9	10	11
横	竖	撇	撇	点	点	点	横	竖	撇	捺

Schreiben Sie das Zeichen in der richtigen Strichfolge.

2. Zusammenfassende Übungen:

(1) Markieren Sie Signifika und Phonetika mit verschiedenen Farben.

女 + 台 = 始（开始）

木 + 羊 = 样（样子）

日 + 免 = 晚（晚上）

八 + 刀 = 分（十分）

艹 + 采 = 菜（做菜）

(2) Schreiben Sie Schriftzeichen auf der Basis des Phonetikums.

女 + 子 (zǐ) = （ 好 hǎo ）

木 + 子 (zǐ) = （　　）

米 + 子 (zǐ) = （　　）

宀 + 子 (zǐ) = （　　）

子 (zǐ) + 小 = （　　）

(3) Vergleichen und schreiben Sie einander ähnliche Schriftzeichen.

[le] Ähnelt einem kleinen Fuß, der beim Gehen falsch gesetzt wird. Später „verstehen", „begreifen", dann „beenden".

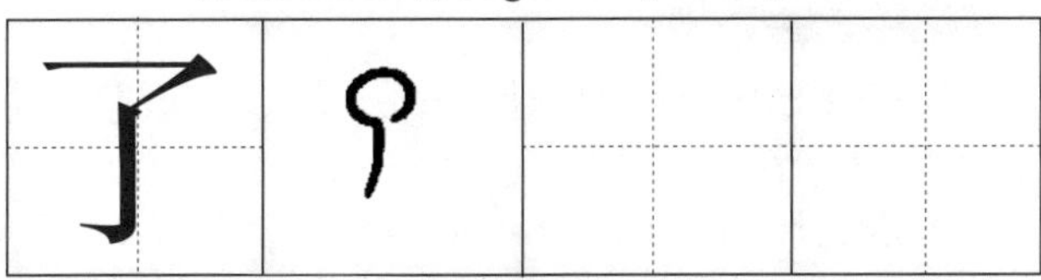

[zǐ] Ähnelt einem gerade geborenen Kind: „Kind".

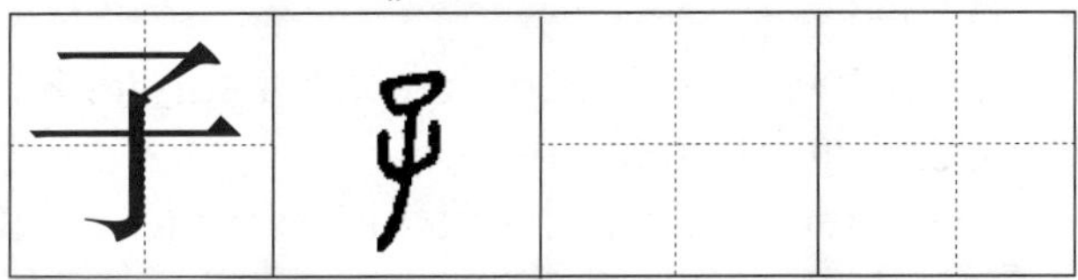

[quǎn] Ein Hund (ursprünglich 犬): „wildes Tier".

(4) Schriftzeichen auf der Basis von *Pinyin* schreiben.

[jiǔ] [diǎn] [kāi] [shǐ]

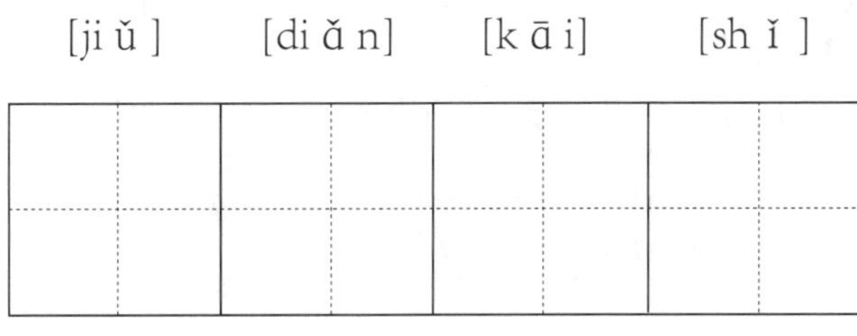

[qù] [chī] [wǎn] [fàn]

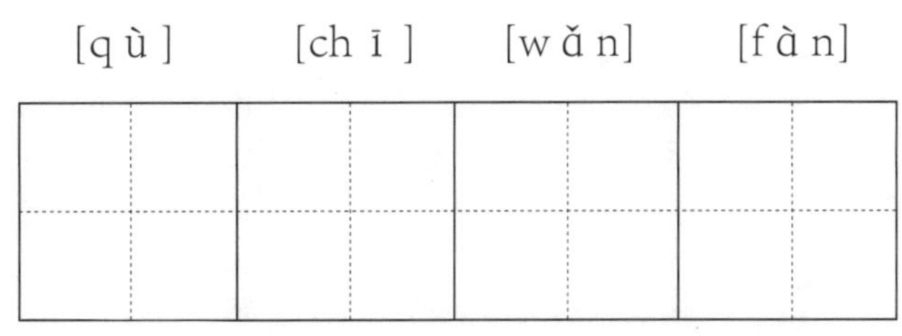

[chī] [rì] [běn] [cài]

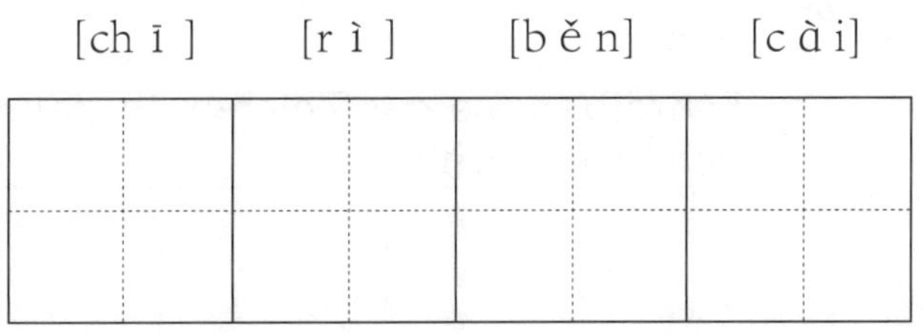

Lektion 3

Inhalte

1. Einüben der Strichfolge: 跑、步、唱、歌、奶、音、乐、听、卡、博、客。
2. Zeichenstrukturanalyse: 门 + □； 𧾷 + □。
3. Zusammenfassende Übungen:
(1) Signifikum und Phonetikum: 跑、歌、唱、博、客。
(2) Schreiben Sie Schriftzeichen auf der Basis des Signifikums: 门，𧾷 。
(3) Einander ähnliche Schriftzeichen: 乃，及，又。
(4) Schriftzeichen auf der Basis von *Pinyin* schreiben.

1. Einüben der Strichfolge

[pǎo] 跑

1 竖 2 横折 3 横 4 竖 5 横 6 竖
7 提 8 撇 9 横折钩 10 横折 11 横 12 竖弯钩

Schreiben Sie das Zeichen in der richtigen Strichfolge.

[bù] 步

1 竖 2 横 3 竖 4 横 5 竖 6 点
7 撇

Schreiben Sie das Zeichen in der richtigen Strichfolge.

[chàng] 唱

1 竖 2 横折 3 横 4 竖 5 横折 6 横
7 横 8 竖 9 横折钩 10 横 11 横

Schreiben Sie das Zeichen in der richtigen Strichfolge.

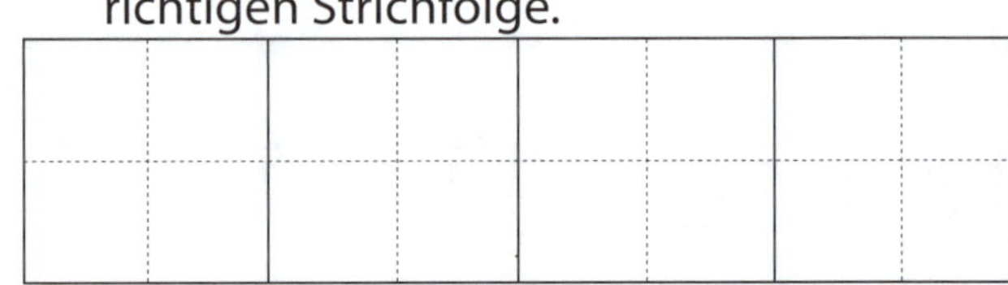

[gē] 歌

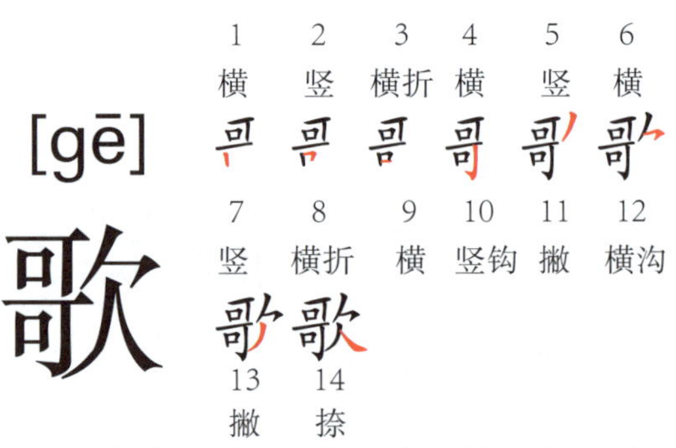

1 横 2 竖 3 横折 4 横 5 竖 6 横
7 竖 8 横折 9 横 10 竖钩 11 撇 12 横沟
13 撇 14 捺

Schreiben Sie das Zeichen in der richtigen Strichfolge.

[nǎi] 奶

1 撇折 2 撇 3 提 4 横折横弯钩 5 撇

Schreiben Sie das Zeichen in der richtigen Strichfolge.

[yīn]

音

1 2 3 4 5 6 7 8 9

点 横 点 点 横 竖 横折钩 横 横

Schreiben Sie das Zeichen in der richtigen Strichfolge.

[kǎ]

卡

1 2 3 4 5

竖 横 横 竖 点

Schreiben Sie das Zeichen in der richtigen Strichfolge.

[yuè]

乐

1 2 3 4 5

撇 撇折 竖钩 点 点

Schreiben Sie das Zeichen in der richtigen Strichfolge.

[bó]

博

1 2 3 4 5 6 7 8 9 10 11 12

横 竖 横 竖 横折 横 横 竖 点 横 竖钩 点

Schreiben Sie das Zeichen in der richtigen Strichfolge.

[tīng]

听

1 2 3 4 5 6 7

竖 横折 横 撇 撇 横 竖

Schreiben Sie das Zeichen in der richtigen Strichfolge.

[kè]

客

1 2 3 4 5 6 7 8 9

点 点 横钩 撇 横撇 捺 竖 横折 横

Schreiben Sie das Zeichen in der richtigen Strichfolge.

2. Zeichenstrukturanalyse

(1) Piktographisches Zeichen

[mén] (Grundbedeutung) ursprünglich eine zweiflügelige Tür, die in einen Raum führt. Schriftzeichen, die die Komponente 门 enthalten, haben entweder mit Räumen zu tun oder verwenden 门 mén als Phonetikum oder Signifikum.

门

(2) Entwicklung des Schriftzeichens

früher ⟶ heute

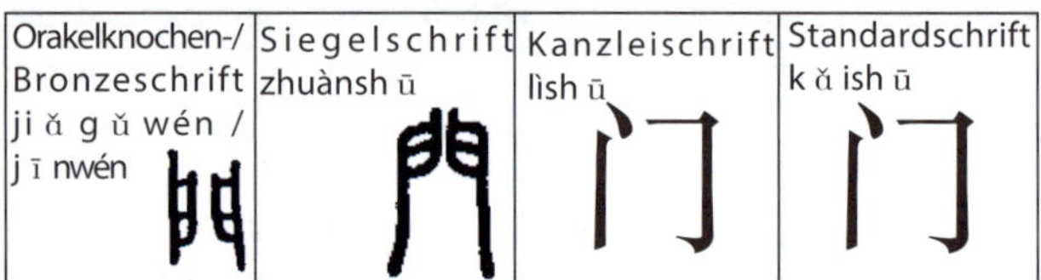

Orakelknochen-/Bronzeschrift jiǎgǔwén / jīnwén	Siegelschrift zhuànshū	Kanzleischrift lìshū	Standardschrift kǎishū
		门	门

(3) Beispielzeichen mit 门 als Signifikum

[jiān]

Bedeutungskompositum: Das Signifikum 日 „Sonne" steht für Licht, das durch die Tür 门 fällt: „Raum" (auch „Zeitraum").

[gé]

S+P-Schriftzeichen: Das Signifikum 门 steht für den Raum, 各 gè ist Phonetikum: „Kammern", „Kabinette".

(4) Strichfolge

1	2	3
点	竖	横折钩

Schreiben Sie das Zeichen in der richtigen Strichfolge.

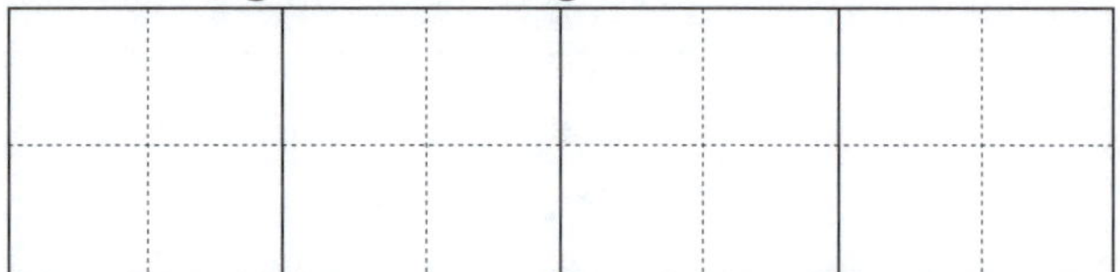

(1) Piktographisches Zeichen

[zú] (Grundbedeutung) oben wie ein Knie, unten wie ein Fuß: 足 „Fuß". Wenn dieser „Fuß" in Schriftzeichen vorkommt, hat das Zeichen oft mit Fortbewegung zu tun.

足

(2) Entwicklung des Schriftzeichens

früher ⟶ heute

Orakelknochen-/Bronzeschrift jiǎgǔwén / jīnwén	Siegelschrift zhuànshū	Kanzleischrift lìshū	Standardschrift kǎishū
		足	足

(3) Beispielzeichen mit ⻊ als Signifikum

[lù]

S+P-Schriftzeichen: 足 „Fuß" ist Signifikum, 各 gè ist Phonetikum. Das Zeichen bedeutet „Weg", „Straße".

[gēn]

S+P-Schriftzeichen: 足 „Fuß" ist Signifikum, 艮 gēn ist Phonetikum. Das Zeichen bedeutet „Ferse", „folgen", „mit".

(4) Strichfolge

1	2	3	4	5	6	7
竖	横折	横	竖	横	竖	提

Schreiben Sie das Zeichen in der richtigen Strichfolge.

3. Zusammenfassende Übungen:

(1) Markieren Sie Signifika und Phonetika mit verschiedenen Farben.

⻊ + 包 = 跑 (跑步)

哥 + 欠 = 歌 (歌唱)

口 + 昌 = 唱 (唱歌)

十 + 尃 = 博 (博物馆)

宀 + 各 = 客 (博客)

(2) Schreiben Sie Schriftzeichen auf der Basis des Signifikums.

[m é n] [ji ā n] [ ] [ ]

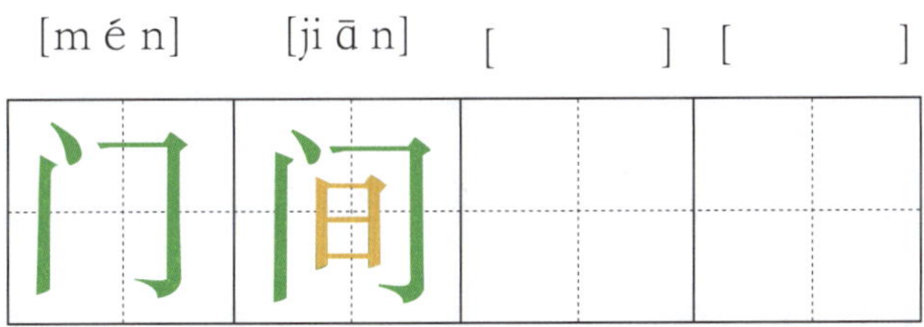

(Gr ü n: Signifikum; gelb: Phonetikum)

[z ú] [g ē n] [ ] [ ]

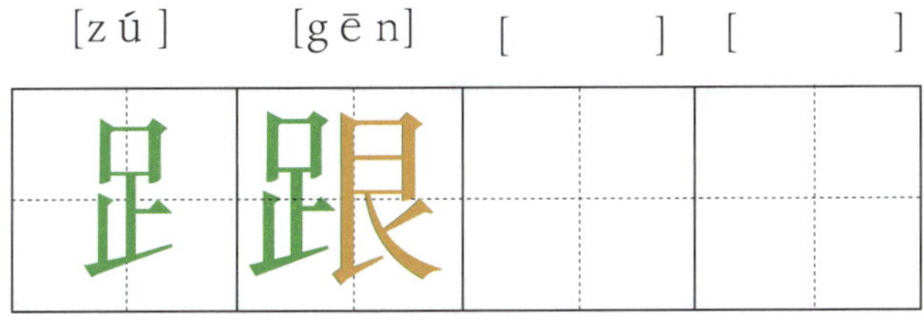

(Gr ü n: Signifikum; gelb: Phonetikum)

(3) Vergleichen und schreiben Sie einander ähnliche Schriftzeichen.

[n ǎ i] Ein Adverb in der Bedeutung „das bedeutet".

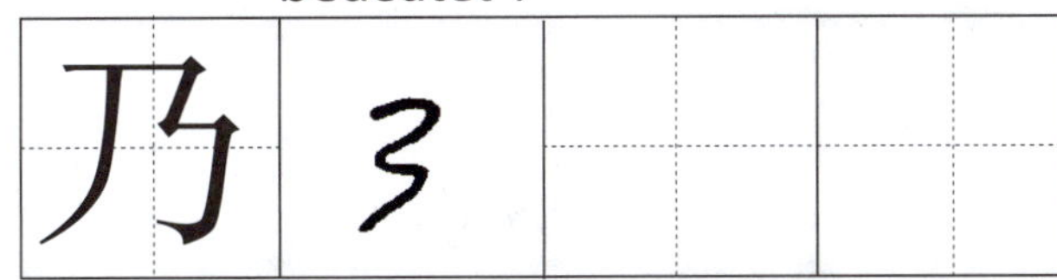

[j í] Aus einer Hand und einem Menschen: von hinten einen Menschen ergreifen: „erreichen".

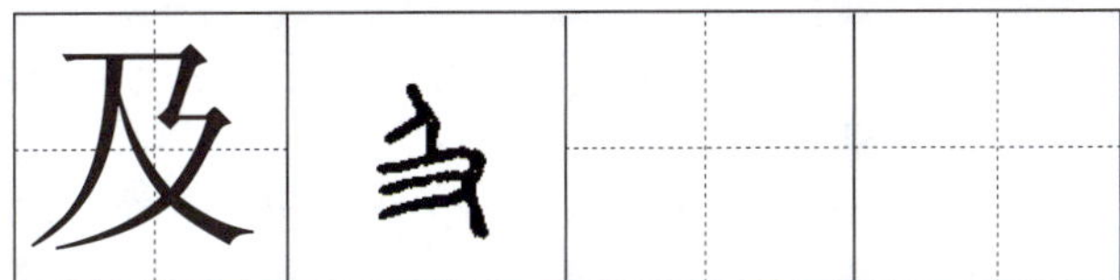

[y ò u] Eine rechte Hand, „rechts". Heute „wieder".

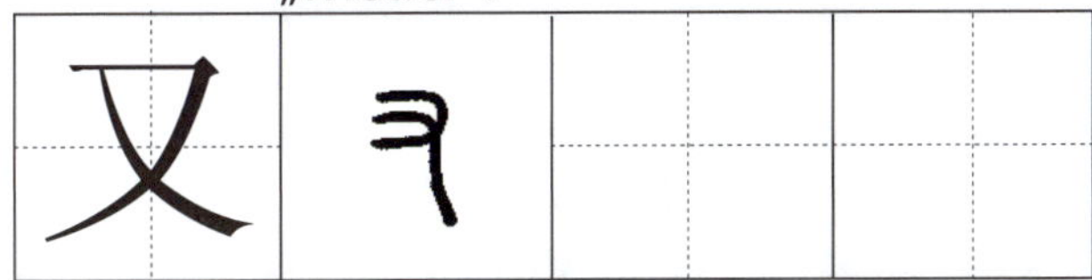

(4) Schriftzeichen auf der Basis von *Pinyin* schreiben.

[w ǒ] [xu é] [ch à ng] [g ē]

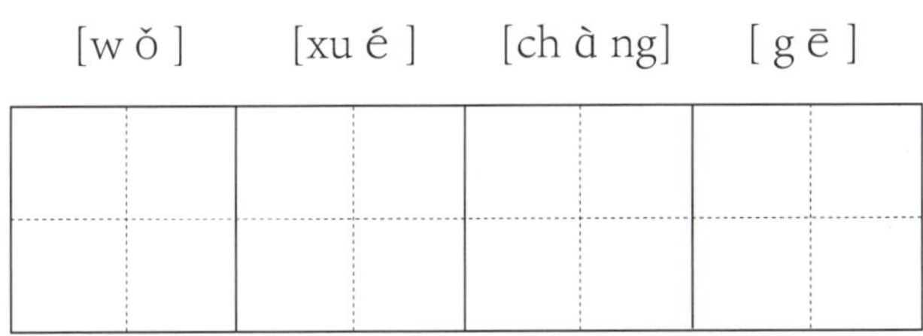

[b ā] [di ǎ n] [p ǎ o] [b ù]

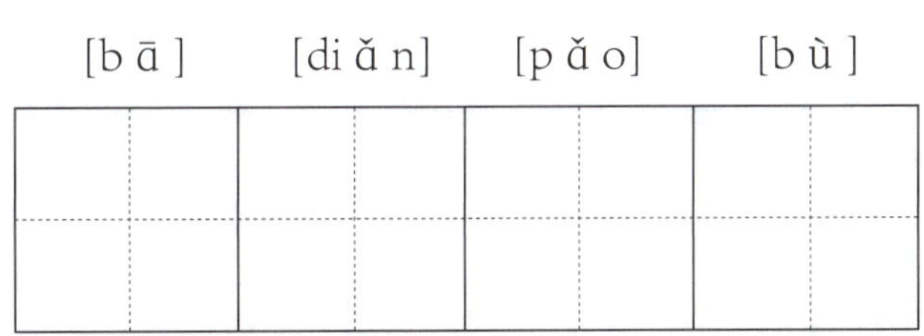

[t ī ng] [y ī n] [yu è] [hu ì]

Einheit-8 Lektion 1

Inhalte

1. Einüben der Strichfolge: 售、货、买、衣、条、裙、来、边、红、蓝、色。
2. Zusammenfassende Übungen:
(1) Signifikum und Phonetikum: 售、裙、货、红、色。
(2) Schreiben Sie Schriftzeichen auf der Basis des Signifikums: 纟。
(3) Einander ähnliche Schriftzeichen: 头、买、卖。
(4) Schriftzeichen auf der Basis von *Pinyin* schreiben

[mǎi]

买

1 2 3 4 5 6

横钩 点 点 横 撇 点

Schreiben Sie das Zeichen in der richtigen Strichfolge.

1.Einüben der Strichfolge

[shòu]

1 2 3 4 5 6

撇 竖 点 横 横 横

7 8 9 10 11

竖 横 竖 横折 横

Schreiben Sie das Zeichen in der richtigen Strichfolge.

[yī]

衣

1 2 3 4 5 6

点 横 撇 竖钩 点 捺

Schreiben Sie das Zeichen in der richtigen Strichfolge.

[huò]

1 2 3 4 5 6

撇 竖 撇 竖弯钩 竖 横折

7 8

撇 点

Schreiben Sie das Zeichen in der richtigen Strichfolge.

[tiáo]

条

1 2 3 4 5 6

撇 横撇 捺 横 竖钩 点

7

点

Schreiben Sie das Zeichen in der richtigen Strichfolge.

[qún]

裙

1 2 3 4 5 6
点 横撇 竖 点 点 横折

7 8 9 10 11 12
横 横 撇 竖 横折 横

Schreiben Sie das Zeichen in der richtigen Strichfolge.

[hóng]

红

1 2 3 4 5 6
撇折 撇折 提 横 竖 横

Schreiben Sie das Zeichen in der richtigen Strichfolge.

[lái]

来

1 2 3 4 5 6
横 点 点 横 竖 撇

7
捺

Schreiben Sie das Zeichen in der richtigen Strichfolge.

[lán]

蓝

1 2 3 4 5 6
横 竖 撇 竖 竖 撇

7 8 9 10 11 12
横 点 竖 横折 竖 竖

13
横

Schreiben Sie das Zeichen in der richtigen Strichfolge.

[biān]

边

1 2 3 4 5
横折钩 撇 点 横折弯 捺

Schreiben Sie das Zeichen in der richtigen Strichfolge.

[sè]

色

1 2 3 4 5 6
撇 横撇 横折 竖 横 竖弯钩

Schreiben Sie das Zeichen in der richtigen Strichfolge.

2. Zusammenfassende Übungen:

(1) Markieren Sie Signifika und Phonetika mit verschiedenen Farben.

艹 + 监 = 蓝（蓝色）

衤 + 君 = 裙（裙子）

化 + 贝 = 货（货物）

纟 + 工 = 红（红色）

人 + 巴 = 色（红色）

(2) Schreiben Sie Schriftzeichen auf der Basis des Signifikums.

sī 纟 + gōng 工 = (hóng 红)

纟 + jǐ 己 = (　　)

纟 + jiū 丩 = (　　)

纟 + qiān 千 = (　　)

纟 + sháo 勺 = (　　)

(3) Vergleichen und schreiben Sie einander ähnliche Schriftzeichen.

[tóu] „Kopf". Als Langzeichen 頭 : 豆 dòu ist Phonetikum, 頁 „Kopf" Signifikum. Nach der Kurzzeichenreform zu 头 verkürzt.

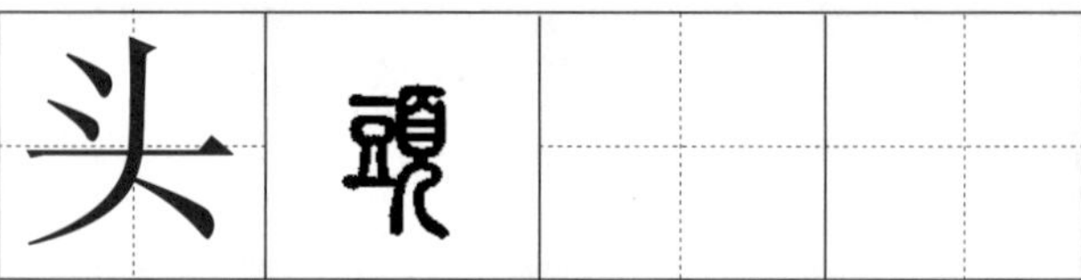

[mǎi] Ursprünglich oben 网 „Netz" und unten 贝 „Muschel" (Geld): „einkaufen".

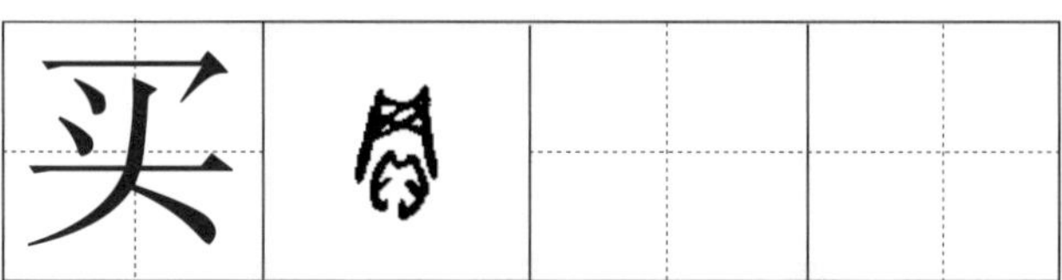

[mài] Als Langzeichen 賣 . Der oberste Teil war ursprünglich 出 „heraus", unten 買 , die Waren wurden heraus-gegeben: „verkaufen".

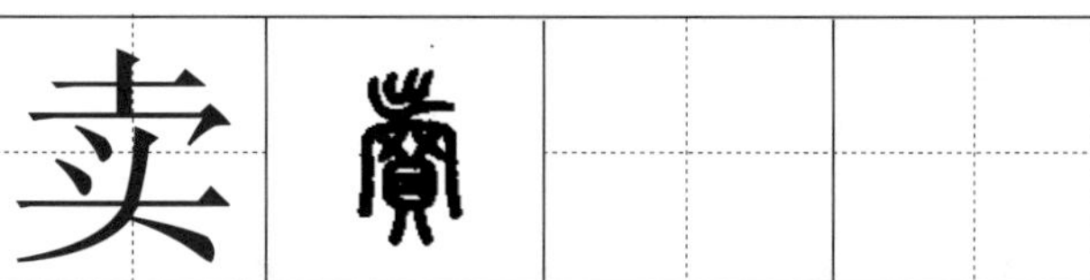

(4) Schriftzeichen auf der Basis von *Pinyin* schreiben.

[wèn] [shòu] [huò] [yuán]

[yì] [tiáo] [qún] [zǐ]

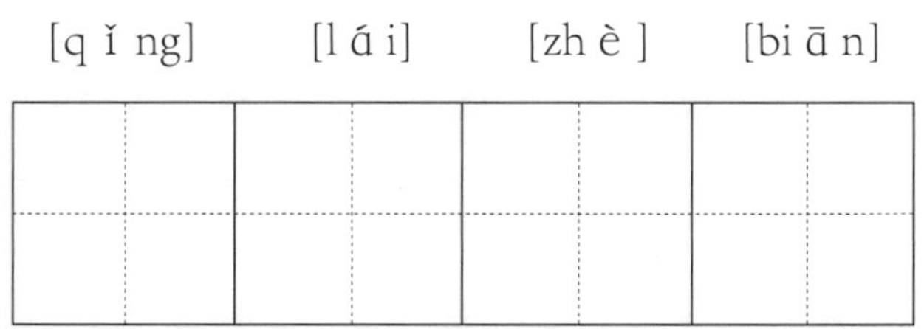

[qǐng] [lái] [zhè] [biān]

Lektion 2

Inhalte

1. Einüben der Strichfolge: 黑、试、钱、百、块、便、宜、价、超、贵、店。
2. Zusammenfassende Übungen:
(1) Signifikum und Phonetikum: 超、试、钱、块、宜。
(2) Schreiben Sie Schriftzeichen auf der Basis des Signifikums: 广。
(3) Einander ähnliche Schriftzeichen: 市、币、布。
(4) Schriftzeichen auf der Basis von *Pinyin* schreiben.

1. Einüben der Strichfolge

竖 横折钩 点 点 横 竖

Schreiben Sie das Zeichen in der richtigen Strichfolge.

[shì]

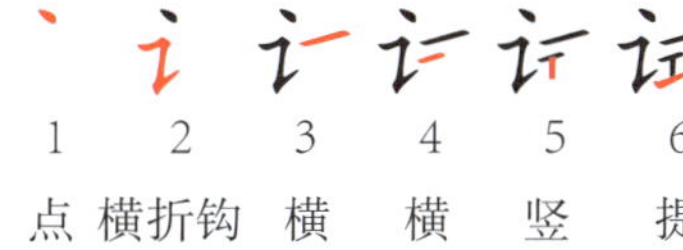

点 横折钩 横 横 竖 提

弯钩 点

Schreiben Sie das Zeichen in der richtigen Strichfolge.

Schreiben Sie das Zeichen in der richtigen Strichfolge.

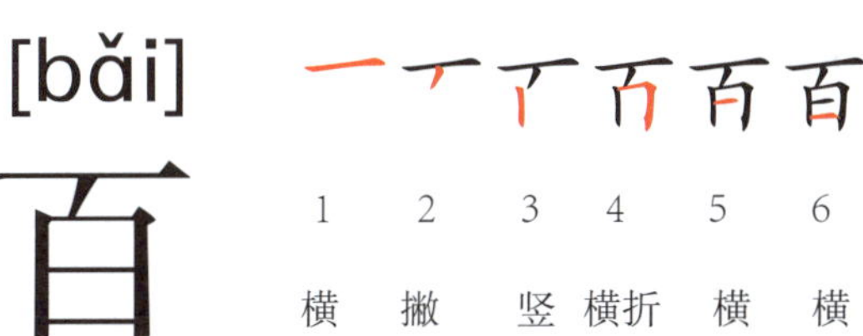

Schreiben Sie das Zeichen in der richtigen Strichfolge.

[kuài]

1 2 3 4 5 6

横 竖 提 横折 横 撇

块

7

捺

Schreiben Sie das Zeichen in der richtigen Strichfolge.

[biàn]

便

1 撇 2 竖 3 横 4 竖 5 横折 6 横 7 横 8 撇 9 捺

Schreiben Sie das Zeichen in der richtigen Strichfolge.

[chāo]

超

1 横 2 竖 3 横 4 竖 5 折 6 撇 7 捺 8 横折钩 9 撇 10 竖 11 横折 12 横

Schreiben Sie das Zeichen in der richtigen Strichfolge.

[yí]

宜

1 点 2 点 3 横钩 4 竖 5 横折 6 横 7 横 8 横

Schreiben Sie das Zeichen in der richtigen Strichfolge.

[guì]

贵

1 竖 2 横折 3 横 4 竖 5 横 6 竖 7 横折 8 撇 9 点

Schreiben Sie das Zeichen in der richtigen Strichfolge.

[jià]

价

1 撇 2 竖 3 撇 4 捺 5 撇 6 竖

Schreiben Sie das Zeichen in der richtigen Strichfolge.

[diàn]

店

1 点 2 横 3 撇 4 竖 5 横 6 竖 7 横竖 8 横

Schreiben Sie das Zeichen in der richtigen Strichfolge.

2. Zusammenfassende Übungen:

(1) Markieren Sie Signifika und Phonetika mit verschiedenen Farben.

走 + 召 = 超（超市）

讠 + 式 = 试（试试）

钅 + 戋 = 钱（价钱）

土 + 夬 = 块（十块）

宀 + 且 = 宜（便宜）

(2) Schreiben Sie Schriftzeichen auf der Basis des Signifikums.

guǎng 广 + hù 户 = (lú 庐)

广 + mù 木 = (　　)

广 + fù 付 = (　　)

广 + chē 车 = (　　)

广 + zhàn 占 = (　　)

(3) Vergleichen und schreiben Sie einander ähnliche Schriftzeichen.

[shì] Ursprünglich aus 止 „Fuß" und 兮 „rufen": „Markt".

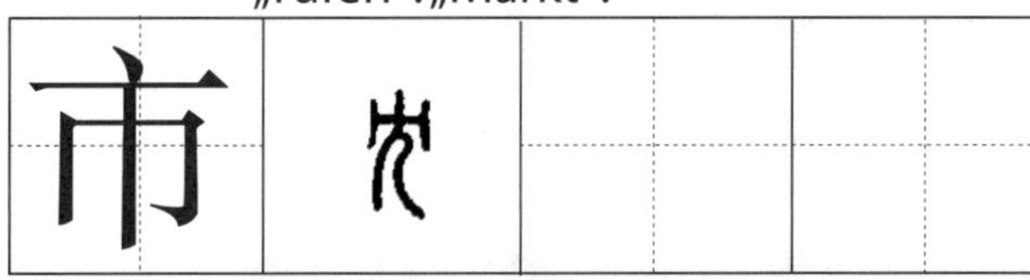

[bì] Das Langzeichen 幣 enthält das Phonetikum 敝 bì, das nun zu einem Strich gekürzt wurde. 巾 „Tuch" ist Signifikum. Ursprünglich ein Wort für Seidenstoffe, heute „Geld", „Währung".

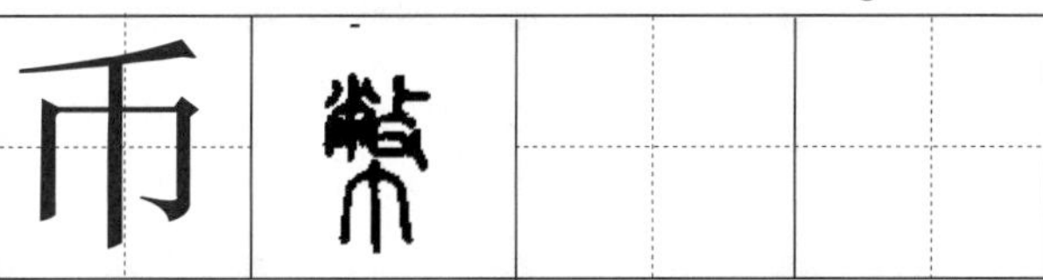

[bù] 巾 „Tuch" ist Signifikum, 𠂇 (父 fù) Phonetikum: „Stoff".

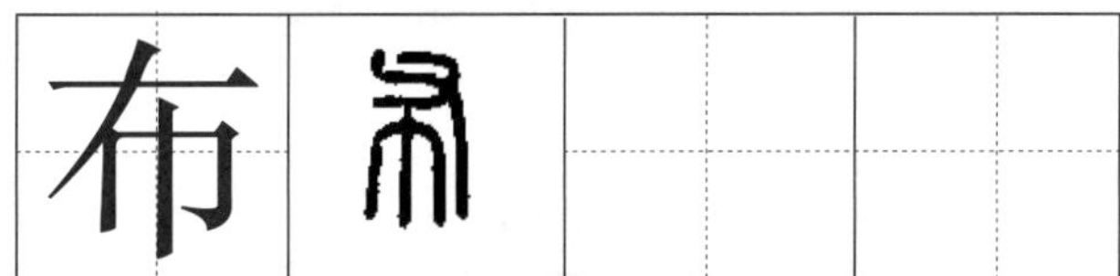

(4) Schriftzeichen auf der Basis von *Pinyin* schreiben.

[fú] [zhuāng] [shì] [chǎng]

[jià] [gé] [pián] [yí]

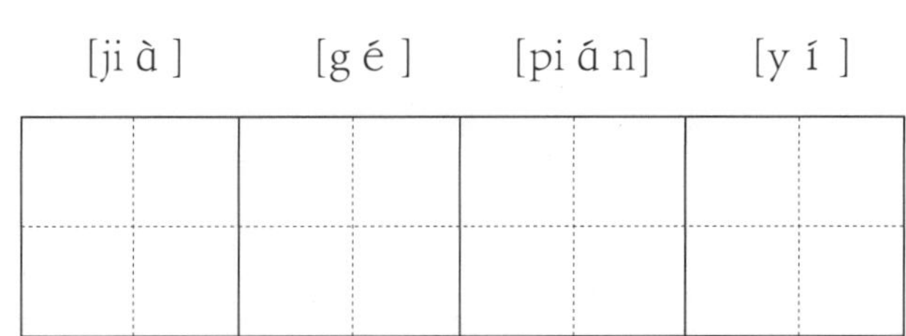

[gòu] [wù] [zhōng] [xīn]

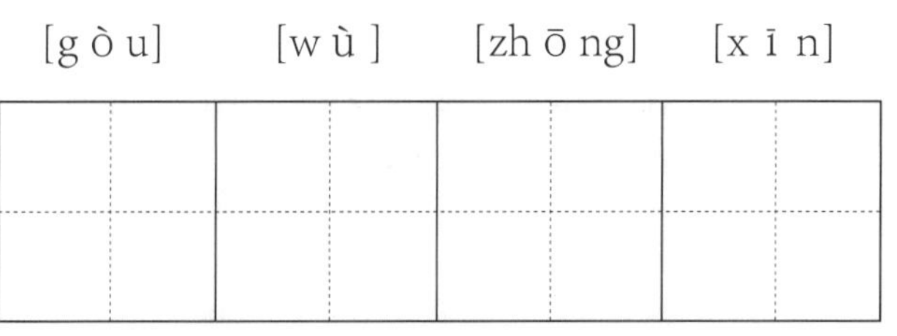

Lektion 3

Inhalte

1. Einüben der Strichfolge: 装、帽、场、远、裤、白、购、心、双、鞋、每。
2. Zeichenstrukturanalyse: 衤 + □； 贝 + □。
3. Zusammenfassende Übungen:
   (1) Signifikum und Phonetikum: 装、远、裤、购、鞋。
   (2) Schreiben Sie Schriftzeichen auf der Basis des Signifikums: 衤，贝。
   (3) Einander ähnliche Schriftzeichen: 乃，及，又。
   (4) Schriftzeichen auf der Basis von *Pinyin* schreiben.

[chǎng]

场

1 横　2 竖　3 提　4 横折横折钩　5 撇　6 撇

Schreiben Sie das Zeichen in der richtigen Strichfolge.

1. Einüben der Strichfolge

[zhuāng]

装

1 点　2 提　3 竖　4 横　5 竖　6 横

7 点　8 横　9 撇　10 竖钩　11 点　12 捺

Schreiben Sie das Zeichen in der richtigen Strichfolge.

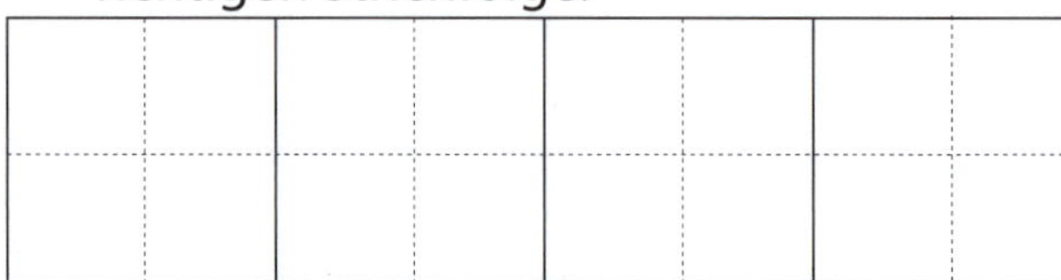

[yuǎn]

远

1 横　2 横　3 撇　4 竖弯钩　5 点　6 横折弯

7 捺

Schreiben Sie das Zeichen in der richtigen Strichfolge.

[mào]

帽

1 竖　2 横折钩　3 竖　4 竖　5 横折　6 横

7 横　8 竖　9 横折钩　10 横　11 横　12 横

Schreiben Sie das Zeichen in der richtigen Strichfolge.

[kù]

裤

1 点　2 横撇　3 竖　4 点　5 点　6 点

7 横　8 撇　9 横　10 横折　11 横　12 竖

Schreiben Sie das Zeichen in der richtigen Strichfolge.

[bái]

白

1 撇 2 竖 3 横折 4 横 5 横

Schreiben Sie das Zeichen in der richtigen Strichfolge.

[shuāng]

双

1 横撇 2 点 3 横撇 4 捺

Schreiben Sie das Zeichen in der richtigen Strichfolge.

[gòu]

购

1 竖 2 横折 3 撇 4 点 5 撇 6 横折钩 7 撇折 8 点

Schreiben Sie das Zeichen in der richtigen Strichfolge.

[xié]

鞋

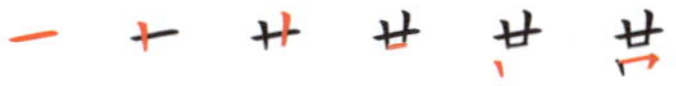

1 横 2 竖 3 竖 4 横 5 竖 6 横折 7 横 8 横 9 竖 10 横 11 竖 12 横 13 横 14 竖 15 横

Schreiben Sie das Zeichen in der richtigen Strichfolge.

[xīn]

心

1 点 2 卧钩 3 点 4 点

Schreiben Sie das Zeichen in der richtigen Strichfolge.

[měi]

每

1 撇 2 横 3 撇折 4 横折钩 5 点 6 横 7 点

Schreiben Sie das Zeichen in der richtigen Strichfolge.

2. Zeichenstrukturanalyse

(1) Piktographisches Zeichen

[yī]

衣

(Grundbedeutung) ein Gewand oder Kleidungsstück. Wenn 衣 auf der linken Seite im Schriftzeichen steht, wird es 衤 geschrieben, wenn es unten im Schriftzeichen steht, bleibt es 衣 oder wird geöffnet wie in 裹 .

(2) Entwicklung des Schriftzeichens

früher → heute

Orakelknochen-/ Bronzeschrift jiǎgǔwén / jīnwén	Siegelschrift zhuànshū	Kanzleischrift lìshū	Standardschrift kǎishū
		衤	衤

(3) Beispielzeichen mit 衤 (衣) als Signifikum

[kù]

S+P-Schriftzeichen: Signifikum 衤 „Kleidungsstück" + Phonetikum 库 kù: Hose.

[chèn]

S+P-Schriftzeichen: Signifikum 衤 „Kleidungsstück" + Phonetikum 寸 cùn: Hemd.

(4) Strichfolge

Schreiben Sie das Zeichen in der richtigen Strichfolge.

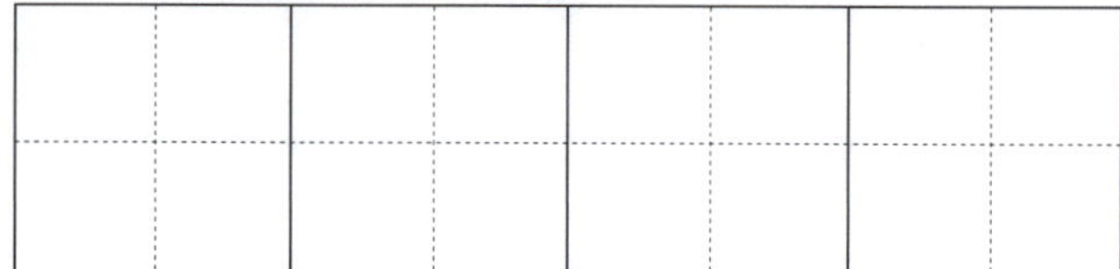

(1) Piktographisches Zeichen

[bèi]

贝

(Grundbedeutung) Eine Kaurimuschel, die in der Frühzeit als Währung diente und für Reichtum stand. Schriftzeichen, die das Signifikum 贝 enthalten, haben zumeist mit Geld und Handel zu tun.

(2) Entwicklung des Schriftzeichens

früher → heute

Orakelknochen-/ Bronzeschrift jiǎgǔwén / jīnwén	Siegelschrift zhuànshū	Kanzleischrift lìshū	Standardschrift kǎishū
		贝	贝

(3) Beispielzeichen mit 贝 als Signifikum

[bài]

Bedeutungskompositum: 贝 steht für Reichtum, 攵 für schlagen, stoßen. Zusammengesetzt bedeuten sie „Verlust", „Schaden".

[cái]

S+P-Schriftzeichen: Das Signifikum 贝 steht für Geld, 才 cái ist Phonetikum. Das Zeichen bedeutet „Reichtum".

(4) Strichfolge

Schreiben Sie das Zeichen in der richtigen Strichfolge.

3. Zusammenfassende Übungen:

(1) Markieren Sie Signifika und Phonetika mit verschiedenen Farben.

壮 + 衣 = 装（服装）

辶 + 元 = 远（远近）

衤 + 库 = 裤（裤子）

贝 + 勾 = 购（购物）

革 + 圭 = 鞋（鞋子）

(2) Schreiben Sie Schriftzeichen auf der Basis des Signifikums.

[yi] [sh ā n] [ ] [ ]

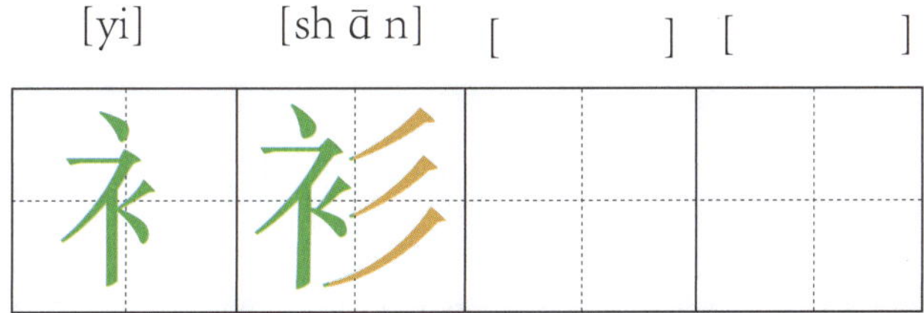

(Gr ü n: Signifikum; gelb: Phonetikum)

bèi [zhàng] [ ] [ ]

(Gr ü n: Signifikum; gelb: Phonetikum)

(3) Vergleichen und schreiben Sie einander ähnliche Schriftzeichen.

[b á i] Ähnelt einer aufleuchtenden Flamme: „weiß".

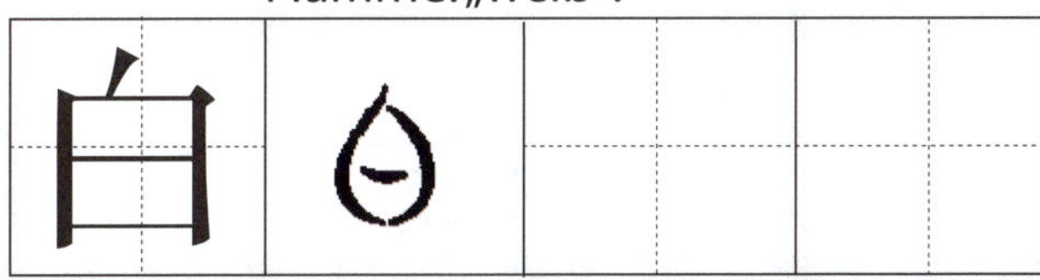

[b ǎ i] Zusammenführung der Zeichen 一 白 : „hundert".

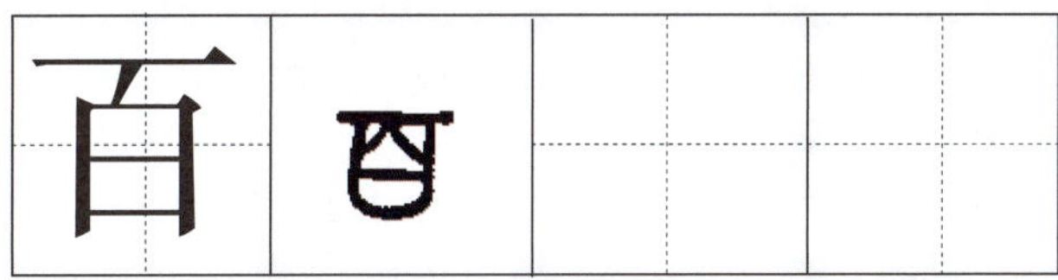

[z ì] Die Nase eines Menschen: „selbst".

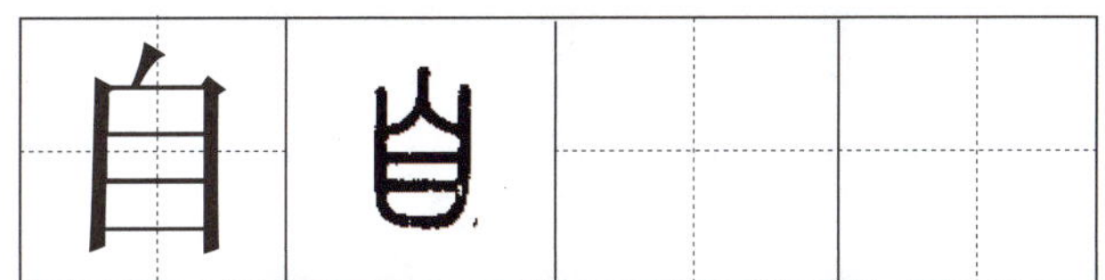

(4) Schriftzeichen auf der Basis von *Pinyin* schreiben.

[y ī] [ji à n] [y ī] [f ú]

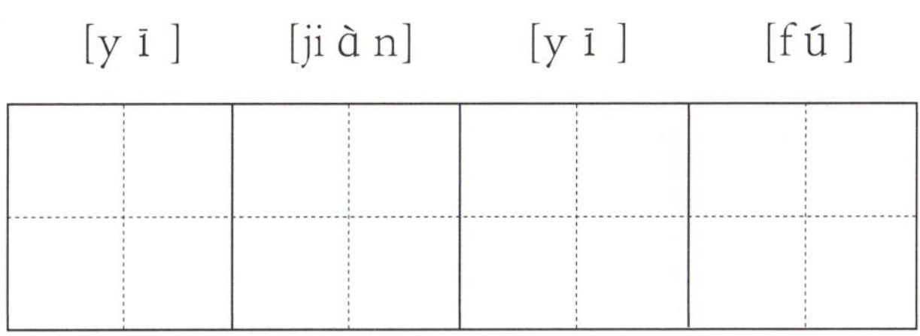

[li ǎ ng] [shu ā ng] [xi é] [z[]

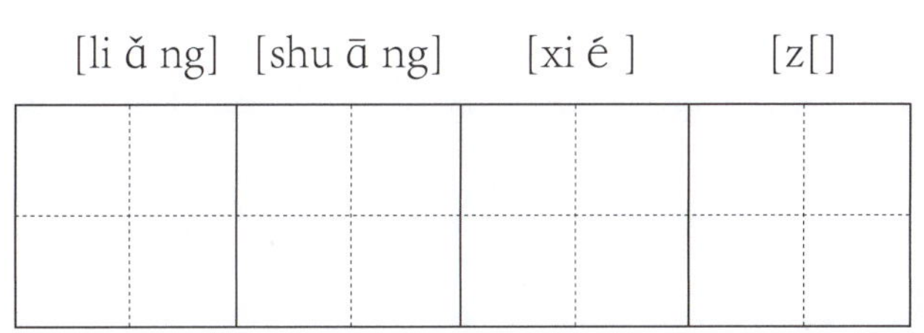

[s ā n] [g è] [p é ng] [y ǒ u]

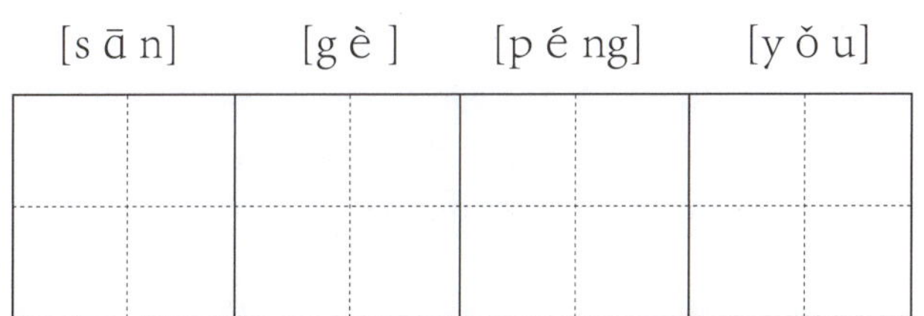

Einheit-9 Lektion 1

Inhalte

1. Einüben der Strichfolge: 楼、走、路、环、局、往、离、银、行、附、近。
2. Zusammenfassende Übungen:
(1) Signifikum und Phonetikum: 楼、路、邮、往、附。
(2) Schreiben Sie Schriftzeichen auf der Basis des Signifikums: 走。
(3) Einander ähnliche Schriftzeichen: 由，田，电。
(4) Schriftzeichen auf der Basis von *Pinyin* schreiben

1.Einüben der Strichfolge

[lóu] 楼

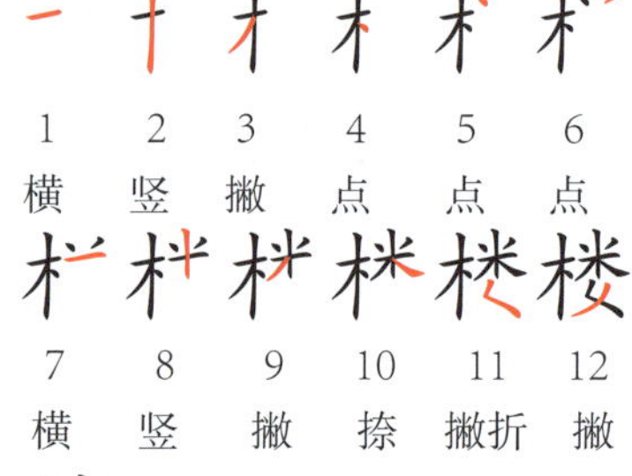

1 横 2 竖 3 撇 4 点 5 点 6 点 7 横 8 竖 9 撇 10 捺 11 撇折 12 撇 13 横

Schreiben Sie das Zeichen in der richtigen Strichfolge.

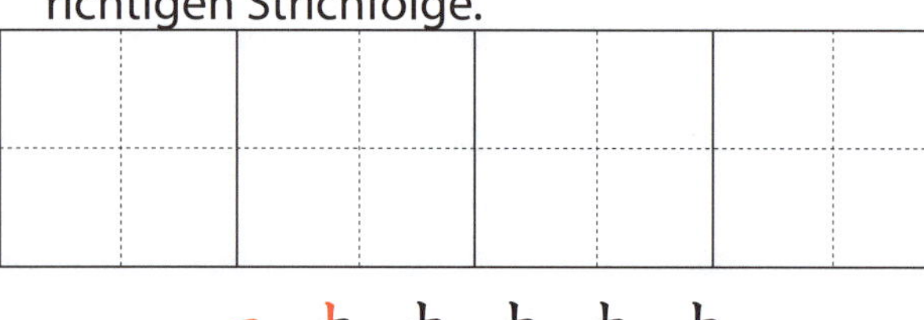

[zǒu] 走

1 横 2 竖 3 横 4 竖 5 横 6 撇 7 捺

Schreiben Sie das Zeichen in der richtigen Strichfolge.

[lù] 路

1 点 2 横折 3 横 4 竖 5 横 6 竖 7 提 8 撇 9 横撇 10 捺 11 竖 12 横折 13 横

Schreiben Sie das Zeichen in der richtigen Strichfolge.

[huán] 环

1 横 2 横 3 竖 4 提 5 横 6 撇 7 竖 8 点

Schreiben Sie das Zeichen in der richtigen Strichfolge.

[jú] 局

1 横折 2 横 3 撇 4 横折钩 5 竖 6 横折 7 横

Schreiben Sie das Zeichen in der richtigen Strichfolge.

[wǎng]

往

1 撇, 2 撇, 3 竖, 4 点, 5 横, 6 横, 7 竖, 8 横

Schreiben Sie das Zeichen in der richtigen Strichfolge.

[háng]

行

1 撇, 2 撇, 3 竖, 4 横, 5 横, 6 竖钩

Schreiben Sie das Zeichen in der richtigen Strichfolge.

[lí]

离

1 点, 2 横, 3 撇, 4 点, 5 竖折, 6 竖, 7 竖, 8 横折钩, 9 撇折, 10 点

Schreiben Sie das Zeichen in der richtigen Strichfolge.

[fù]

附

1 横折弯钩, 2 竖, 3 撇, 4 竖, 5 横, 6 竖钩, 7 点

Schreiben Sie das Zeichen in der richtigen Strichfolge.

[yín]

银

1 撇, 2 横, 3 横, 4 横, 5 竖钩, 6 横折, 7 横, 8 横, 9 竖钩, 10 点, 11 捺

Schreiben Sie das Zeichen in der richtigen Strichfolge.

[jìn]

近

1 撇, 2 撇, 3 横, 4 竖, 5 点, 6 横折弯, 7 捺

Schreiben Sie das Zeichen in der richtigen Strichfolge.

2. Zusammenfassende Übungen:

(1) Markieren Sie Signifika und Phonetika mit verschiedenen Farben.

木 + 娄 = 楼 (几楼)

⻊ + 各 = 路 (公园路)

由 + 阝 = 邮 (邮局)

彳 + 主 = 往 (往哪走)

阝 + 付 = 附 (附近)

(2) Schreiben Sie Schriftzeichen auf der Basis des Signifikums.

zǒu 走 + gān 干 = (gǎn 赶)

走 + jǐ 己 = (   )

走 + zhào 召 = (   )

走 + qǔ 取 = (   )

走 + yuè 戉 = (   )

(3) Vergleichen und schreiben Sie einander ähnliche Schriftzeichen.

[yóu] Ein Spross wächst aus einem Feld: „Ursache", „Herkunft".

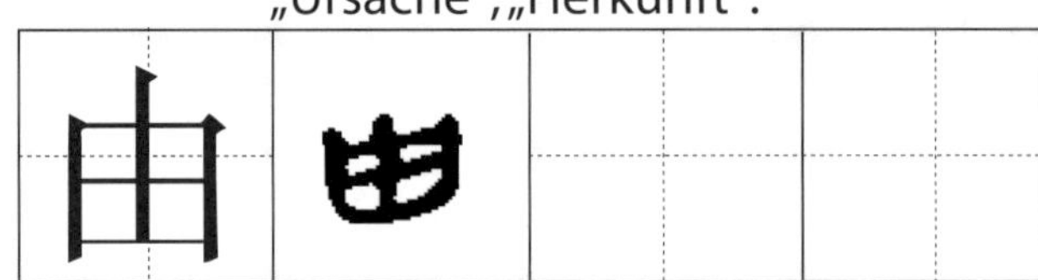

[tián] Ein Feld.

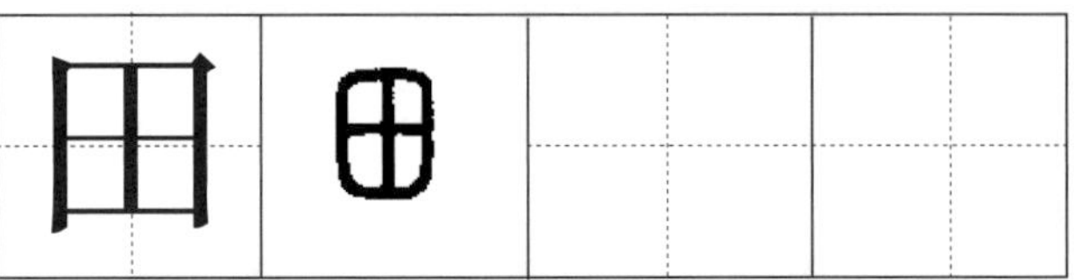

[diàn] Darstellung eines Blitzes: „Elektrizität".

(4) Schriftzeichen auf der Basis von *Pinyin* schreiben.

[yóu] [jú] [hòu] [biān]

[wǎng] [nán] [biān] [zǒu]

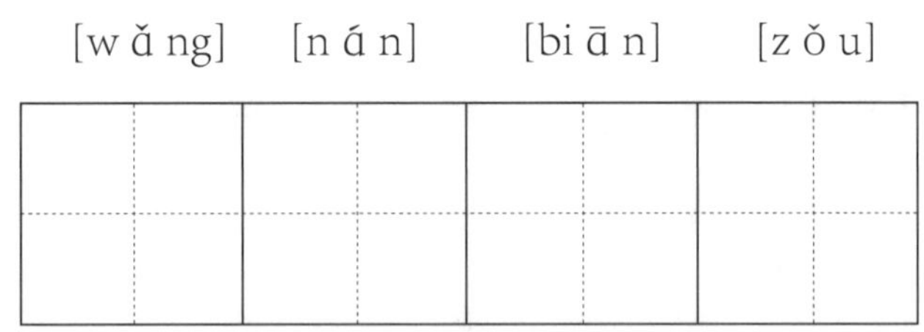

[yín] [háng] [fù] [jìn]

Lektion 2

Inhalte

1. Einüben der Strichfolge: 前、钟、左、租、东、宿、交、方、便、联、系。
2. Zusammenfassende Übungen:
(1) Signifikum und Phonetikum: 钟、左、租、便、店。
(2) Schreiben Sie Schriftzeichen auf der Basis des Phonetikums: 占。
(3) Einander ähnliche Schriftzeichen: 方，万，办。
(4) Schriftzeichen auf der Basis von *Pinyin* schreiben.

1. Einüben der Strichfolge

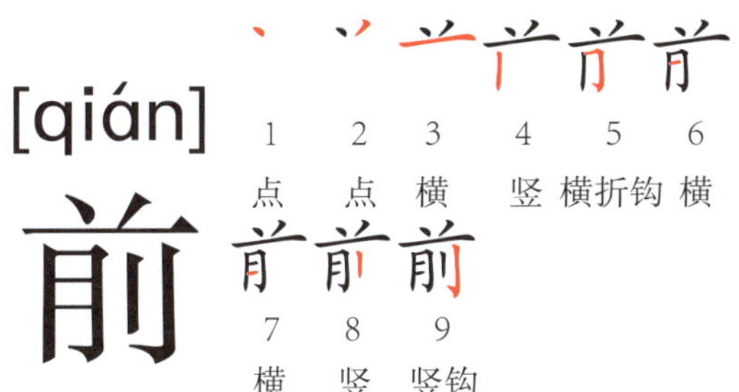

Schreiben Sie das Zeichen in der richtigen Strichfolge.

[zhōng]

钟

1 2 3 4 5 6
撇 横 横 横 竖钩 竖

7 8 9
横折 横 竖

Schreiben Sie das Zeichen in der richtigen Strichfolge.

Schreiben Sie das Zeichen in der richtigen Strichfolge.

[zū]

租

1 2 3 4 5 6
撇 横 竖 撇 点 竖

7 8 9 10
横折 横 横 横

Schreiben Sie das Zeichen in der richtigen Strichfolge.

[dōng]

东

1 2 3 4 5
横 撇折 竖钩 点 点

Schreiben Sie das Zeichen in der richtigen Strichfolge.

[sù]

宿

1	2	3	4	5	6	7	8	9	10	11
点	点	横钩	撇	竖	横	撇	竖	横折	横	横

Schreiben Sie das Zeichen in der richtigen Strichfolge.

[biàn]

便

1	2	3	4	5	6	7	8	9
撇	竖	横	竖	横折	横	横	撇	捺

Schreiben Sie das Zeichen in der richtigen Strichfolge.

[jiāo]

交

1	2	3	4	5	6
点	横	撇	点	撇	捺

Schreiben Sie das Zeichen in der richtigen Strichfolge.

[lián]

联

1	2	3	4	5	6	7	8	9	10	11	12
横	竖	竖	横	横	提	点	点	横	横	撇	捺

Schreiben Sie das Zeichen in der richtigen Strichfolge.

[fāng]

方

1	2	3	4
点	横	横折钩	撇

Schreiben Sie das Zeichen in der richtigen Strichfolge.

[xì]

系

1	2	3	4	5	6	7
撇	撇折	撇折	点	竖钩	点	点

Schreiben Sie das Zeichen in der richtigen Strichfolge.

2. Zusammenfassende Übungen:

(1) Markieren Sie Signifika und Phonetika mit verschiedenen Farben.

钅 + 中 = 钟（钟表）

𠂇 + 工 = 左（左边）

禾 + 且 = 租（租房子）

亻 + 更 = 便（方便）

广 + 占 = 店（药店）

(2) Schreiben Sie Schriftzeichen auf der Basis des Phonetikums.

氵 + 占 (zhàn) = (沾 zhān)

米 + 占 (zhàn) = (   )

广 + 占 (zhàn) = (   )

占 (zhàn) + 戈 = (   )

占 (zhàn) + 灬 = (   )

(3) Vergleichen und schreiben Sie einander ähnliche Schriftzeichen.

[fāng] Ursprünglich ein landwirtschaftliches Gerät, heute „quadratisch", „Richtung".

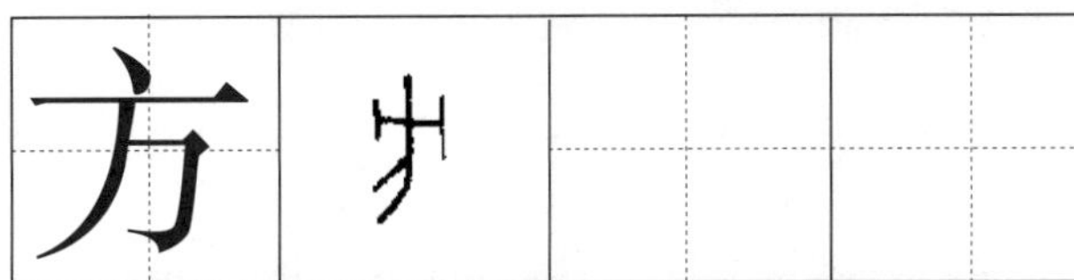

[wàn] Das Langzeichen 萬 zeigt einen Skorpion, später entlehnt zu „zehntausend".

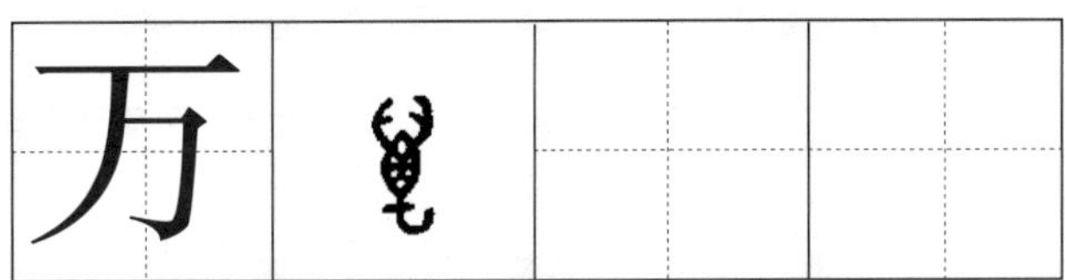

[diàn] Das Langzeichen 辦 setzt sich aus dem Signifikum 力 „Kraft" und dem Phonetikum 辡 biàn zusammen. Später als Kurzzeichen 办 : „erledigen".

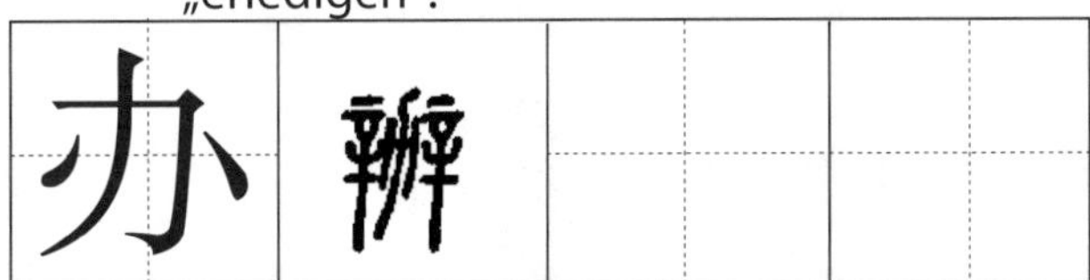

(4) Schriftzeichen auf der Basis von *Pinyin* schreiben.

[chū] [zū] [fáng] [zǐ]

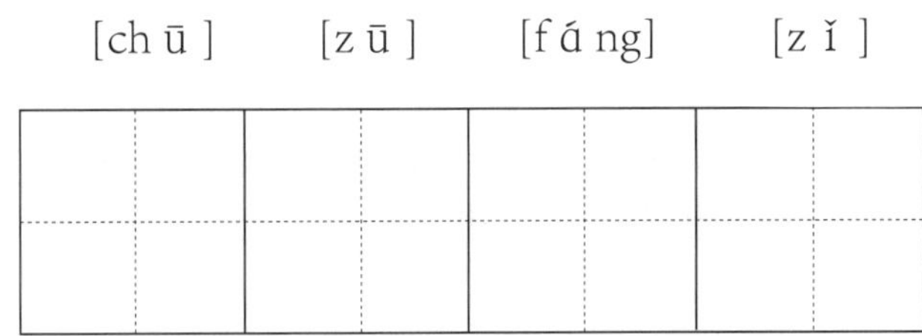

[dōng] [biān] [sù] [shè]

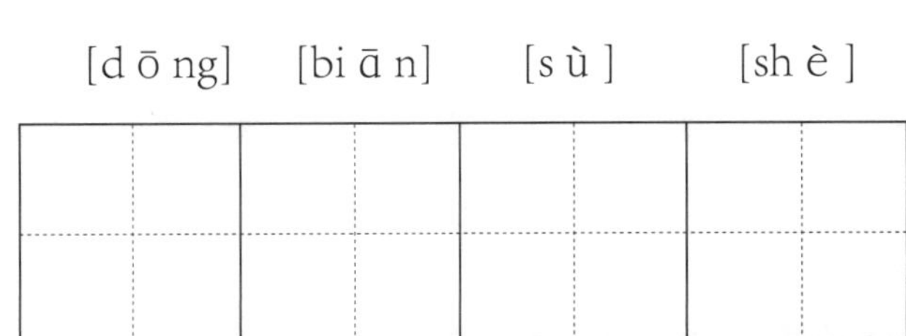

[jiāo] [tōng] [fāng] [biàn]

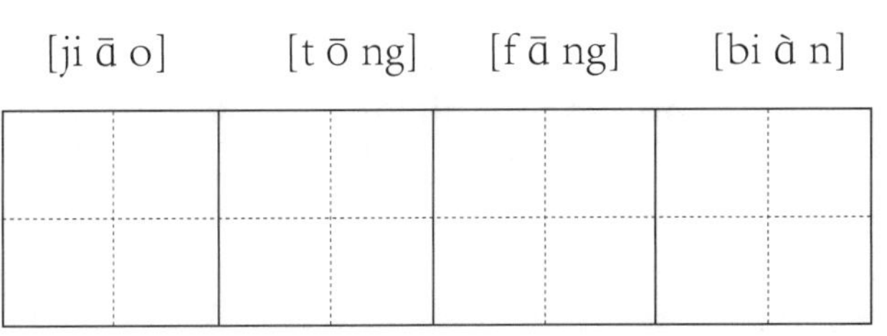

Lektion 3

Inhalte

1. Einüben der Strichfolge: 平、米、察、馆、商、咖、啡、药、旅、健、身。
2. Zeichenstrukturanalyse: 木 + □; 亻 + □。
3. Zusammenfassende Übungen:
(1) Signifikum und Phonetikum: 馆、洗、咖、药、健。
(2) Schreiben Sie Schriftzeichen auf der Basis des Signifikums: 木，亻。
(3) Einander ähnliche Schriftzeichen: 平，来，米。
(4) Schriftzeichen auf der Basis von *Pinyin* schreiben.

1. Einüben der Strichfolge

[píng]

平

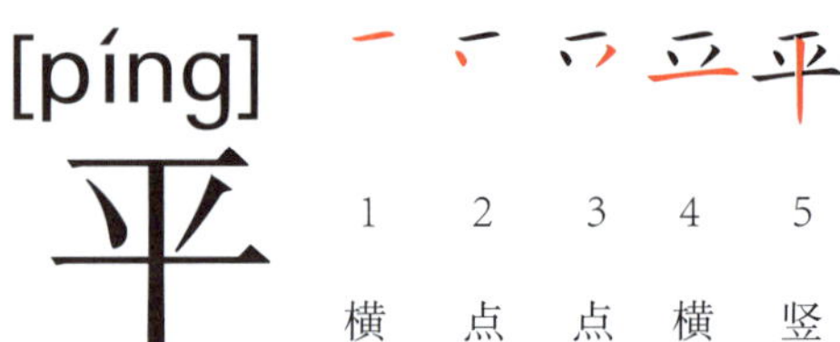

1	2	3	4	5
横	点	点	横	竖

Schreiben Sie das Zeichen in der richtigen Strichfolge.

[mǐ]

米

1	2	3	4	5	6
点	点	横	竖	撇	捺

Schreiben Sie das Zeichen in der richtigen Strichfolge.

[chá]

察

1	2	3	4	5	6
点	点	横钩	撇	横撇	点

7	8	9	10	11	12
点	横钩	捺	横	横	竖钩

13	14
点	点

Schreiben Sie das Zeichen in der richtigen Strichfolge.

[guǎn]

馆

1	2	3	4	5	6
撇	横钩	竖钩	点	点	横钩

7	8	9	10	11
竖	横折	横	横折	横

Schreiben Sie das Zeichen in der richtigen Strichfolge.

[shāng]

商

1	2	3	4	5	6
点	横	点	点	竖	横折钩

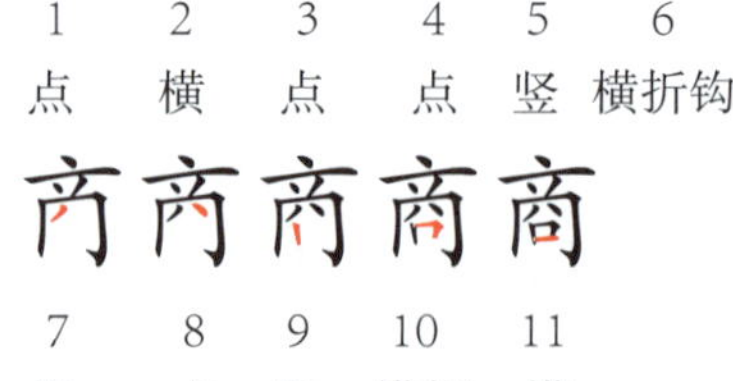

7	8	9	10	11
撇	点	竖	横折	横

Schreiben Sie das Zeichen in der richtigen Strichfolge.

[k ā]

咖

1 竖 2 横折 3 横 4 横折钩 5 撇 6 竖 7 横折 8 横

Schreiben Sie das Zeichen in der richtigen Strichfolge.

[l ǔ]

旅

1 点 2 横 3 横折钩 4 撇 5 撇 6 横 7 撇 8 竖钩 9 点 10 捺

Schreiben Sie das Zeichen in der richtigen Strichfolge.

[f ē i]

啡

1 竖 2 横折 3 横 4 竖 5 横 6 横 7 横 8 竖 9 横 10 横 11 横

Schreiben Sie das Zeichen in der richtigen Strichfolge.

[jiàn]

健

1 撇 2 竖 3 横折 4 横 5 横 6 横 7 横 8 竖 9 横折横撇 10 捺

Schreiben Sie das Zeichen in der richtigen Strichfolge.

[yào]

药

1 点 2 弯钩 3 点 4 点 7 撇 8 横折钩 9 点

Schreiben Sie das Zeichen in der richtigen Strichfolge.

[sh ē n]

身

1 撇 2 竖 3 横折钩 4 横 5 横 6 横 7 撇

Schreiben Sie das Zeichen in der richtigen Strichfolge.

2. Zeichenstrukturanalyse

(1) Piktographisches Zeichen

[mù] (Grundbedeutung) ursprünglich ein Baum mit Ästen und Wurzeln. Schriftzeichen, die das Signifikum 木 enthalten, haben zumeist mit Bäumen oder Holz zu tun.

(2) Entwicklung des Schriftzeichens

früher ⟶ heute

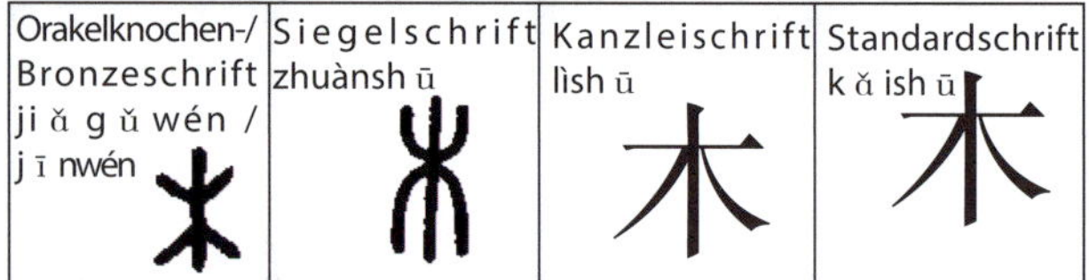

Orakelknochen-/ Bronzeschrift jiǎ gǔ wén / jī nwén	Siegelschrift zhuànshū	Kanzleischrift lìshū	Standardschrift kǎishū
		木	木

(3) Beispielzeichen mit 木 als Signifikum

[lín]

Bedeutungskompositum: Zwei 木 zusammen stehen für „Wäldchen".

[cái]

S+P-Schriftzeichen: Das Signifikum 木 steht für Holz, 才 cái ist Phonetikum. Das Zeichen bedeutet „Holz", „Material".

(4) Strichfolge

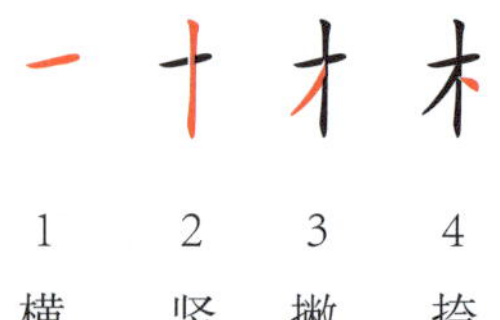

1	2	3	4
横	竖	撇	捺

Schreiben Sie das Zeichen in der richtigen Strichfolge.

(1) Piktographisches Zeichen

[chì] (Grundbedeutung) sieht aus wie ein Fuß mit Ober und Unterschenkel und bedeutet „kleiner Schritt". Schriftzeichen, die die Komponente 彳 enthalten, haben oft mit Fortbewegung zu tun.

(2) Entwicklung des Schriftzeichens

früher ⟶ heute

Orakelknochen-/ Bronzeschrift jiǎ gǔ wén / jī nwén	Siegelschrift zhuànshū	Kanzleischrift lìshū	Standardschrift kǎishū
		彳	彳

(3) Beispielzeichen mit 彳 als Signifikum

[dé]

Bedeutungskompositum: 彳 steht für Fortbewegung. Die Muschel 贝 (Langzeichen: 貝) (im heutigen Zeichen gekürzt zu 旦) symbolisiert Geld, die Hand 手 (寸) steht für das entgegennehmen: „bekommen", „erhalten".

[hěn]

S+P-Schriftzeichen: Das Signifikum ist 彳, 艮 gèn ist Phonetikum. Das Zeichen bedeutet „sehr".

(4) Strichfolge

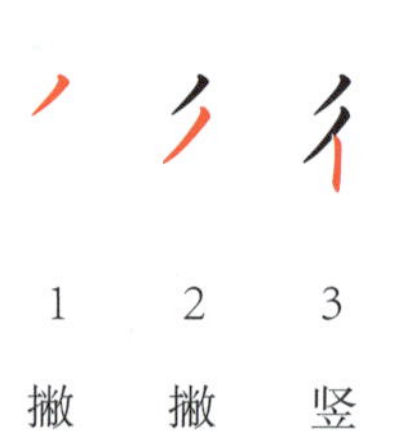

1	2	3
撇	撇	竖

Schreiben Sie das Zeichen in der richtigen Strichfolge.

3. Zusammenfassende Übungen:

(1) Markieren Sie Signifika und Phonetika mit verschiedenen Farben.

饣 + 官 = 馆（旅馆）

口 + 加 = 咖（咖啡）

口 + 非 = 啡（咖啡）

艹 + 约 = 药（药店）

亻 + 建 = 健（健身）

(2) Schreiben Sie Schriftzeichen auf der Basis des Signifikums.

[mù] [sōng] [ ] [ ]

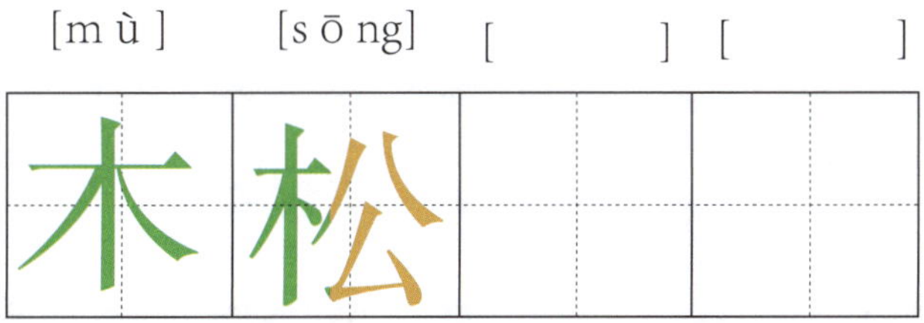

(Grün: Signifikum; gelb: Phonetikum)

[chì] [wǎng] [ ] [ ]

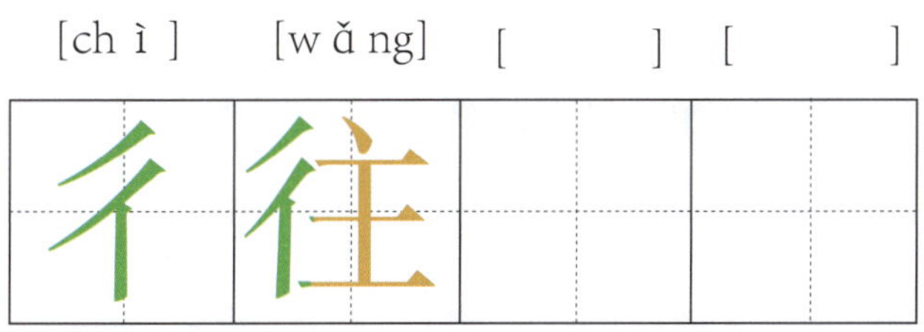

(Grün: Signifikum; gelb: Phonetikum)

(3) Vergleichen und schreiben Sie einander ähnliche Schriftzeichen.

[píng] 亏 steht für das Atmen, die beiden kleinen symmetrischen Striche stehen für Ausgewogenheit, zusammengesetzt bedeutet das Schriftzeichen „ausgewogen", „ebenmäßig", „gerecht".

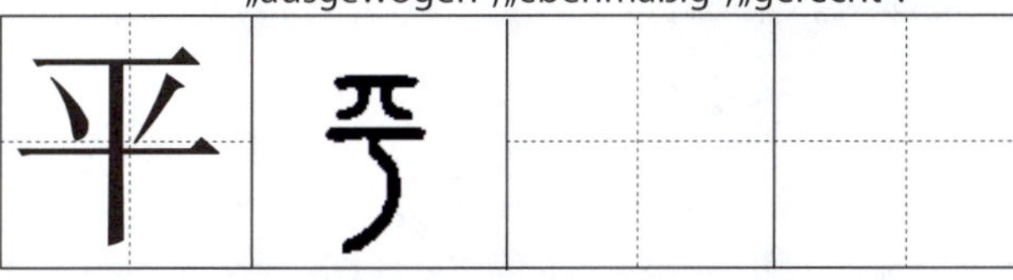

[lái] Eine Getreideart, später entlehnt für die heutige Bedeutung „kommen".

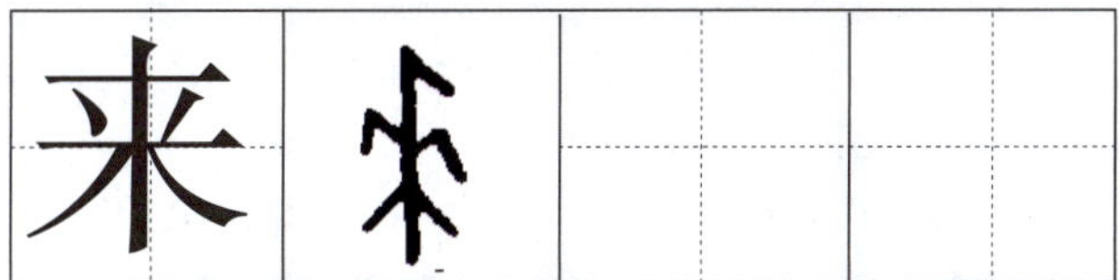

[mǐ] Die kleinen Punkte stehen für Reiskörner, der waagerechte Strich stellt ein Sieb dar: „Reis".

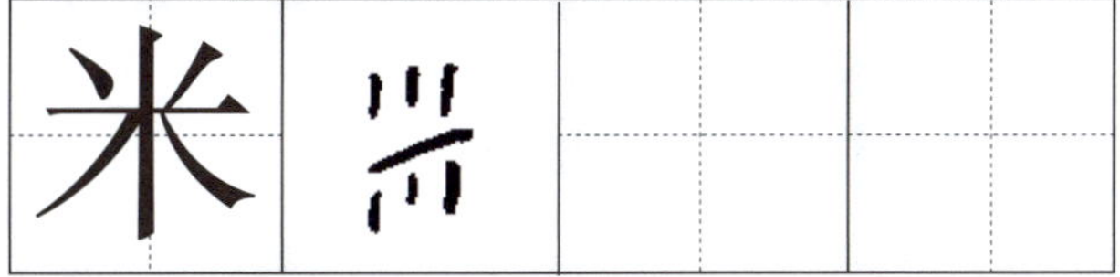

(4) Schriftzeichen auf der Basis von *Pinyin* schreiben.

[lí] [yī] [yuàn] [yuǎn]

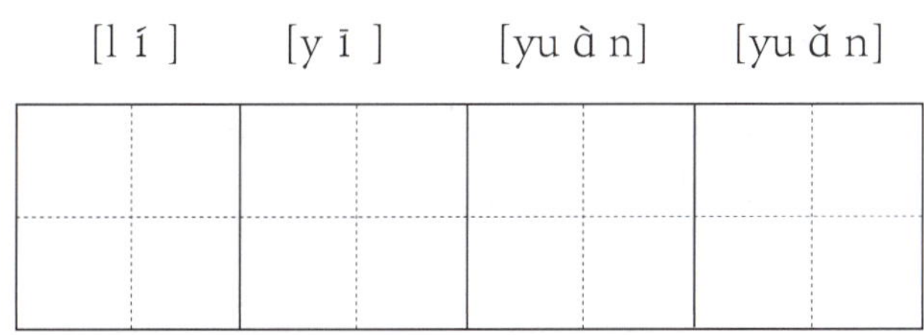

[yóu] [jú] [zài] [nǎ]

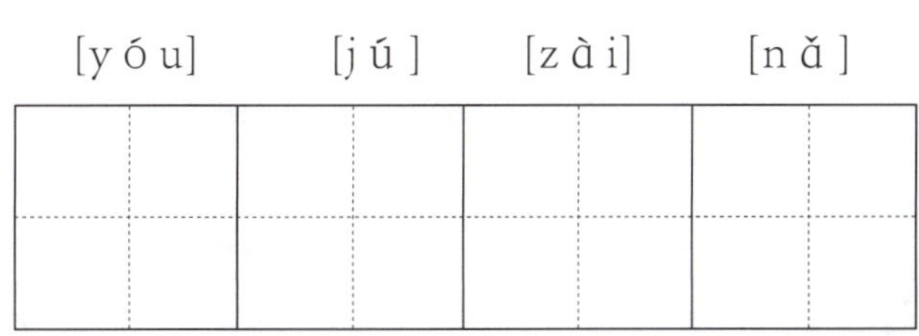

[dà] [xué] [fù] [jìn]

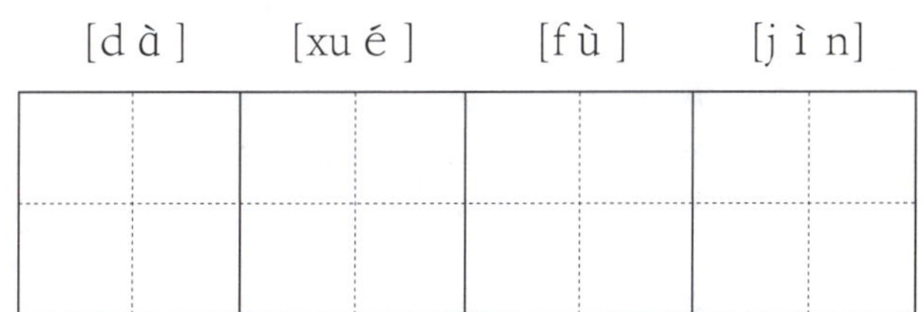

Einheit-10 Lektion 1

Inhalte

1. Einüben der Strichfolge: 它、颜、需、些、坐、共、汽、还、当、然、意。
2. Zusammenfassende Übungen:

(1) Signifikum und Phonetikum: 它、颜、需、汽、然。

(2) Schreiben Sie Schriftzeichen auf der Basis des Signifikums: 车。

(3) Einander ähnliche Schriftzeichen: 此，比，些。

(4) Schriftzeichen auf der Basis von *Pinyin* schreiben.

[xū]

需

1 2 3 4 5 6
横 点 横钩 竖 点 点

7 8 9 10 11 12
点 点 横 撇 竖 横折钩

13 14
竖 竖

Schreiben Sie das Zeichen in der richtigen Strichfolge.

1.Einüben der Strichfolge

1 2 3 4 5
点 点 横钩 撇 竖弯钩

Schreiben Sie das Zeichen in der richtigen Strichfolge.

[xiē]

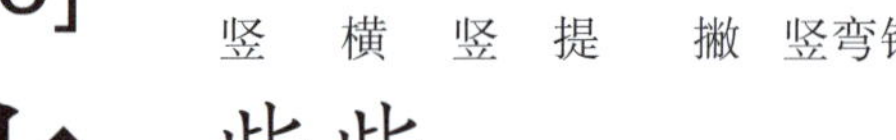

1 2 3 4 5 6
竖 横 竖 提 撇 竖弯钩

7 8
横 横

Schreiben Sie das Zeichen in der richtigen Strichfolge.

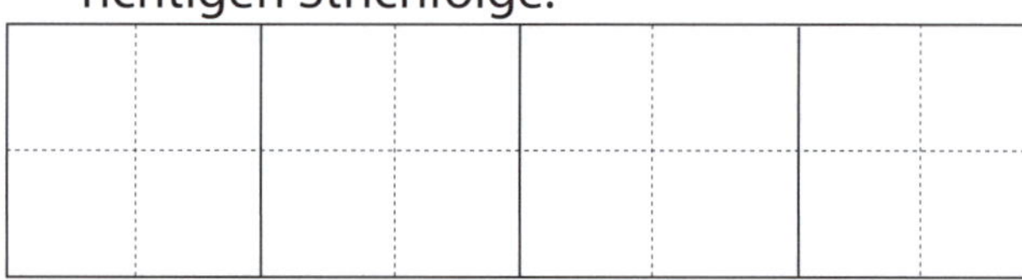

1 2 3 4 5 6
点 提 竖 横 竖 撇

7 8 9 10 11 12
撇 撇 撇 横 撇 竖

13 14 15
横折 撇 点

Schreiben Sie das Zeichen in der richtigen Strichfolge.

[zuò]

坐

1 2 3 4 5 6
撇 点 撇 点 横 竖

7
横

Schreiben Sie das Zeichen in der richtigen Strichfolge.

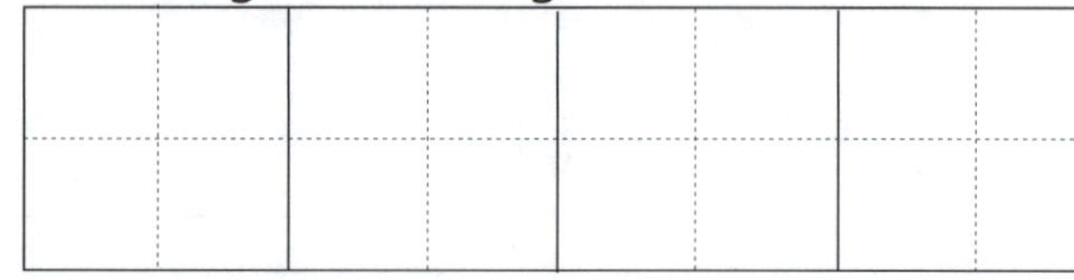

[gòng] 一 十 廾 共 共 共

共

1 2 3 4 5 6

横 竖 竖 横 撇 点

Schreiben Sie das Zeichen in der richtigen Strichfolge.

[dāng] 丨 ⺌ ⺌ 当 当 当

当

1 2 3 4 5 6

竖 点 点 横折 横 横

Schreiben Sie das Zeichen in der richtigen Strichfolge.

[qì]

汽

1 2 3 4 5 6

点 点 提 撇 横 横

7

横折弯钩

Schreiben Sie das Zeichen in der richtigen Strichfolge.

[rán]

然

1 2 3 4 5 6

撇 横撇 点 点 横 撇

7 8 9 10 11 12

捺 点 点 点 点 点

Schreiben Sie das Zeichen in der richtigen Strichfolge.

[hái] 一 丆 不 不 不 还

还

1 2 3 4 5 6

横 撇 竖 点 点 横折弯

7

捺

Schreiben Sie das Zeichen in der richtigen Strichfolge.

[yì]

意

1 2 3 4 5 6

点 横 点 点 横 竖

7 8 9 10 11 12

横折 横 横 点 卧钩 点

13

点

Schreiben Sie das Zeichen in der richtigen Strichfolge.

2. Zusammenfassende Übungen:

(1) Markieren Sie Signifika und Phonetika mit verschiedenen Farben.

宀 + 匕 = 它（它的）

彦 + 页 = 颜（颜色）

雨 + 而 = 需（需要）

氵 + 气 = 汽（汽车）

肰 + 灬 = 然（然后）

(2) Schreiben Sie Schriftzeichen auf der Basis des Signifikums.

chē 车 + jiǔ 九 = （ guǐ 轨 ）

车 + lún 仑 = （ ）

车 + qiàn 欠 = （ ）

车 + jiāo 交 = （ ）

车 + fǔ 甫 = （ ）

(3) Vergleichen und schreiben Sie einander ähnliche Schriftzeichen.

[cǐ] Ein stehender Fuß und ein Mensch; ein Mensch, der stehen bleibt.

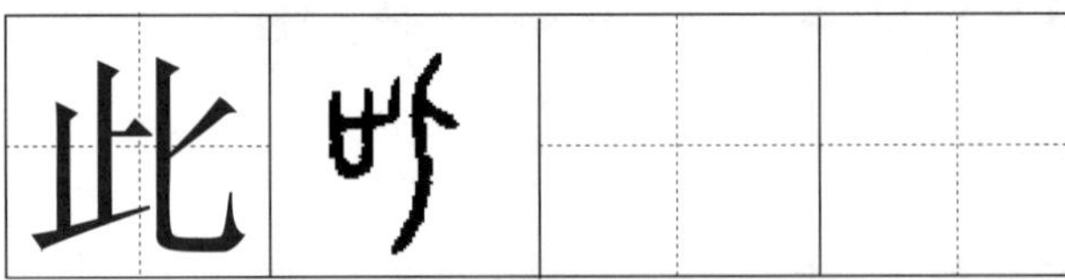

[bǐ] Zwei Menschen, die nebeneinander stehen: „vergleichen".

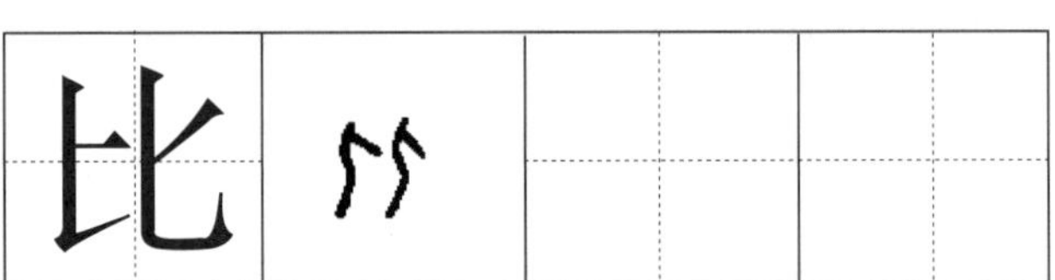

[xiē] Signifikum 二 „zwei: „einige".

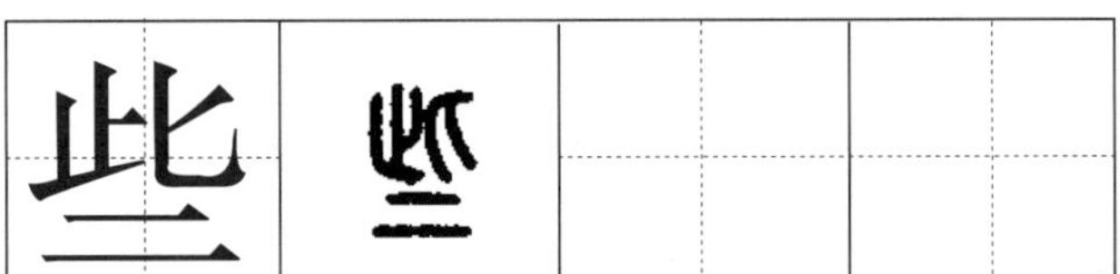

(4) Schriftzeichen auf der Basis von *Pinyin* schreiben.

[tā] [de] [yán] [sè]

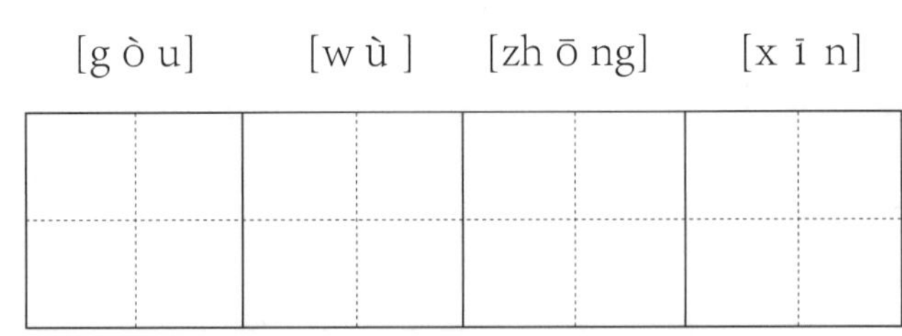

[gòu] [wù] [zhōng] [xīn]

[gōng] [gòng] [qì] [chē]

Lektion 2

Inhalte

1. Einüben der Strichfolge: 厅、览、暑、假、第、桂、林、火、车、船、游。
2. Zusammenfassende Übungen:
(1) Signifikum und Phonetikum: 厅、铁、暑、地、桂。
(2) Schreiben Sie Schriftzeichen auf der Basis des Signifikums: 木。
(3) Einander ähnliche Schriftzeichen: 火，灭，灰。
(4) Schriftzeichen auf der Basis von *Pinyin* schreiben.

1. Einüben der Strichfolge

[tīng]

厅

1 横　2 撇　3 横　4 竖钩

Schreiben Sie das Zeichen in der richtigen Strichfolge.

[lǎn]

览

1 竖　2 竖　3 撇　4 横　5 点　6 竖

7 横折　8 撇　9 竖弯钩

Schreiben Sie das Zeichen in der richtigen Strichfolge.

[shǔ]

暑

1 竖　2 横折　3 横　4 横　5 横　6 竖

7 横　8 撇　9 竖　10 横折钩　11 横　12 横

Schreiben Sie das Zeichen in der richtigen Strichfolge.

[jià]

假

1 撇　2 竖　3 横折　4 横　5 竖　6 横

7 横　8 横折　9 横　10 横撇　11 捺

Schreiben Sie das Zeichen in der richtigen Strichfolge.

[dì]

第

1 撇　2 横　3 点　4 撇　5 横　6 点

7 横折　8 横　9 竖折折钩　10 竖　11 撇

Schreiben Sie das Zeichen in der richtigen Strichfolge.

[guì]

桂

1 2 3 4 5 6

横 竖 撇 点 横 竖

7 8 9 10

横 横 竖 横

Schreiben Sie das Zeichen in der richtigen Strichfolge.

[chē]

车

1 2 3 4

横 撇折 横 竖

Schreiben Sie das Zeichen in der richtigen Strichfolge.

[lín]

林

1 2 3 4 5 6

横 竖 撇 点 横 竖

7 8

撇 捺

Schreiben Sie das Zeichen in der richtigen Strichfolge.

[chuán]

船

1 2 3 4 5 6

撇 撇 横折钩 点 提 点

7 8 9 10 11

撇 横折弯 竖 横折 横

Schreiben Sie das Zeichen in der richtigen Strichfolge.

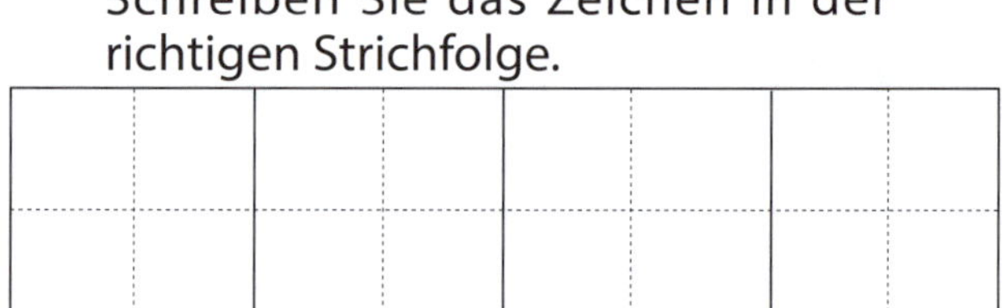

[huǒ]

火

1 2 3 4

点 点 撇 捺

Schreiben Sie das Zeichen in der richtigen Strichfolge.

[yóu]

游

1 2 3 4 5 6

点 点 点 点 横 横折钩

7 8 9 10 11 12

撇 撇 横 横折 弯钩 横

Schreiben Sie das Zeichen in der richtigen Strichfolge.

2. Zusammenfassende Übungen:

(1) Markieren Sie Signifika und Phonetika mit verschiedenen Farben.

厂 + 丁 = 厅 (客厅)

钅 + 失 = 铁 (地铁)

日 + 者 = 暑 (暑假)

竹 + 弟 = 第 (第一)

木 + 圭 = 桂 (桂林)

(2) Schreiben Sie Schriftzeichen auf der Basis des Signifikums.

mù + cái = (cái)
木 + 才 = (材)

zǐ
木 + 子 = ( )

cùn
木 + 寸 = ( )

jǐ
木 + 几 = ( )

jí
木 + 及 = ( )

(3) Vergleichen und schreiben Sie einander ähnliche Schriftzeichen.

[huǒ] Ein „Feuer".

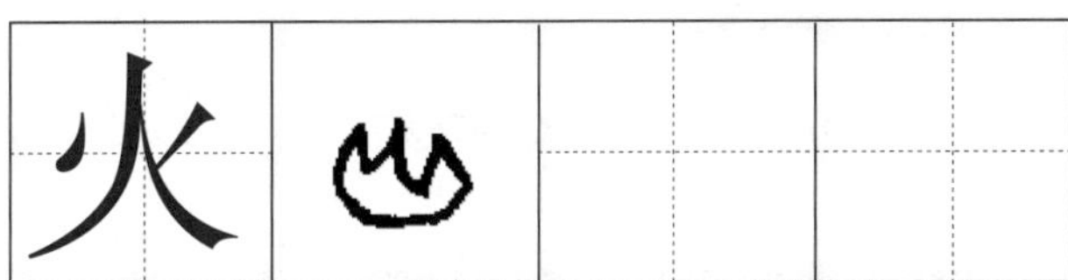

[miè] Feuer löschen, im Langzeichen 滅 ist noch Wasser enthalten.

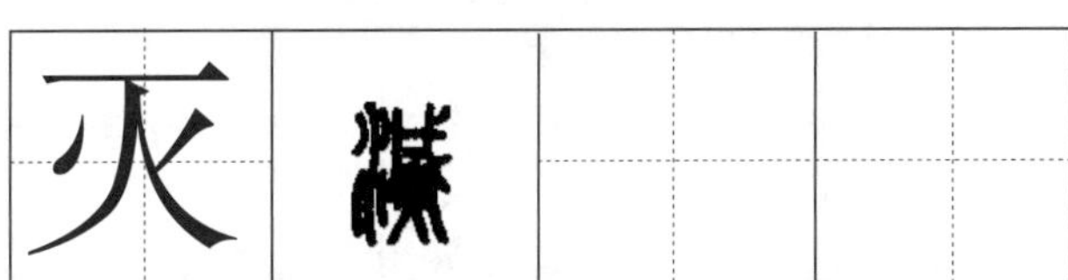

[huī] Zusammengesetzt aus Hand und Feuer: Was übrigbleibt, wenn das Feuer gelöscht wurde: „Asche", „grau".

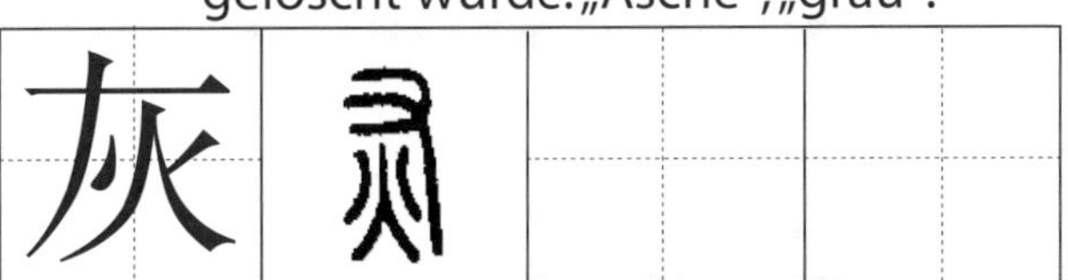

(4) Schriftzeichen auf der Basis von *Pinyin* schreiben.

[zuò] [chuán] [yóu] [lǎn]

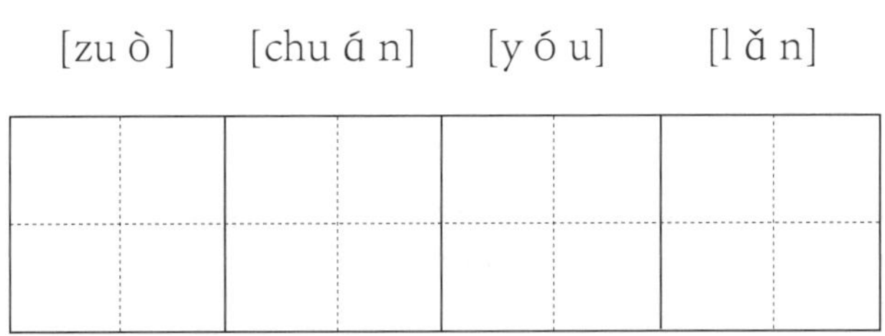

[pá] [shān] [pāi] [zhào]

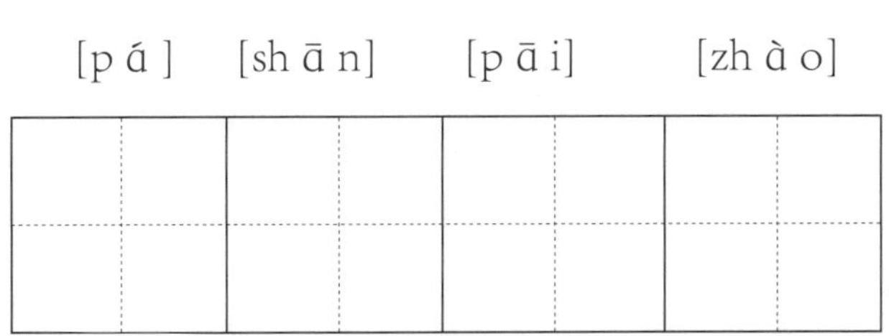

[gòu] [wù] [cān] [guān]

Lektion 3

Inhalte

1. Einüben der Strichfolge: 爬、山、拍、参、观、景、骑、飞、油、站、停。
2. Zeichenstrukturanalyse: 又 + □; 亻 + □。
3. Zusammenfassende Übungen:
(1) Signifikum und Phonetikum: 爬、拍、停、骑、站。
(2) Schreiben Sie Schriftzeichen auf der Basis des Signifikums: 又，亻。
(3) Einander ähnliche Schriftzeichen: 爪，瓜，川。
(4) Schriftzeichen auf der Basis von *Pinyin* schreiben.

[pāi]

拍

1 横　2 竖钩　3 提　4 撇　5 竖　6 横折钩

7 横　8 横

Schreiben Sie das Zeichen in der richtigen Strichfolge.

1. Einüben der Strichfolge

[pá]

爬

1 撇　2 撇　3 竖　4 捺　5 横折　6 竖

7 横　8 竖弯钩

Schreiben Sie das Zeichen in der richtigen Strichfolge.

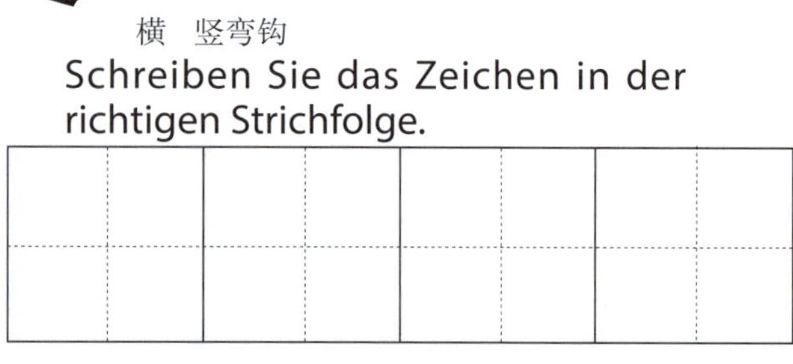

[cān]

参

1 撇折　2 点　3 横　4 撇　5 捺　6 撇

7 撇　8 撇

Schreiben Sie das Zeichen in der richtigen Strichfolge.

[shān]

山

1 竖　2 竖折　3 竖

Schreiben Sie das Zeichen in der richtigen Strichfolge.

[guān]

观

1 横撇　2 点　3 竖　4 横折　5 撇　6 竖弯钩

Schreiben Sie das Zeichen in der richtigen Strichfolge.

[jǐng]

景

1 2 3 4 5 6
竖 横折 横 横 点 横

7 8 9 10 11 12
竖 横折 横 竖钩 点 点

Schreiben Sie das Zeichen in der richtigen Strichfolge.

[yóu]

油

1 2 3 4 5 6
点 点 提 竖 横折钩 横

7 8
竖 横

Schreiben Sie das Zeichen in der richtigen Strichfolge.

[qí]

骑

1 2 3 4 5 6
横折 竖折折钩 提 横 撇 点

7 8 9 10 11
横 竖 横折 横 竖钩

Schreiben Sie das Zeichen in der richtigen Strichfolge.

[zhàn]

站

1 2 3 4 5 6
点 横 点 撇 提 竖

7 8 9 10
横 竖 横折 横

Schreiben Sie das Zeichen in der richtigen Strichfolge.

[fēi]

飞

1 2 3
横折折钩 撇 点

Schreiben Sie das Zeichen in der richtigen Strichfolge.

[tíng]

停

1 2 3 4 5 6
撇 竖 点 横 竖 横折

7 8 9 10 11
横 点 横钩 横 竖钩

Schreiben Sie das Zeichen in der richtigen Strichfolge.

2. Zeichenstrukturanalyse

(1) Piktographisches Zeichen

[yòu]

(Grundbedeutung) eine rechte Hand, „rechts". 又 ist häufig Signifikum.

(2) Entwicklung des Schriftzeichens

früher → heute

Orakelknochen-/ Bronzeschrift jiǎgǔwén / jīnwén	Siegelschrift zhuànshū	Kanzleischrift lìshū	Standardschrift kǎishū
		又	又

(3) Beispielzeichen mit 又 als Signifikum

[shuāng]

Bedeutungskompositum: Das Langzeichen 雙 zeigt eine Hand, die zwei Vögel 隹 fängt. Heutige Bedeutung: „zwei", „beide".

[yǒu]

Bedeutungskompositum: Zwei Hände, die in die gleiche Richtung weisen: „Freundschaft".

(4) Strichfolge

1 2

横撇 捺

Schreiben Sie das Zeichen in der richtigen Strichfolge.

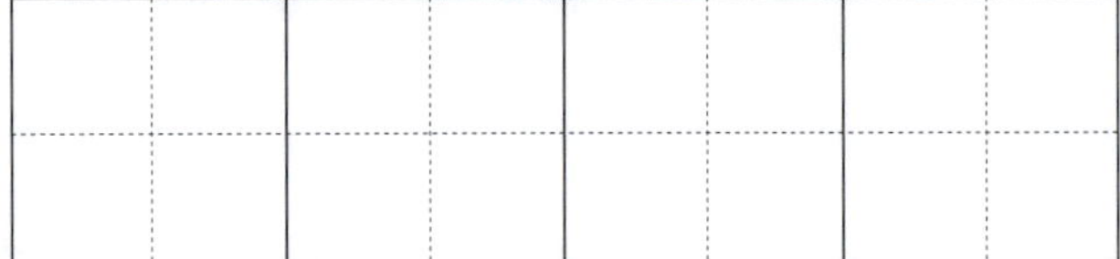

(1) Piktographisches Zeichen

[shí]

食

(Grundbedeutung) Ein Behältnis voller Nahrung: „Essen" oder „Nahrung zu sich nehmen". Schriftzeichen, die die Komponente 食 enthalten, haben zumeist mit Nahrungsmitteln und Essen zu tun. Wenn 食 auf der linken Seite im Schriftzeichen steht, wird es 饣 geschrieben, wenn es unten im Schriftzeichen steht, bleibt es 食.

(2) Entwicklung des Schriftzeichens

früher → heute

Orakelknochen-/ Bronzeschrift jiǎgǔwén / jīnwén	Siegelschrift zhuànshū	Kanzleischrift lìshū	Standardschrift kǎishū
		饣	饣

(3) Beispielzeichen mit 食 als Signifikum

[cān]

S+P-Schriftzeichen: Das Signifikum 食 steht für Essen, 歺又 ist Phonetikum. Das Zeichen bedeutet „Essen", „Mahlzeit".

[fàn]

S+P-Schriftzeichen: Das Signifikum 食 steht für Essen, 反 fǎn ist Phonetikum. Das Zeichen bedeutet ebenfalls „Essen", „Mahlzeit".

(4) Strichfolge

丿 𠂉 饣

1 2 3

撇 横钩 竖钩

Schreiben Sie das Zeichen in der richtigen Strichfolge.

3. Zusammenfassende Übungen:

(1) Markieren Sie Signifika und Phonetika mit verschiedenen Farben.

爪 + 巴 = 爬（爬山）

扌 + 白 = 拍（拍照）

亻 + 亭 = 停（停留）

马 + 奇 = 骑（骑马）

立 + 占 = 站（站立）

(2) Schreiben Sie Schriftzeichen auf der Basis des Signifikums.

[y ò u] [q ǔ] [ ] [ ]

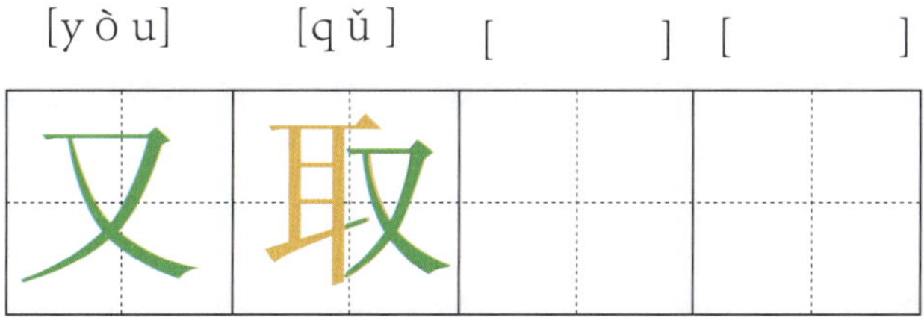

(Gr ü n: Signifikum; gelb: Phonetikum)

[sh í] [b ǎ o] [ ] [ ]

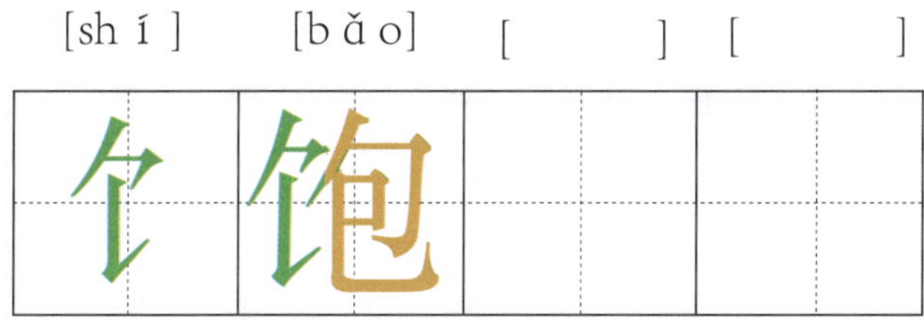

(Gr ü n: Signifikum; gelb: Phonetikum)

(3) Vergleichen und schreiben Sie einander ähnliche Schriftzeichen.

[zhu ǎ] Eine nach unten greifende Hand: „erwischen", „ergreifen".

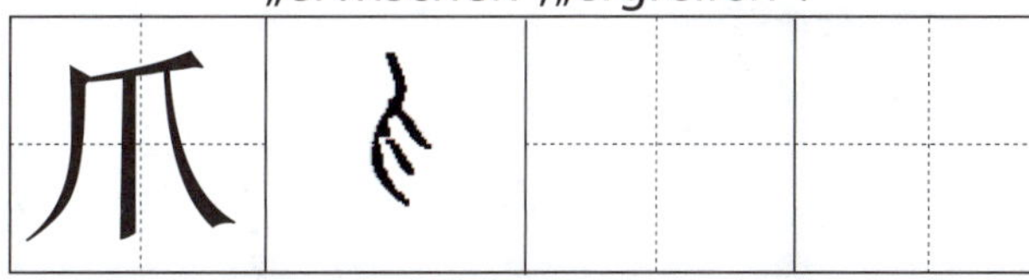

[gu ā] Eine Frucht an einer Rankenpflanze: Kürbis, Gurke, Melone.

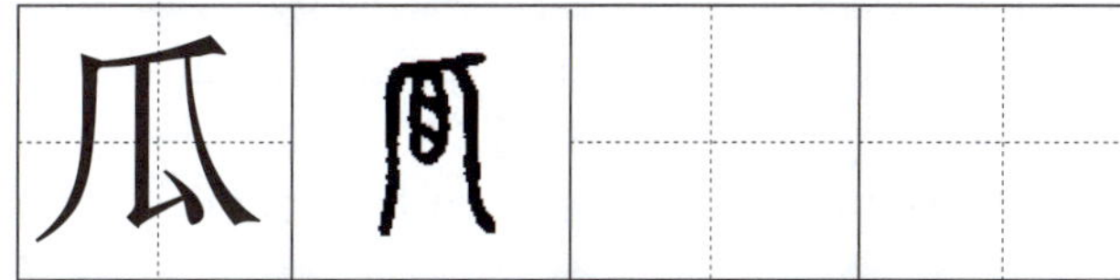

[chu ā n] Fließendes Wasser: ein Wort für „großer Fluß".

(4) Schriftzeichen auf der Basis von *Pinyin* schreiben.

[y ì] [q ǐ] [p á] [sh ā n]

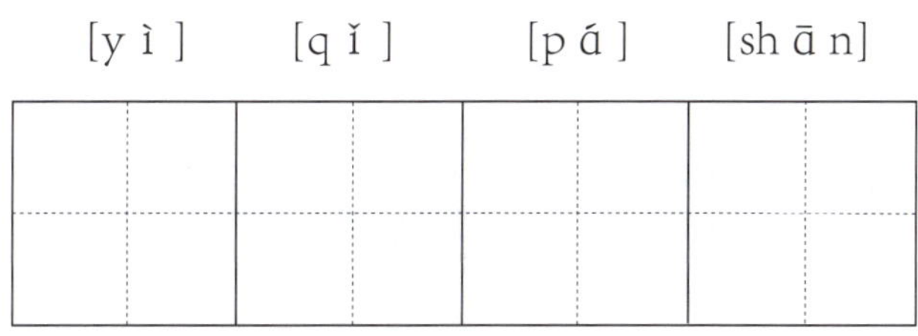

[y ī] [f ú] [pi á n] [y ì]

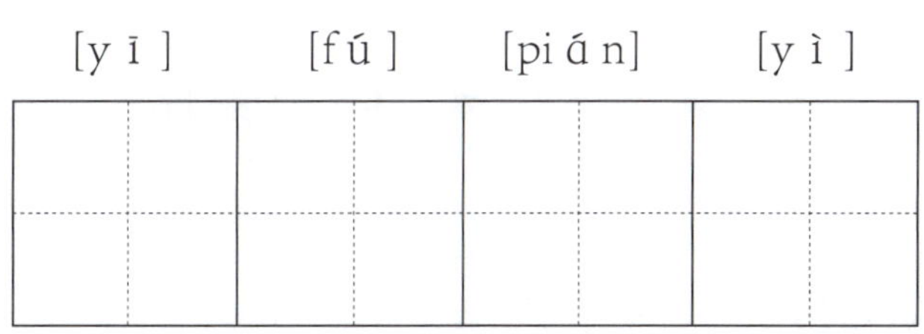

[gu ì] [l í n] [l ǚ] [y ó u]

Einheit-11 Lektion 1

Inhalte

1. Einüben der Strichfolge: 足、想、比、赛、队、格、体、育、希、望、赢。
2. Zusammenfassende Übungen:
(1) Signifikum und Phonetikum: 想、泳、格、体、希。
(2) Schreiben Sie Schriftzeichen auf der Basis des Phonetikums: 各。
(3) Einander ähnliche Schriftzeichen: 育，盲，肓。
(4) Schriftzeichen auf der Basis von *Pinyin* schreiben.

1.Einüben der Strichfolge

[zú]

足

1 竖　2 横折　3 横　4 竖　5 横　6 撇　7 捺

Schreiben Sie das Zeichen in der richtigen Strichfolge.

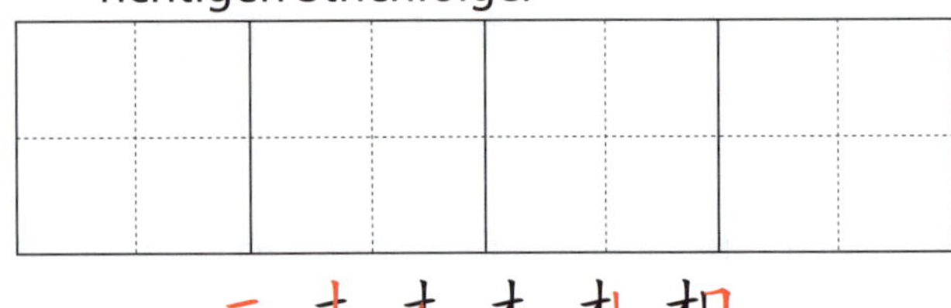

[xiǎng]

想

1 横　2 竖　3 撇　4 点　5 竖　6 横折　7 横　8 横　9 横　10 点　11 卧钩　12 点　13 点

Schreiben Sie das Zeichen in der richtigen Strichfolge.

[bǐ]

比

1 横　2 竖钩　3 撇　4 竖弯钩

Schreiben Sie das Zeichen in der richtigen Strichfolge.

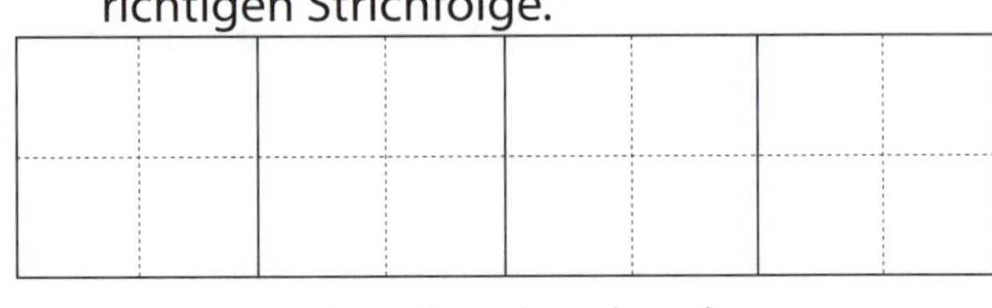

[sài]

赛

1 点　2 点　3 横钩　4 横　5 横　6 竖　7 竖　8 横　9 撇　10 捺　11 竖　12 横折　13 撇　14 点

Schreiben Sie das Zeichen in der richtigen Strichfolge.

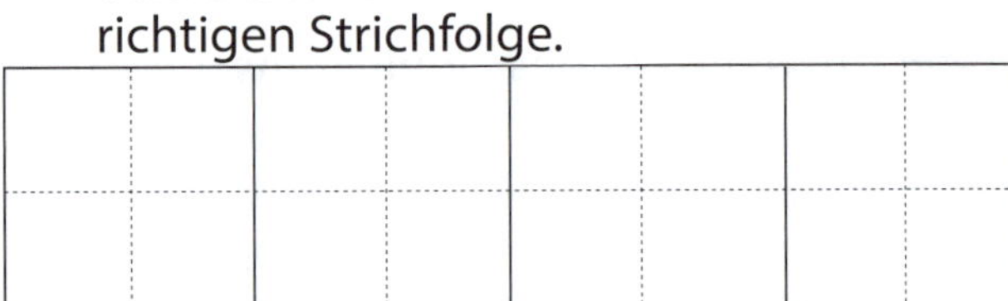

[duì]

队

1 横折弯钩　2 竖　3 撇　4 捺

Schreiben Sie das Zeichen in der richtigen Strichfolge.

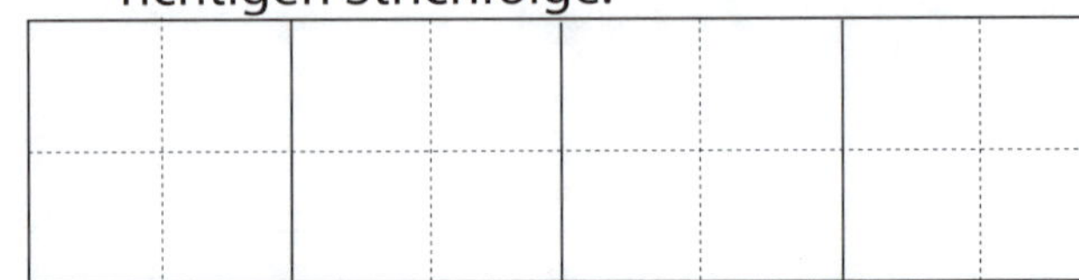

[gé] 格

1	2	3	4	5	6	7	8	9	10
横	竖	撇	点	撇	横撇	捺	竖	横折	横

Schreiben Sie das Zeichen in der richtigen Strichfolge.

[xī] 希

1	2	3	4	5	6	7
撇	点	横	撇	竖	横折钩	竖

Schreiben Sie das Zeichen in der richtigen Strichfolge.

[tǐ] 体

1	2	3	4	5	6	7
撇	竖	横	竖	撇	捺	横

Schreiben Sie das Zeichen in der richtigen Strichfolge.

[wàng] 望

1	2	3	4	5	6	7	8	9	10	11
点	横	竖钩	撇	横折钩	横	横	横	横	竖	横

Schreiben Sie das Zeichen in der richtigen Strichfolge.

[yù] 育

1	2	3	4	5	6	7	8
点	横	撇折	点	竖	横折钩	横	横

Schreiben Sie das Zeichen in der richtigen Strichfolge.

[yíng] 赢

1	2	3	4	5	6	7	8	9	10	11	12	13	14	15	16	17
点	横	横	竖	横折	横	撇	横折钩	横	横	竖	横折	撇	点	撇	横折折钩	点

Schreiben Sie das Zeichen in der richtigen Strichfolge.

2. Zusammenfassende Übungen:

(1) Markieren Sie Signifika und Phonetika mit verschiedenen Farben.

相 + 心 = 想 (你想)

氵 + 永 = 泳 (游泳)

木 + 各 = 格 (英格兰)

云 + 月 = 育 (体育)

乂 + 布 = 希 （ 希望 ）

(2) Schreiben Sie Schriftzeichen auf der Basis des Phonetikums.

木 + 各 (gè) = (格 (gé))

门 + 各 (gè) = (　　)

月 + 各 (gè) = (　　)

氵 + 各 (gè) = (　　)

纟 + 各 (gè) = (　　)

(3) Vergleichen und schreiben Sie einander ähnliche Schriftzeichen.

[yù] Eine Frau, die gerade gebärt: „gebären", „ausbilden".

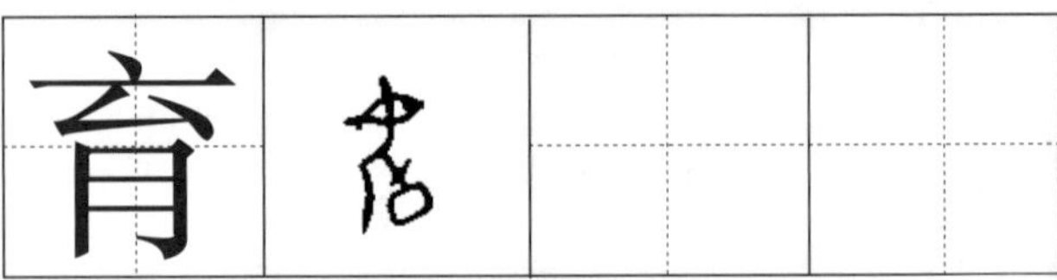

[máng] Das Auge 目 ist Signifikum, 亡 wáng Phonetikum: „blind".

[huāng] Das Fleisch 月 ist Signifikum, 亡 wáng Phonetikum: „Unterleib".

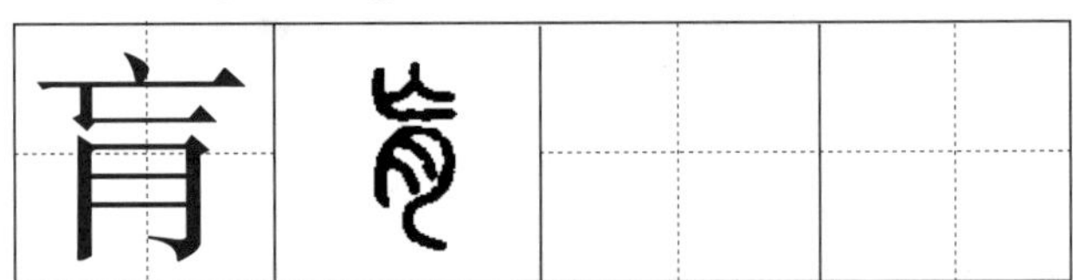

(4) Schriftzeichen auf der Basis von *Pinyin* schreiben.

[zú] [qiú] [bǐ] [sài]

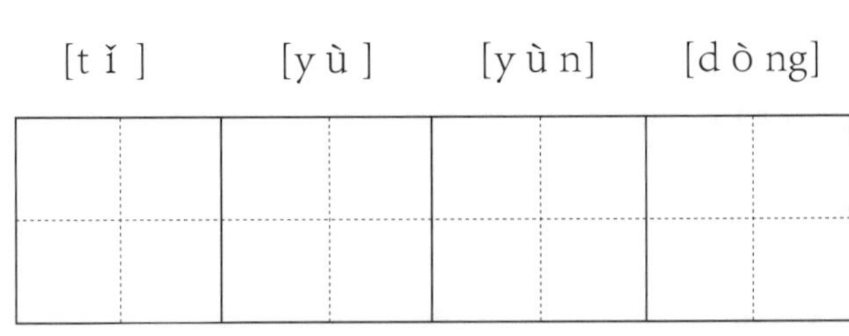

[tǐ] [yù] [yùn] [dòng]

[yīng] [gé] [lán] [duì]

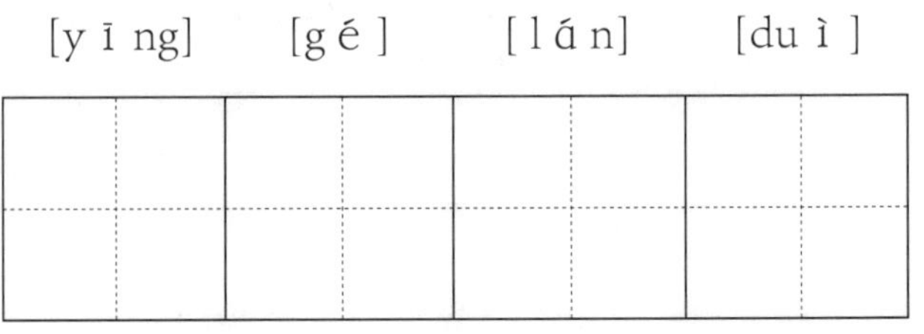

Lektion 2

Inhalte

1. Einüben der Strichfolge: 网、会、跳、舞、过、休、闲、卷、性、别、男。
2. Zusammenfassende Übungen:
   (1) Signifikum und Phonetikum: 跳、别、闲、性、男。
   (2) Schreiben Sie Schriftzeichen auf der Basis des Phonetikums: 兆。
   (3) Einander ähnliche Schriftzeichen: 网，四，冈。
   (4) Schriftzeichen auf der Basis von *Pinyin* schreiben.

1. Einüben der Strichfolge

[wǎng]

1	2	3	4	5	6
竖	横折钩	撇	点	撇	点

Schreiben Sie das Zeichen in der richtigen Strichfolge.

[huì]

1	2	3	4	5	6
撇	捺	横	横	撇折	点

Schreiben Sie das Zeichen in der richtigen Strichfolge.

[tiào]

跳

1	2	3	4	5	6
竖	横折	横	竖	横	竖

7	8	9	10	11	12
提	撇	点	点	竖弯钩	点

13
点

Schreiben Sie das Zeichen in der richtigen Strichfolge.

[wǔ]

1	2	3	4	5	6
撇	横	横	竖	竖	竖

7	8	9	10	11	12
竖	横	撇	横撇	点	横

13	14
撇折	竖

Schreiben Sie das Zeichen in der richtigen Strichfolge.

[guò]

1	2	3	4	5	6
横	竖钩	点	点	横折弯	捺

Schreiben Sie das Zeichen in der richtigen Strichfolge.

[xiū]

休

丿 亻 仁 什 仹 休

1 2 3 4 5 6

撇 竖 横 竖 撇 捺

Schreiben Sie das Zeichen in der richtigen Strichfolge.

[xìng]

性

1 2 3 4 5 6 7 8

点 点 竖 撇 横 横 竖 横

Schreiben Sie das Zeichen in der richtigen Strichfolge.

[xián]

闲

1 2 3 4 5 6 7

点 竖 横折钩 横 竖 撇 点

Schreiben Sie das Zeichen in der richtigen Strichfolge.

[bié]

别

1 2 3 4 5 6 7

竖 横折 横 横折钩 撇 竖 竖钩

Schreiben Sie das Zeichen in der richtigen Strichfolge.

[juǎn]

卷

1 2 3 4 5 6 7 8

点 点 横 横 撇 捺 横折 竖弯钩

Schreiben Sie das Zeichen in der richtigen Strichfolge.

[nán]

男

1 2 3 4 5 6 7

竖 横折 横 竖 横 横折钩 撇

Schreiben Sie das Zeichen in der richtigen Strichfolge.

2. Zusammenfassende Übungen:

(1) Markieren Sie Signifika und Phonetika mit verschiedenen Farben.

⻊ + 兆 = 跳 (跳舞)

另 + 刂 = 别 (分别)

门 + 木 = 闲 (休闲)

忄 + 生 = 性 (性别)

田 + 力 = 男 (男女)

(2) Schreiben Sie Schriftzeichen auf der Basis des Phonetikums.

木 + 兆 (zhào) = (桃 (táo))

⻊ + 兆 = (   )

扌 + 兆 = (   )

目 + 兆 = (   )

辶 + 兆 = (   )

(3) Vergleichen und schreiben Sie einander ähnliche Schriftzeichen.

[wǎng] Ein Fischernetz: „Netz".

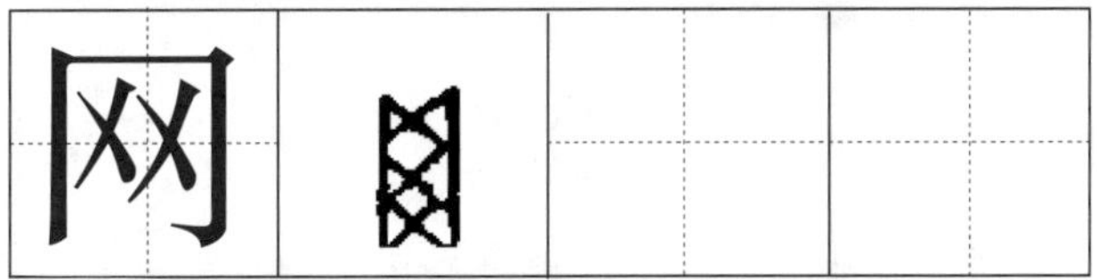

[sì] Die Zahl „vier".

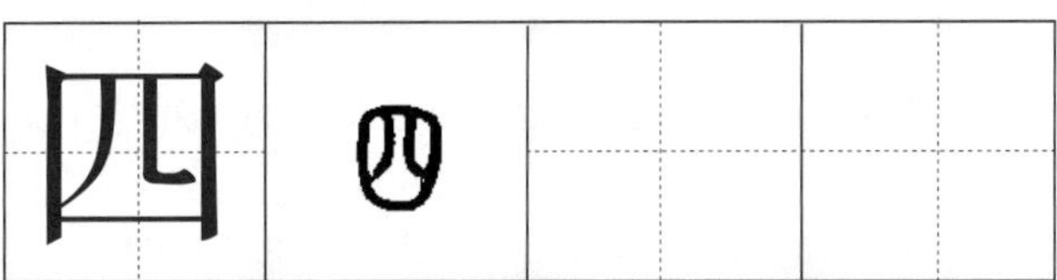

[gāng] Im Langzeichen 岡 erkennt man noch das Signifikum 山 „Berg" und das Phonetikum 网 wǎng: „Hügelkette". 冈 dient selbst ebenfalls häufig als Phonetikum in anderen Zeichen).

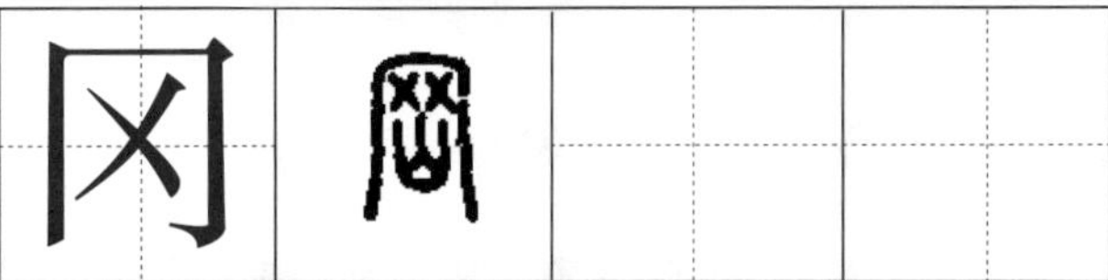

(4) Schriftzeichen auf der Basis von *Pinyin* schreiben.

[xìng] [míng] [nián] [líng]

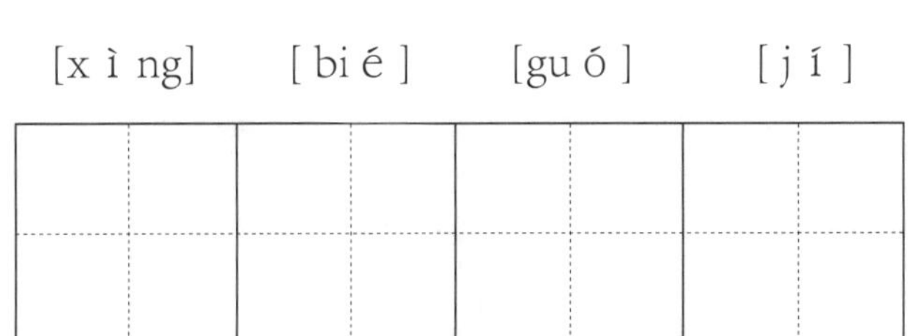

[xìng] [bié] [guó] [jí]

[yùn] [dòng] [xiū] [xián]

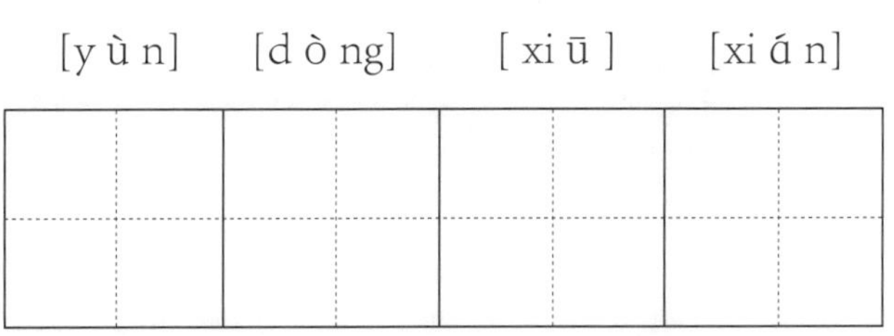

Lektion 3

Inhalte

1. Einüben der Strichfolge: 踢、乒、乓、冲、浪、滑、雪、潜、水、曲、候。
2. Zeichenstrukturanalyse: 王 + □; 钅 + □。
3. Zusammenfassende Übungen:
(1) Signifikum und Phonetikum: 踢、冲、滑、潜、乒。
(2) Schreiben Sie Schriftzeichen auf der Basis des Signifikums: 王，钅。
(3) Einander ähnliche Schriftzeichen: 乒，乓，兵。
(4) Schriftzeichen auf der Basis von *Pinyin* schreiben.

[pāng]

乓

1 2 3 4 5 6

撇 竖 横 竖 横 点

Schreiben Sie das Zeichen in der richtigen Strichfolge.

1. Einüben der Strichfolge

[tī]

踢

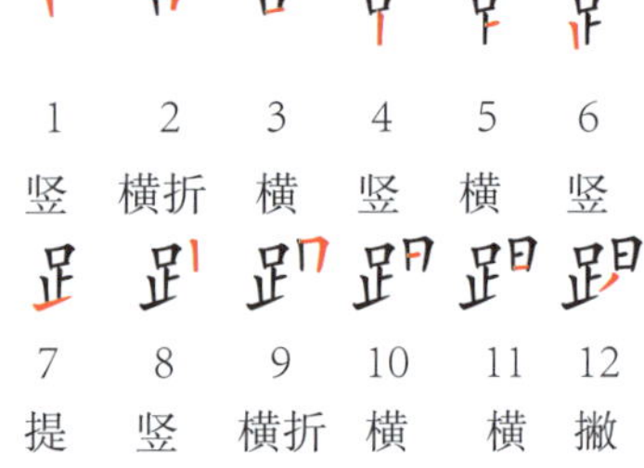

1 2 3 4 5 6

竖 横折 横 竖 横 竖

7 8 9 10 11 12

提 竖 横折 横 横 撇

13 14 15

横折钩 撇 撇

Schreiben Sie das Zeichen in der richtigen Strichfolge.

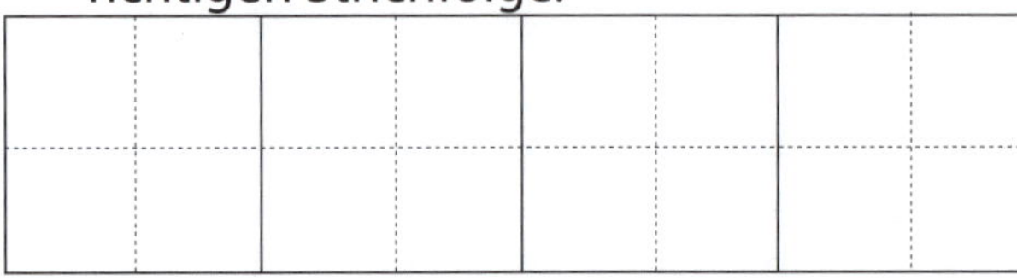

[chōng]

冲

1 2 3 4 5 6

点 提 竖 横折 横 竖

Schreiben Sie das Zeichen in der richtigen Strichfolge.

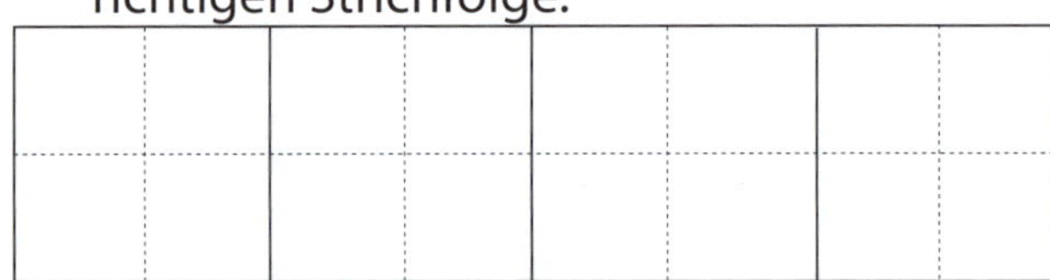

[pīng]

乒

1 2 3 4 5 6

撇 竖 横 竖 横 撇

Schreiben Sie das Zeichen in der richtigen Strichfolge.

[làng]

浪

1 2 3 4 5 6

点 竖 提 点 横折 横

7 8 9 10

横 竖钩 点 捺

Schreiben Sie das Zeichen in der richtigen Strichfolge.

[huá]

滑

1 2 3 4 5 6

点 点 提 竖 横折 横折

7 8 9 10 11 12

竖 横钩 竖 横折钩 横 横

Schreiben Sie das Zeichen in der richtigen Strichfolge.

[shuǐ]

水

1 2 3 4

竖钩 横撇 撇 捺

Schreiben Sie das Zeichen in der richtigen Strichfolge.

雪

1 2 3 4 5 6

横 点 横沟 竖 点 点

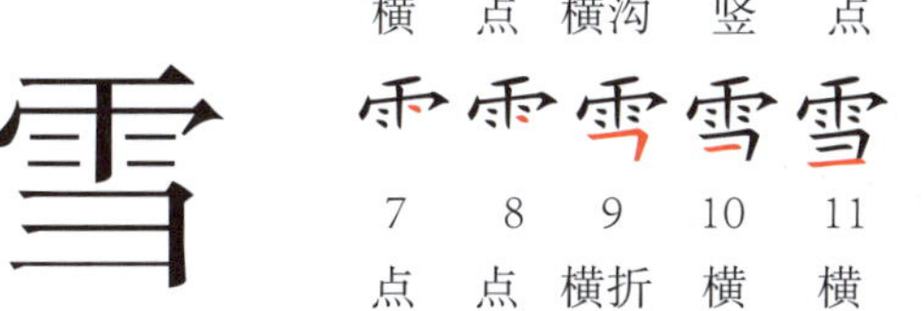

7 8 9 10 11

点 点 横折 横 横

Schreiben Sie das Zeichen in der richtigen Strichfolge.

[qǔ]

曲

1 2 3 4 5 6

竖 横折 横 竖 竖 横

Schreiben Sie das Zeichen in der richtigen Strichfolge.

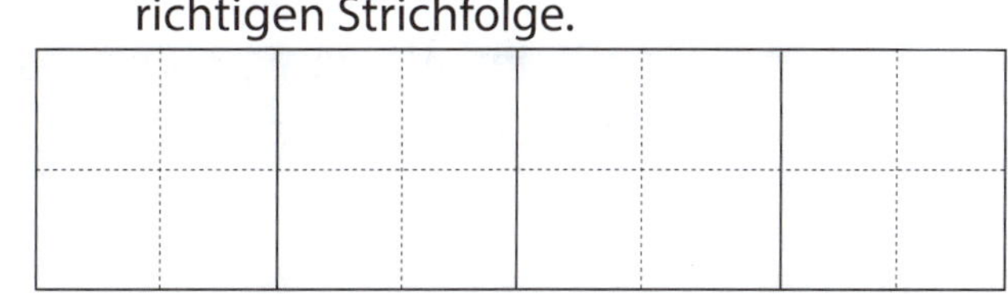

[qián]

潜

1 2 3 4 5 6

点 点 提 横 横 撇

7 8 9 10 11 12

点 横 横 撇 捺 竖

13 14 15

横折钩 横 横

Schreiben Sie das Zeichen in der richtigen Strichfolge.

[hòu]

候

1 2 3 4 5 6

撇 竖 竖 横折 横 撇

7 8 9 10

横 横 撇 捺

Schreiben Sie das Zeichen in der richtigen Strichfolge.

2. Zeichenstrukturanalyse

[yù]

玉

(Grundbedeutung) drei auf eine Schnur gefädelte Jadesteine. Zur Unterscheidung von 王 wáng „König" wurde unten rechts ein Punktstrich hinzugefügt. 玉 ist häufiges Signifikum in chinesischen Schriftzeichen. Wenn es links im Zeichen steht, wird es allerdings wie 王 geschrieben.

früher → heute

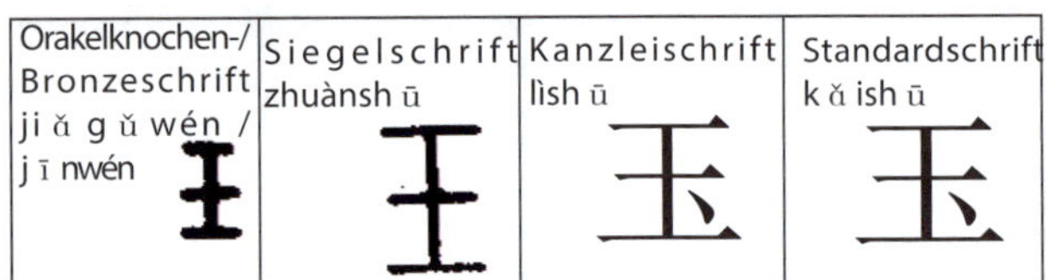

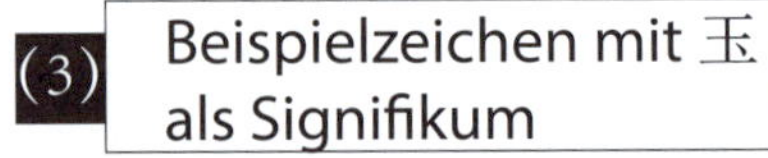

[wán]

S+P-Schriftzeichen: Signifikum 王, Phonetikum 元 yuán: „mit etwas spielen", „sich amüsieren".

[lǐ]

S+P-Schriftzeichen: Signifikum 王, Phonetikum 里 l ǐ: „Jade entlang seiner Maserungen gravieren oder bearbeiten": „ordnen", „Prinzip".

Schreiben Sie das Zeichen in der richtigen Strichfolge.

[jīn]

金

(Grundbedeutung) Erze oder Metalle, die sich im Boden befinden. 金 ist ein häufiges Signifikum in der chinesischen Schrift, das links stehend 钅 geschrieben wird.

früher → heute

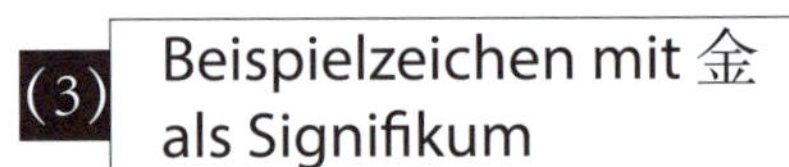

[xīn]

Bedeutungskompositum: Dreimal 金 „Metall" steht für finanziellen Reichtum – ein Schriftzeichen, das in Personennamen und Firmennamen sehr beliebt ist.

[gāng]

S+P-Schriftzeichen: Das Signifikum 金 steht für Metall, 冈 g ā ng ist Phonetikum. Das Zeichen bedeutet „Stahl".

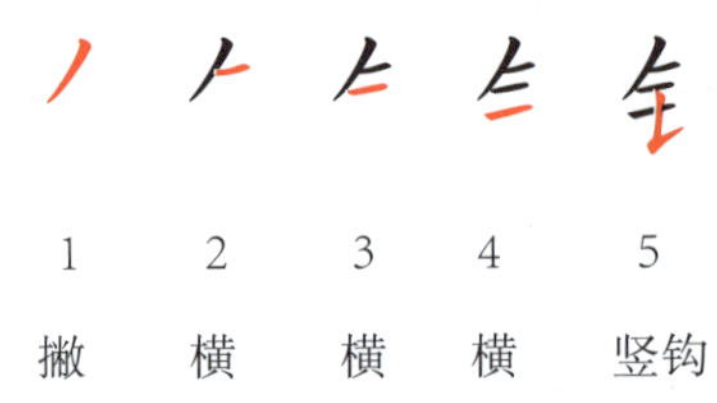

Schreiben Sie das Zeichen in der richtigen Strichfolge.

3. Zusammenfassende Übungen:

(1) Markieren Sie Signifika und Phonetika mit verschiedenen Farben.

⻊ + 易 = 踢（踢球）

冫 + 中 = 冲（冲浪）

氵 + 骨 = 滑（滑雪）

氵 + 替 = 潜（潜水）

斤 + 廾 = 兵（兵马俑）

(2) Schreiben Sie Schriftzeichen auf der Basis des Signifikums.

[w á ng] [zh ē n] [ ] [ ]

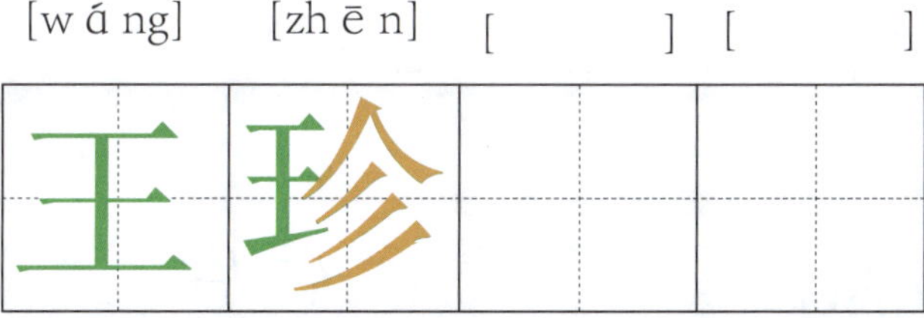

(Gr ü n: Signifikum; gelb: Phonetikum)

[j ī n] [d ī ng] [ ] [ ]

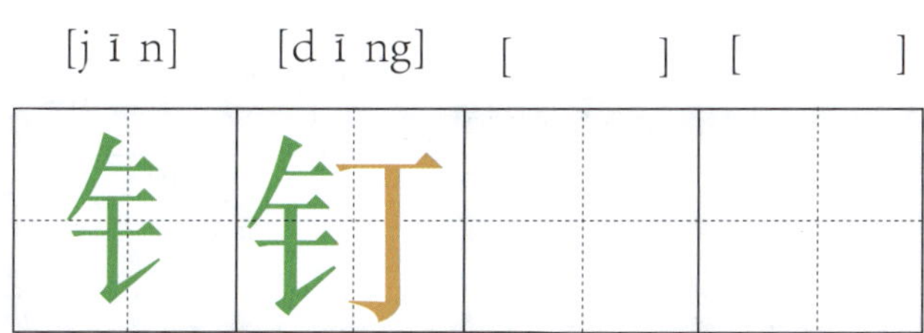

(Gr ü n: Signifikum; gelb: Phonetikum)

(3) Vergleichen und schreiben Sie einander ähnliche Schriftzeichen.

[p ī ng] Von 兵 abgeleitetes Schriftzeichen, das einen scheppernden oder klappernden Laut beschreibt.

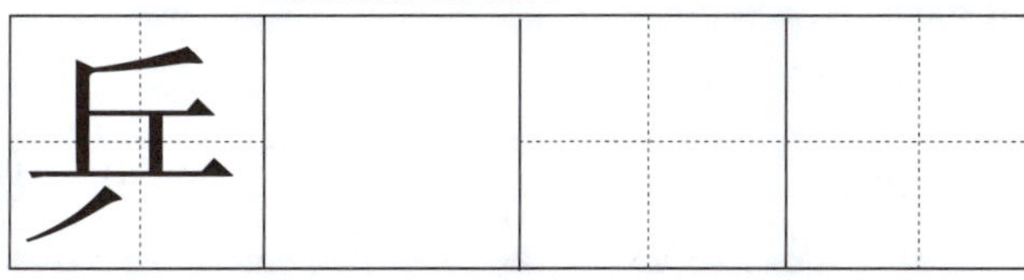

[p ā ng] Von 兵 abgeleitetes Schriftzeichen, das einen scheppernden oder klappernden Laut beschreibt.

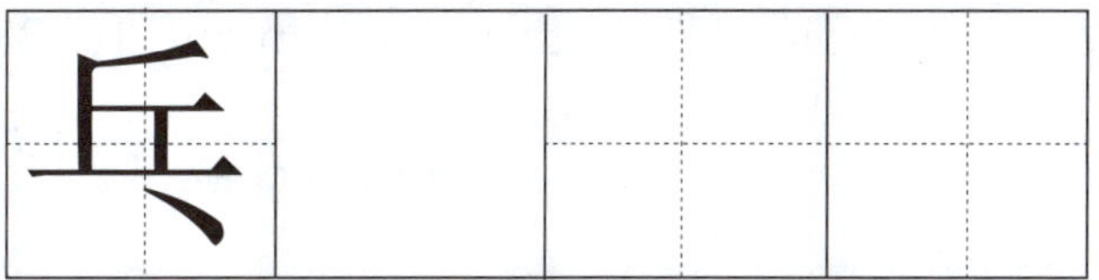

[b ī ng] Zwei Arme, die eine Waffe schwingen: „Waffe“, „Soldat“.

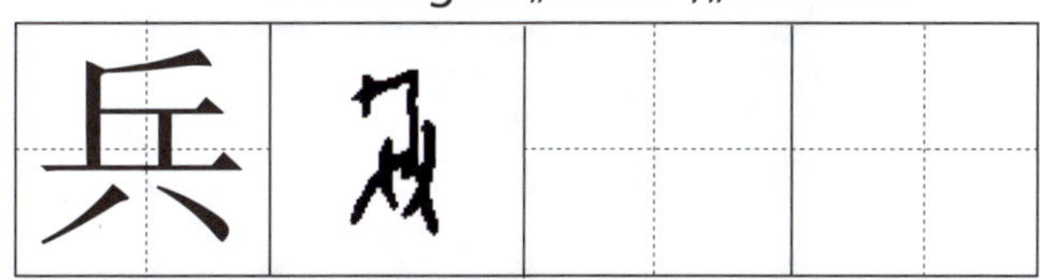

(4) Schriftzeichen auf der Basis von *Pinyin* schreiben.

[d ǎ] [p ī ng] [p ā ng] [qi ú]

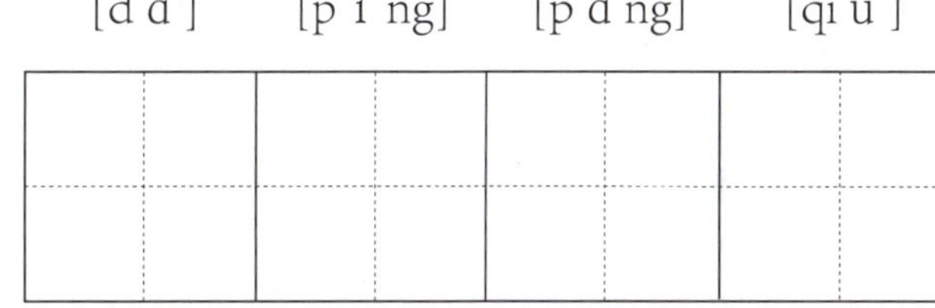

[x ǐ] [hu ā n] [qi á n] [shu ǐ]

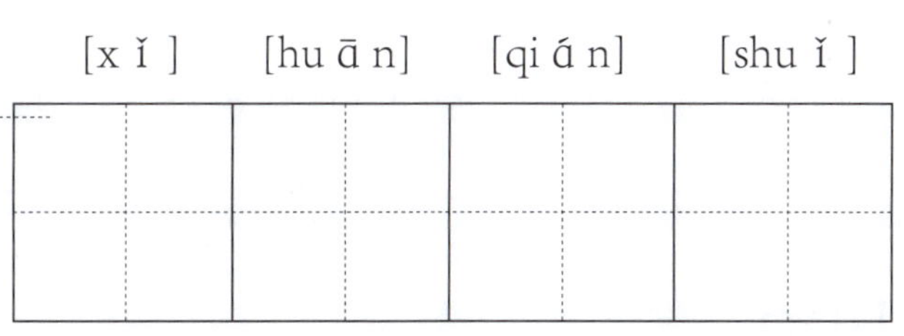

[hu á] [xu ě] [ch ō ng] [l à ng]

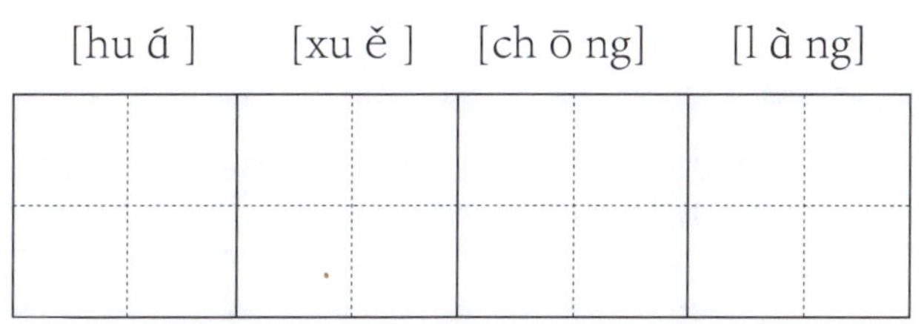

Einheit-12　Lektion 1

Inhalte

1. Einüben der Strichfolge: 算、或、回、坡、后、剧、玩、说、只、觉、得。
2. Zusammenfassende Übungen:
(1) Signifikum und Phonetikum: 港、坡、剧、玩、说。
(2) Schreiben Sie Schriftzeichen auf der Basis des Phonetikums: 元。
(3) Einander ähnliche Schriftzeichen: 口，囗，回。
(4) Schriftzeichen auf der Basis von *Pinyin* schreiben.

1.Einüben der Strichfolge

[suàn] 算

1 撇 2 横 3 点 4 撇 5 横 6 点

7 竖 8 横折 9 横 10 横 11 横 12 横

13 撇 14 竖

Schreiben Sie das Zeichen in der richtigen Strichfolge.

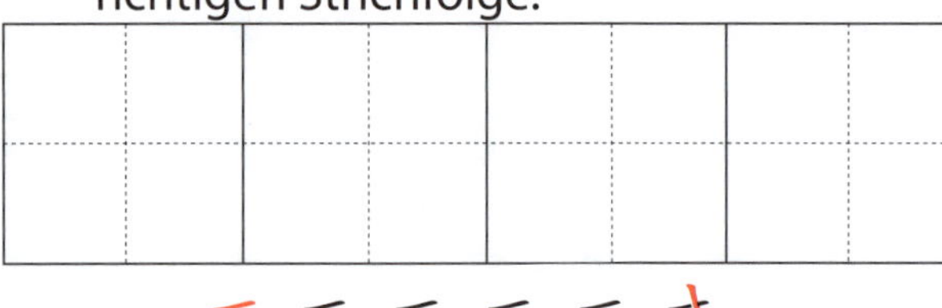

[huò] 或

1 横 2 竖 3 横折 4 横 5 提 6 弯钩

7 撇 8 点

Schreiben Sie das Zeichen in der richtigen Strichfolge.

[huí] 回

1 竖 2 横折钩 3 竖 4 横折 5 横 6 横

Schreiben Sie das Zeichen in der richtigen Strichfolge.

[pō] 坡

1 横 2 竖 3 提 4 横钩 5 撇 6 竖

7 横撇 8 捺

Schreiben Sie das Zeichen in der richtigen Strichfolge.

[hòu] 后

1 撇 2 撇 3 横 4 竖 5 横折 6 横

Schreiben Sie das Zeichen in der richtigen Strichfolge.

[jù]

剧

1 横 2 横 3 撇 4 横 5 竖 6 竖 7 横折 8 横 9 竖 10 竖钩

Schreiben Sie das Zeichen in der richtigen Strichfolge.

[zhī]

只

1 竖 2 横折 3 横 4 撇 5 点

Schreiben Sie das Zeichen in der richtigen Strichfolge.

[wán]

玩

1 横 2 横 3 竖 4 提 5 横 6 横 7 撇 8 竖弯钩

Schreiben Sie das Zeichen in der richtigen Strichfolge.

[jué]

觉

1 点 2 点 3 撇 4 点 5 横钩 6 竖 7 横折 8 撇 9 竖弯钩

Schreiben Sie das Zeichen in der richtigen Strichfolge.

[shuō]

说

1 点 2 横折钩 3 点 4 点 5 竖 6 横折 7 横 8 撇 9 竖弯钩

Schreiben Sie das Zeichen in der richtigen Strichfolge.

[dé]

得

1 撇 2 撇 3 竖 4 竖 5 横折 6 横 7 横 8 横 9 横 10 竖钩 11 点

Schreiben Sie das Zeichen in der richtigen Strichfolge.

2. Zusammenfassende Übungen:

(1) Markieren Sie Signifika und Phonetika mit verschiedenen Farben.

氵 + 巷 = 港（香港）

土 + 皮 = 坡 (新加坡)

居 + 刂 = 剧 (京剧)

王 + 元 = 玩 (好玩)

讠 + 兑 = 说 (说话)

(2) Schreiben Sie Schriftzeichen auf der Basis des Phonetikums.

辶 + 元 (yuán) = (远 (yuǎn))

宀 + 元 = (　　)

王 + 元 = (　　)

口 + 元 = (　　)

元 (yuán) + 页 = (　　)

(3) Vergleichen und schreiben Sie einander ähnliche Schriftzeichen.

[kǒu] Ähnelt einem Mund oder Maul.

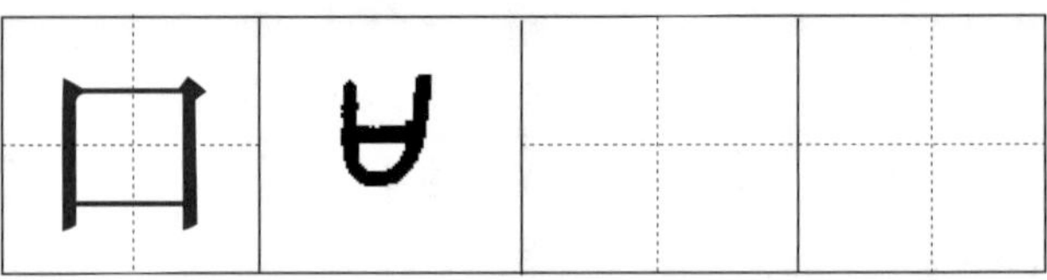

[wéi] Eine umgebende Struktur wie eine Einzäunung oder ein Wall.

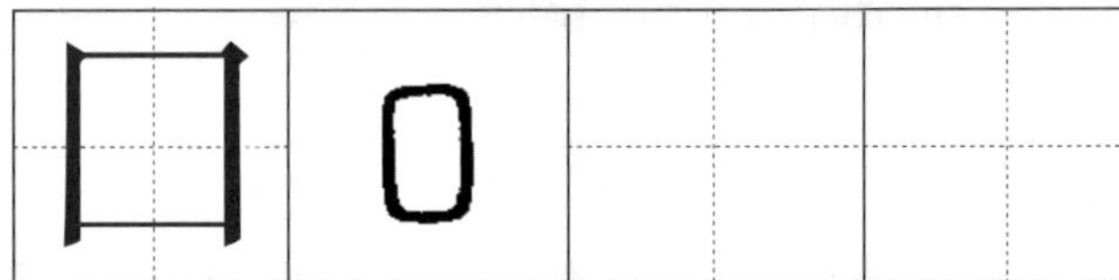

[huí] Ein sich drehender Wasserstrudel, „Kreis", „zurückkehren".

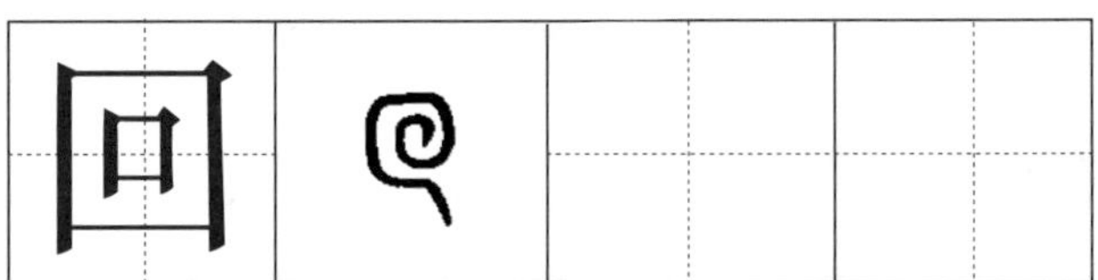

(4) Schriftzeichen auf der Basis von *Pinyin* schreiben.

[dǎ] [suàn] [lǚ] [xíng]

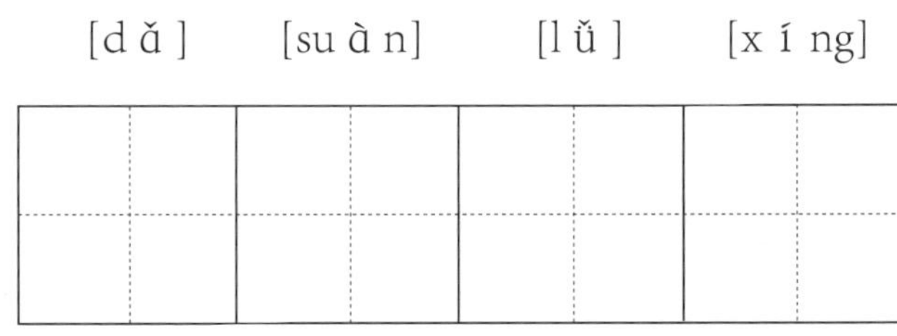

[qù] [kàn] [jīng] [jù]

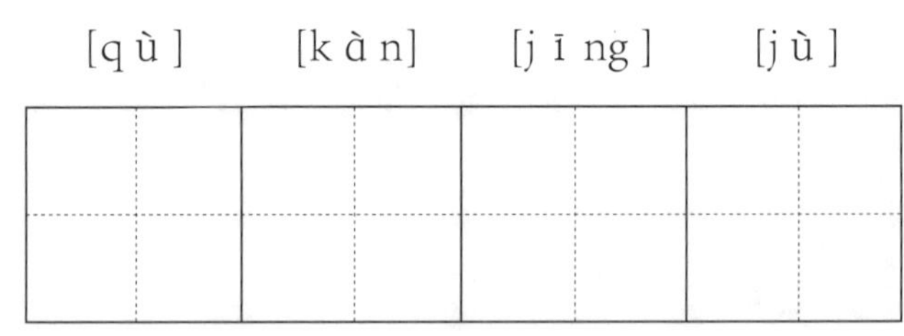

[dìng] [piào] [tuì] [piào]

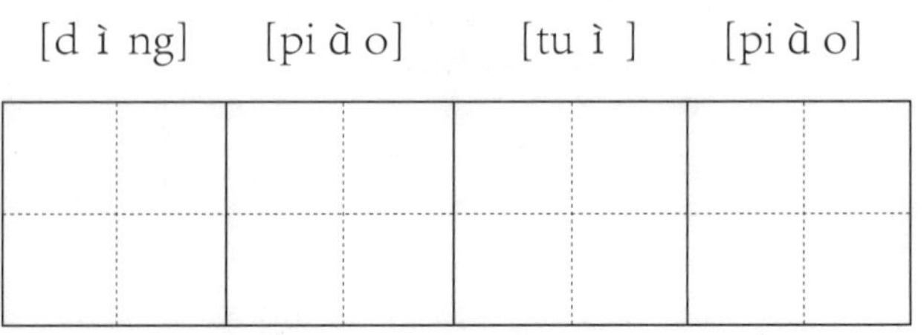

Lektion 2

Inhalte

1. Einüben der Strichfolge: 班、千、韩、应、该、兵、马、俑、漂、亮、城。
2. Zusammenfassende Übungen:
(1) Signifikum und Phonetikum: 安、该、俑、漂、城。
(2) Schreiben Sie Schriftzeichen auf der Basis des Phonetikums: 票。
(3) Einander ähnliche Schriftzeichen: 马、鸟、乌。
(4) Schriftzeichen auf der Basis von *Pinyin* schreiben.

[hān]

韩

1	2	3	4	5	6
横	竖	竖	横折	横	横

7	8	9	10	11	12
提	竖	横	横	横折钩	竖

Schreiben Sie das Zeichen viermal in der richtigen Strichfolge.

1. Einüben der Strichfolge

[bān]

班

1	2	3	4	5	6
横	横	竖	提	点	撇

7	8	9	10
横	横	竖	横

Schreiben Sie das Zeichen in der richtigen Strichfolge.

[yīng]

1	2	3	4	5	6
点	横	撇	点	点	撇

7
横

Schreiben Sie das Zeichen in der richtigen Strichfolge.

[qiān]

1	2	3
撇	横	竖

Schreiben Sie das Zeichen in der richtigen Strichfolge.

[gāi]

1	2	3	4	5	6
点	横折钩	点	横	撇折	撇

7	8
撇	点

Schreiben Sie das Zeichen in der richtigen Strichfolge.

[bīng]

兵

一 厂 F 斤 丘 乒

1	2	3	4	5	6	7
撇	竖	横	竖	横	撇	点

Schreiben Sie das Zeichen in der richtigen Strichfolge.

[piào]

漂

1	2	3	4	5	6	7	8	9	10	11	12	13	14
点	点	提	横	竖	横折	竖	竖	横	横	横	竖钩	点	点

Schreiben Sie das Zeichen in der richtigen Strichfolge.

[mǎ]

马

1	2	3
横折	竖折折钩	横

Schreiben Sie das Zeichen in der richtigen Strichfolge.

[liàng]

亮

1	2	3	4	5	6	7	8	9
点	横	竖	横折	横	点	横钩	撇	横折弯钩

Schreiben Sie das Zeichen in der richtigen Strichfolge.

[yǒng]

俑

1	2	3	4	5	6	7	8	9
撇	竖	横钩	点	竖	横折钩	横	横	竖

Schreiben Sie das Zeichen in der richtigen Strichfolge.

[chéng]

城

1	2	3	4	5	6	7	8	9
横	竖	提	横	撇	横折钩	弯钩	撇	点

Schreiben Sie das Zeichen in der richtigen Strichfolge.

2. Zusammenfassende Übungen:

(1) Markieren Sie Signifika und Phonetika mit verschiedenen Farben.

宀 + 女 = 安（西安）

讠 + 亥 = 该（应该）

亻 + 甬 = 俑（兵马俑）

氵 + 票 = 漂（漂亮）

土 + 成 = 城（城市）

(2) Schreiben Sie Schriftzeichen auf der Basis des Phonetikums.

氵 + 票 (pi à o) = (漂 (pi à o))

𧾷 + 票 = (　　)

目 + 票 = (　　)

票 (pi à o) + 风 = (　　)

票 + 瓜 = (　　)

(3) Vergleichen und schreiben Sie einander ähnliche Schriftzeichen.

[m ǎ] Ein Pferd.

[ni ǎ o] Ein Vogel.

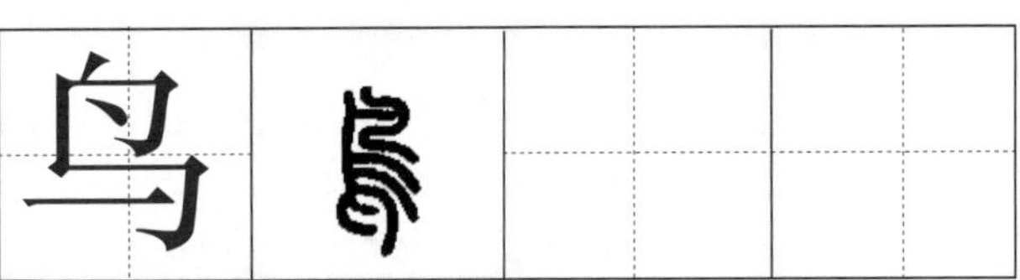

[w ū] Ein krähenartiger Vogel. Krähenartige Vögel haben einen schwarzen Körper und schwarze Augen, daher ist das Auge nicht zu sehen.

(4) Schriftzeichen auf der Basis von *Pinyin* schreiben.

[sh à ng] [h ǎ i] [b ě i] [j ī ng]

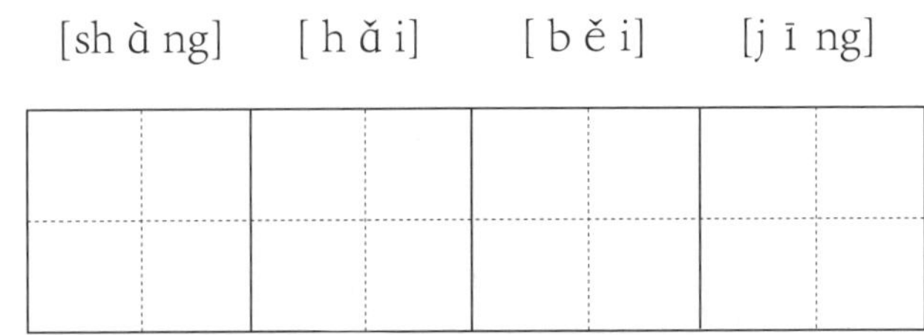

[x ī] [ā n] [gu ǎ ng] [zh ō u]

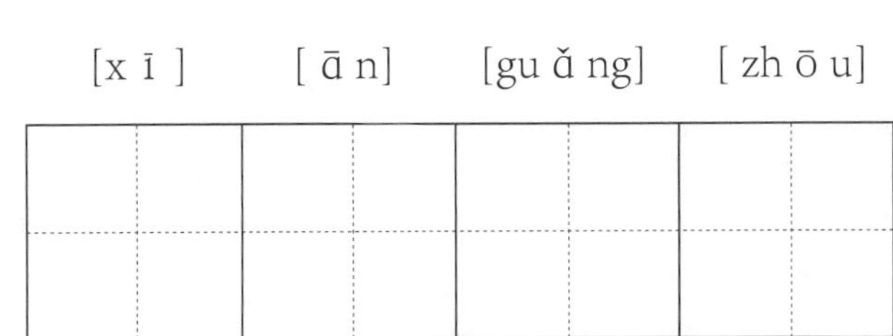

[pi à o] [li à ng] [ch é ng] [sh ì]

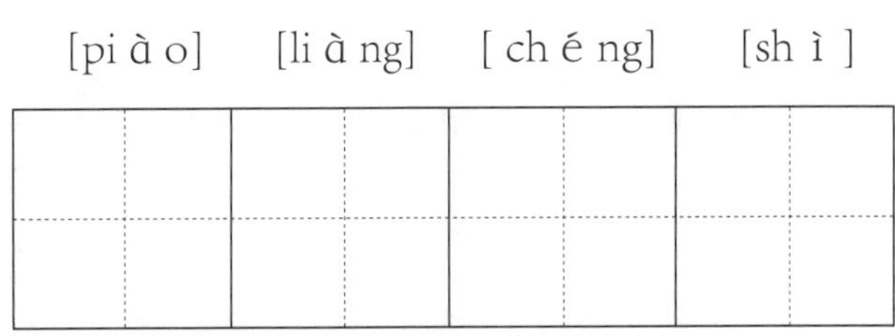

Lektion 3

Inhalte

1. Einüben der Strichfolge: 从、历、史、主、广、州、实、习、野、营、志。
2. Zeichenstrukturanalyse: ⺮ + □; 禾 + □。
3. Zusammenfassende Übungen:
(1) Signifikum und Phonetikum: 从、历、愿、野、志。
(2) Schreiben Sie Schriftzeichen auf der Basis des Signifikums: 竹，禾。
(3) Einander ähnliche Schriftzeichen: 从，丛，众。
(4) Schriftzeichen auf der Basis von *Pinyin* schreiben.

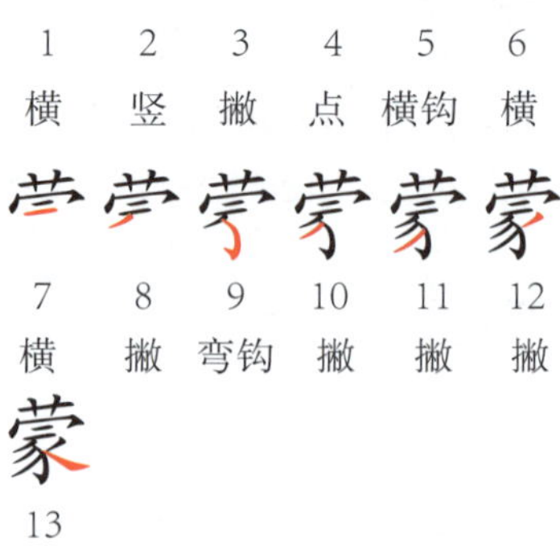

1	2	3	4	5	6
横	竖	撇	点	横钩	横

7	8	9	10	11	12	13
横	撇	弯钩	撇	撇	撇	捺

Schreiben Sie das Zeichen in der richtigen Strichfolge.

1. Einüben der Strichfolge

[cóng]

1	2	3	4
撇	点	撇	捺

Schreiben Sie das Zeichen in der richtigen Strichfolge.

[zhǔ]

1	2	3	4	5
点	横	横	竖	横

Schreiben Sie das Zeichen in der richtigen Strichfolge.

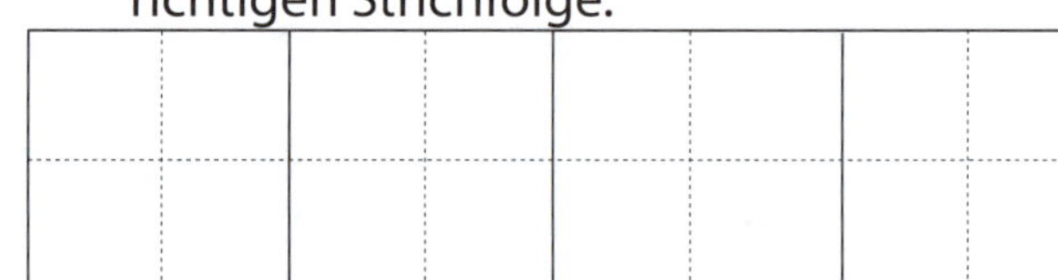

[lì]

1	2	3	4
横	撇	横折钩	撇

Schreiben Sie das Zeichen in der richtigen Strichfolge.

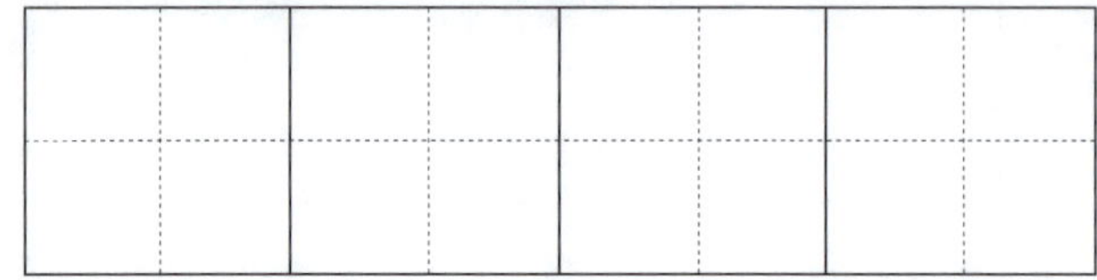

[guǎng]

1	2	3
点	横	撇

Schreiben Sie das Zeichen in der richtigen Strichfolge.

[zhōu]

州

1 点 2 撇 3 点 4 竖 5 点 6 竖

Schreiben Sie das Zeichen in der richtigen Strichfolge.

[yě]

野

1 竖 2 横折 3 横 4 横 5 竖 6 横 7 提 8 横钩 9 点 10 横钩 11 竖钩

Schreiben Sie das Zeichen in der richtigen Strichfolge.

[shí]

实

1 点 2 点 3 横钩 4 点 5 点 6 横 7 撇 8 点

Schreiben Sie das Zeichen in der richtigen Strichfolge.

[yíng]

营

1 横 2 点 3 撇 4 点 5 横沟 6 竖 7 横折 8 横 9 竖 10 横折 11 横

Schreiben Sie das Zeichen in der richtigen Strichfolge.

[xí]

习

1 横折钩 2 点 3 提

Schreiben Sie das Zeichen in der richtigen Strichfolge.

[zhì]

志

1 横 2 竖 3 横 4 点 5 卧钩 6 点 7 点

Schreiben Sie das Zeichen in der richtigen Strichfolge.

2. Zeichenstrukturanalyse

(1) Piktographisches Zeichen

[zhú] (Grundbedeutung) zwei nebeneinander stehende Bambuspflanzen. Schriftzeichen, die das Signifikum 竹 enthalten, haben zumeist mit Bambus zu tun.

竹

(2) Entwicklung des Schriftzeichens

früher → heute

(3) Beispielzeichen mit 竹 als Signifikum

[guǎn]

S+P-Schriftzeichen: 竹 ist Signifikum, 官 gu ā n Phonetikum. Eine Wasserleitung aus Bambus: „anleiten", „sich kümmern".

[fú]

S+P-Schriftzeichen: 竹 ist Signifikum, 付 fù Phonetikum. Einen Beweis mittels beschriftetem Bambus führen: „Symbol, Kennzeichen".

(4) Strichfolge

1	2	3	4	5	6
撇	横	竖	撇	横	竖

Schreiben Sie das Zeichen in der richtigen Strichfolge.

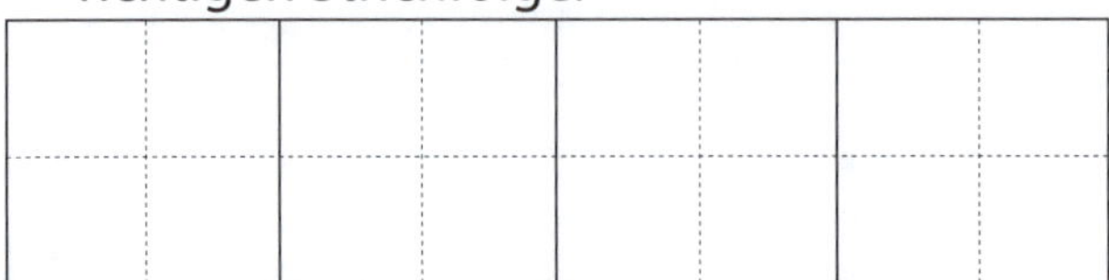

(1) Piktographisches Zeichen

[hé] (Grundbedeutung) Getreide. Schriftzeichen, die das Signifikum 禾 enthalten, haben zumeist ursprünglich mit Getreide zu tun.

禾

(2) Entwicklung des Schriftzeichens

früher → heute

(3) Beispielzeichen mit 禾 als Signifikum

[lì]

Bedeutungskompositum: 禾 steht für Getreide, 刂 für ein Messer. Zusammengesetzt bedeuten sie „scharf", aber auch „Profit".

[miǎo]

S+P-Schriftzeichen: Das Signifikum 禾 steht für Getreide, 少 sh ǎ o ist Phonetikum. Das Zeichen bedeutet „Getreidespitze", „Sekunde".

(4) Strichfolge

一 二 千 禾 禾

1	2	3	4	5
撇	横	竖	撇	捺

Schreiben Sie das Zeichen in der richtigen Strichfolge.

3. Zusammenfassende Übungen:

(1) Markieren Sie Signifika und Phonetika mit verschiedenen Farben.

人 + 人 = 从 (从英国)

厂 + 力 = 历 (历史)

原 + 心 = 愿 (志愿者)

里 + 予 = 野 (野营)

士 + 心 = 志 (志愿者)

(2) Schreiben Sie Schriftzeichen auf der Basis des Signifikums.

[zh ú] [xi à o] [ ] [ ]

(Gr ü n: Signifikum; gelb: Phonetikum)

[h é] [zh ǒ ng] [ ] [ ]

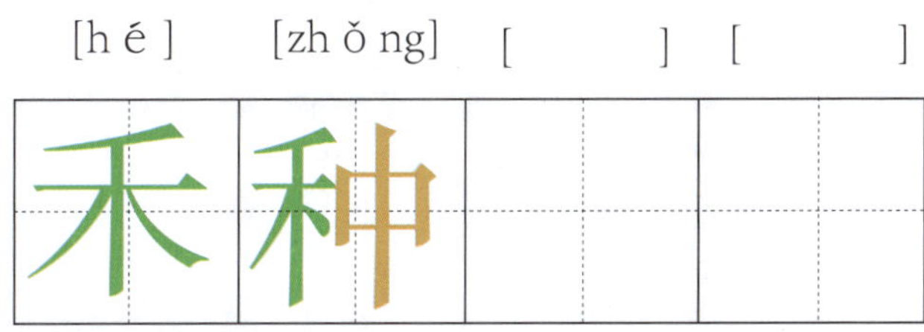

(Gr ü n: Signifikum; gelb: Phonetikum)

(3) Vergleichen und schreiben Sie einander ähnliche Schriftzeichen.

[c ó ng] Ein Mensch folgt einem anderen Menschen: „folgen".

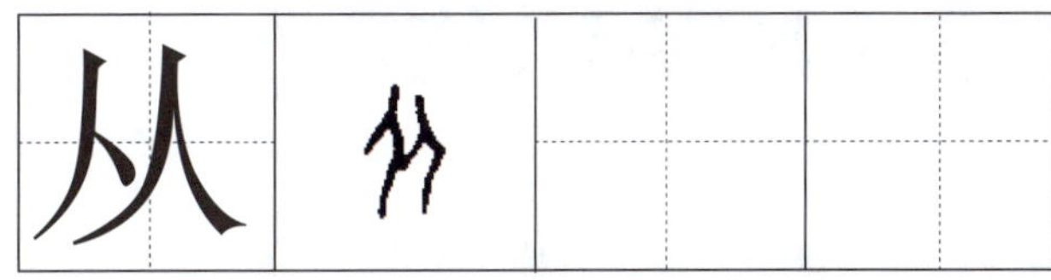

[c ó ng] Langzeichen 叢 : „Dickicht".

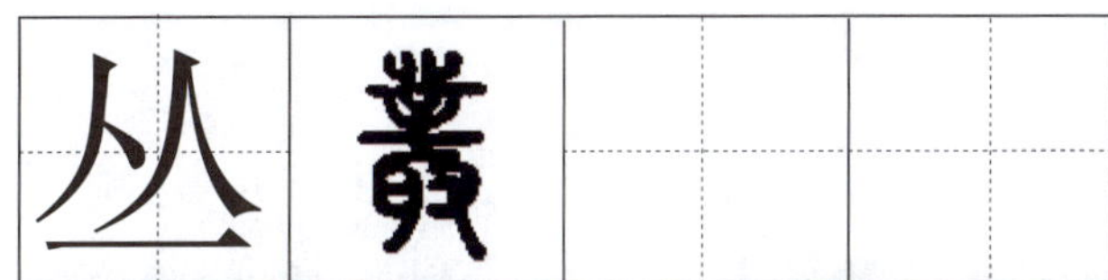

[zh ò ng] Ursprünglich eine Sonne 日 über drei Menschen 眾 : viele Menschen, Menschenmassen.

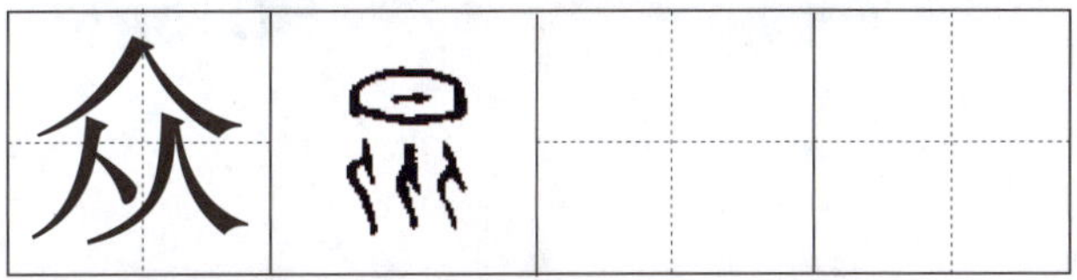

(4) Schriftzeichen auf der Basis von *Pinyin* schreiben.

[sh í] [x í] [d ǎ] [g ō ng]

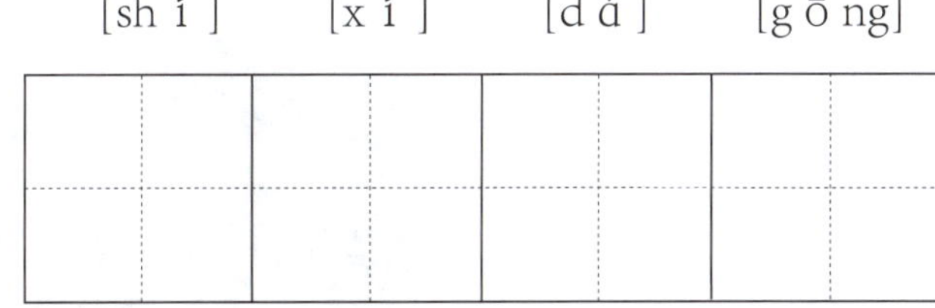

[x ǐ] [hu ā n] [y ě] [y í ng]

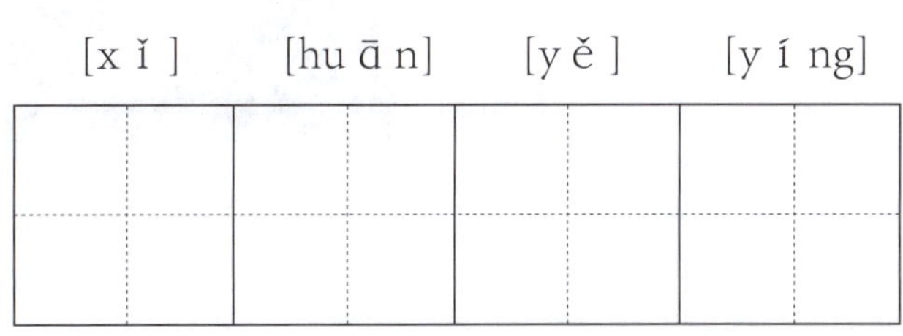

[zu ò] [zh ì] [yu à n] [zh ě]

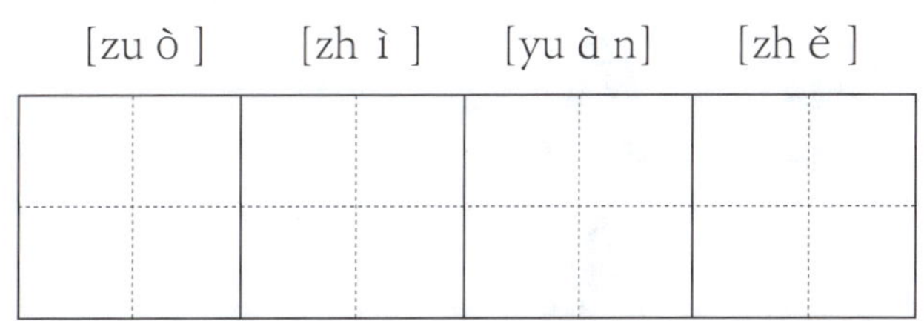

CHINA ENTDECKEN

EIN KOMMUNIKATIVER CHINESISCHKURS FÜR ANFÄNGER

Band 1 und 2 legen die Grundlagen, Band 3 führt auf eine Reise durch China.

In Band 4 geht es um die Anwendung der Sprache im Berufsalltag und bei Stellengesuchen.

Lehrbuch 1

ISBN: 9783905816518

Arbeitsbuch 1

ISBN: 9783905816525

Lehrbuch 2

ISBN: 9783905816532

Arbeitsbuch 2

ISBN: 9783905816549

Beispielseiten

LEKTION | 1

Vokabular und Hörverständnis

2-10 **1 Nummerieren Sie die Farben in der gehörten Reihenfolge.**

☐ a hēisè 黑色 ☐ b lǜsè 绿色 ☐ c hóngsè 红色

☐ d huángsè 黄色 ☐ e báisè 白色 ☐ f lánsè 蓝色

Hören Sie nochmals zu und sprechen Sie die Farben nach.

2-11 **2 Nummerieren Sie die Kleidungsstücke in der gehörten Reihenfolge.**

☐ a xié 鞋 ☐ d máoyī 毛衣

☐ b tīxù T恤 ☐ e kùzi 裤子

☐ c qúnzi 裙子 ☐ f dàyī 大衣

Hören Sie nochmals zu und sprechen Sie die Kleidungsstücke nach.

94 Einheit 8 Lektion 1

2-12 **3 Hören Sie den Dialog.**
Anna und Wang Yu kaufen auf einem Markt Kleider.

Shòuhuòyuán 售货员：Qǐngwèn nǐ yào mǎi shénme yīfu 请问你要买什么衣服？
Ānnà 安娜：Wǒ yào mǎi yì tiáo qúnzi 我要买一条裙子。
Shòuhuòyuán 售货员：Qǐng lái zhèbian 请来这边……Zhè tiáo zěnmeyàng 这条怎么样？
Ānnà 安娜：Tài hóng le 太红了！
Shòuhuòyuán 售货员：Zhè tiáo kěyǐ ma 这条可以吗？
Ānnà 安娜：Wǒ bù xǐhuan lánsè 我不喜欢蓝色。Yǒu méiyǒu hēisè de 有没有黑色的？
Shòuhuòyuán 售货员：Zhè tiáo hēisè de zěnmeyàng 这条黑色的怎么样？
Ānnà 安娜：Bù tài hǎokàn 不太好看！
Shòuhuòyuán 售货员：Shìshi zhè tiáo 试试这条。
Ānnà 安娜：Zhè tiáo búcuò. Duōshao qián 这条不错。多少钱？
Shòuhuòyuán 售货员：Èr bǎi qīshíjiǔ kuài 二百七十九块。
Ānnà 安娜：Piányi yìdiǎnr kěyǐ ma 便宜一点儿可以吗？
Shòuhuòyuán 售货员：Duìbuqǐ, zhège jiàqian shì zuì piányi de 对不起，这个价钱是最便宜的。
Ānnà 安娜：Wáng Yù, zhège jiàqian guì ma 王玉，这个价钱贵吗？
Wáng Yù 王玉：Bù guì. Mǎi zhè tiáo ba 不贵。买这条吧。
Ānnà 安娜：Hǎo, gěi nǐ qián 好，给你钱。
Shòuhuòyuán 售货员：Xièxie 谢谢。

2-12 **4 Hören Sie den Dialog nochmals und kreuzen Sie die zutreffenden Aussagen an.**

☐ 1 Ānnà yào mǎi hóngsè de qúnzi 安娜要买红色的裙子。
☐ 2 Ānnà xǐhuan lánsè 安娜喜欢蓝色。
☐ 3 Ānnà mǎile yì tiáo hēisè de qúnzi 安娜买了一条黑色的裙子。
☐ 4 Qúnzi de jiàqian shì qīshíjiǔ kuài 裙子的价钱是七十九块。
☐ 5 Qúnzi de jiàqian bù guì 裙子的价钱不贵。

5 Arbeiten Sie zu zweit. Spielen Sie den Dialog aus 3 nach. Verwenden Sie verschiedene Farben, Kleidungsstücke und Preise.

生词 Neue Vokabeln

shòuhuòyuán 售货员	Verkäufer/-in		shì 试	probieren, testen
mǎi 买	kaufen		búcuò 不错	nicht schlecht (sein)
yīfu 衣服	Kleider		qián 钱	Geld
tiáo 条	ZEW (für längliche Gegenstände)		bǎi 百	hundert, Hundert
qúnzi 裙子	Damenrock		kuài 块	ZEW (für Geld)
lái 来	kommen		piányi 便宜	billig (sein)
zhèbian 这边	(auf) diese(r) Seite		yìdiǎnr 一点儿	ein bisschen, etwas
hóng 红	rot (sein)		jiàqian 价钱	Preis
lánsè 蓝色	blau (sein)		guì 贵	teuer (sein)
hēisè 黑色	schwarz (sein)		ba 吧	(Partikel für Vorschläge)
hǎokàn 好看	gutaussehend, hübsch (sein)			

Lektion 1 Einheit 8 95

Geeignet für Jugendliche und Erwachsene, einsetzbar in der allgemeinen Erwachsenenbildung (Volkshochschule), an Sprachenzentren von Universitäten, in Wirtschaftssinologiestudiengängen und an Gymnasien und Mittelschulen

Moderne Lehrmittelreihe mit Schwerpunkt auf mündlicher Kommunikation für Alltag, Reise und Beruf

Lehrbuch 3
ISBN: 9783905816556

Arbeitsbuch 3
ISBN: 9783905816563

Lehrbuch 4
ISBN: 9783905816570

Arbeitsbuch 4
ISBN: 9783905816587

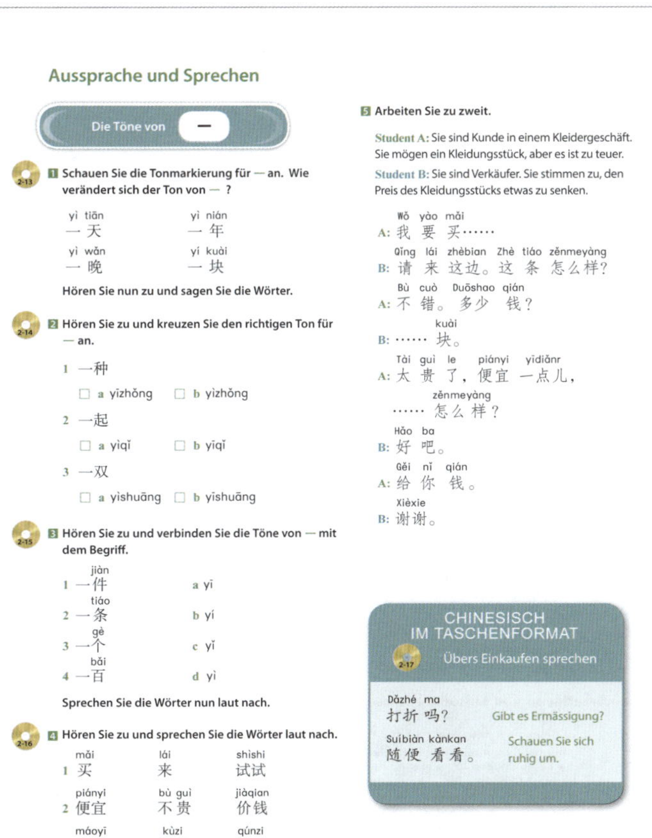

Aussprache und Sprechen

Die Töne von 一

2-13 **1** Schauen Sie die Tonmarkierung für 一 an. Wie verändert sich der Ton von 一?

一天 (yì tiān) 一年 (yì nián)
一晚 (yì wǎn) 一块 (yí kuài)

Hören Sie nun zu und sagen Sie die Wörter.

2-14 **2** Hören Sie zu und kreuzen Sie den richtigen Ton für 一 an.

1 一种 □ a yìzhǒng □ b yízhǒng
2 一起 □ a yìqǐ □ b yíqǐ
3 一双 □ a yìshuāng □ b yíshuāng

2-15 **3** Hören Sie zu und verbinden Sie die Töne von 一 mit dem Begriff.

1 一件 (jiàn) a yì
2 一条 (tiáo) b yí
3 一个 (gè) c yī
4 一百 (bǎi) d yì

Sprechen Sie die Wörter nun laut nach.

2-16 **4** Hören Sie zu und sprechen Sie die Wörter laut nach.

1 买 (mǎi) 来 (lái) 试试 (shìshi)
2 便宜 (piányi) 不贵 (bú guì) 价钱 (jiàqian)
3 毛衣 (máoyī) 裤子 (kùzi) 裙子 (qúnzi)

5 Arbeiten Sie zu zweit.

Student A: Sie sind Kunde in einem Kleidergeschäft. Sie mögen ein Kleidungsstück, aber es ist zu teuer.
Student B: Sie sind Verkäufer. Sie stimmen zu, den Preis des Kleidungsstücks etwas zu senken.

A: 我要买…… (Wǒ yào mǎi……)
B: 请来这边。这条怎么样? (Qǐng lái zhèbian. Zhè tiáo zěnmeyàng?)
A: 不错。多少钱? (Bú cuò. Duōshao qián?)
B: ……块。(kuài)
A: 太贵了，便宜一点儿，……怎么样? (Tài guì le, piányi yìdiǎnr, …… zěnmeyàng?)
B: 好吧。(Hǎo ba.)
A: 给你钱。(Gěi nǐ qián.)
B: 谢谢。(Xièxie.)

CHINESISCH IM TASCHENFORMAT
2-17 Übers Einkaufen sprechen

打折吗? (Dǎzhé ma?) Gibt es Ermässigung?
随便看看。(Suíbiàn kànkan.) Schauen Sie sich ruhig um.

96 Einheit 8 Lektion 1

LEKTION 2
Lesen und Schreiben

1 Verbinden Sie die Fotos mit den richtigen Ausdrücken.

1 服装市场 (fúzhuāng shìchǎng) 3 超市 (chāoshì)
2 购物中心 (gòuwù zhōngxīn) 4 书店 (shūdiàn)

2-18 **2** Lesen Sie Steves Blog und beantworten Sie die Fragen.

1 史蒂夫喜欢看书吗?
2 史蒂夫买的裤子多少钱?
3 他上个月买了什么?
4 小小是谁?

Leben in Beijing 北京生活
主页 博客 相册 档案 互动

七月二日星期四

这是我最喜欢的北京书店。我喜欢看书!

这个服装市场很远，但是价钱便宜。星期天我买了一条裤子，二十块，很便宜。我给哥哥买了T恤，他喜欢黑色和白色的T恤。

这是有名的购物中心"Village"。上个月我在这里买了一双鞋和一件大衣。每个周末这里都有很多人。

这是我和小小。小小是超市的售货员。每个星期天早上我都在这里买东西。

生词 Neue Vokabeln

书店 shūdiàn Buchhandlung	有名 yǒumíng berühmt (sein)	件 jiàn ZEW (für Kleidungsstücke)
服装 fúzhuāng 市场 shìchǎng Kleidermarkt	购物中心 gòuwù zhōngxīn Shoppingzentrum	大衣 dàyī Mantel
远 yuǎn weit, fern (sein)	上个 shàngge vergangene, letzte	每 měi jede/-r/-s
裤子 kùzi Hose	这里 zhèli hier	很多 hěn duō sehr viele
T恤 tìxù T-shirt	双 shuāng Paar, ZEW	超市 chāoshì Supermarkt
白色 báisè weiss (sein)	鞋 xié Schuhe	东西 dōngxi Sache, Ding

Lektion 2 Einheit 8 97

BASIS CHINESISCH

CHINESISCH SPRECHEN UND SCHREIBEN FÜR ANFÄNGER

Basis Chinesisch Sprechen
Lehrbuch, ISBN: 9783905816624

Basis Chinesisch Sprechen
Übungsbuch, ISBN: 9783905816631

Beispielseiten

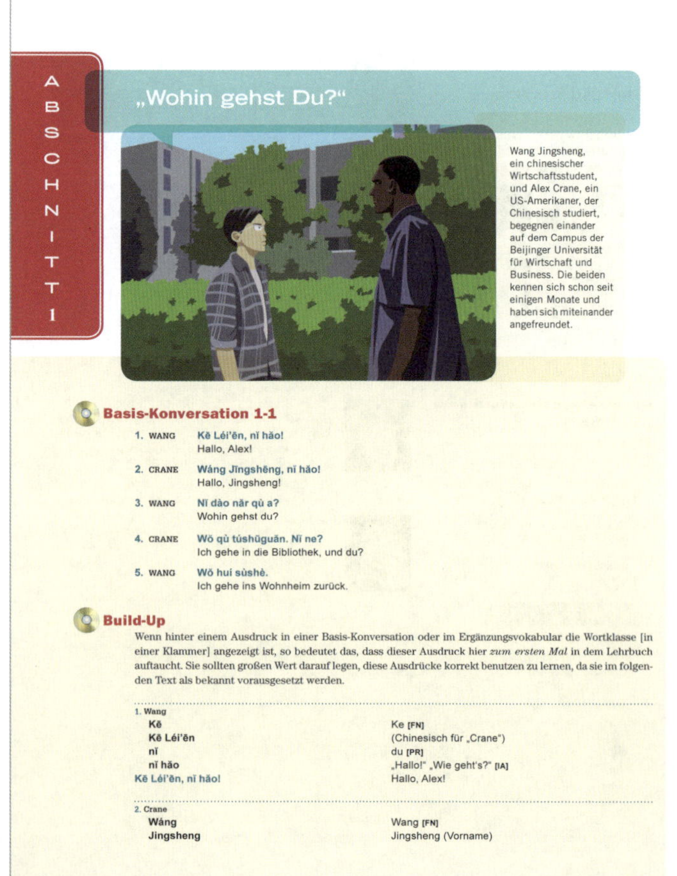

ABSCHNITT 1

„Wohin gehst Du?“

Wang Jingsheng, ein chinesischer Wirtschaftsstudent, und Alex Crane, ein US-Amerikaner, der Chinesisch studiert, begegnen einander auf dem Campus der Beijinger Universität für Wirtschaft und Business. Die beiden kennen sich schon seit einigen Monate und haben sich miteinander angefreundet.

Basis-Konversation 1-1

1. WANG **Kē Léi'ēn, nǐ hǎo!** Hallo, Alex!
2. CRANE **Wáng Jīngshēng, nǐ hǎo!** Hallo, Jingsheng!
3. WANG **Nǐ dào nǎr qù a?** Wohin gehst du?
4. CRANE **Wǒ qù túshūguǎn. Nǐ ne?** Ich gehe in die Bibliothek, und du?
5. WANG **Wǒ huí sùshè.** Ich gehe ins Wohnheim zurück.

Build-Up

Wenn hinter einem Ausdruck in einer Basis-Konversation oder im Ergänzungsvokabular die Wortklasse [in einer Klammer] angezeigt ist, so bedeutet das, dass dieser Ausdruck hier *zum ersten Mal* in dem Lehrbuch auftaucht. Sie sollten großen Wert darauf legen, diese Ausdrücke korrekt benutzen zu lernen, da sie im folgenden Text als bekannt vorausgesetzt werden.

1. Wang

Kē	Ke [FN]
Kē Léi'ēn	(Chinesisch für „Crane“)
nǐ	du [PR]
nǐ hǎo	„Hallo!“ „Wie geht's?“ [IA]
Kē Léi'ēn, nǐ hǎo!	Hallo, Alex!

2. Crane

Wáng	Wang [FN]
Jingsheng	Jingsheng (Vorname)

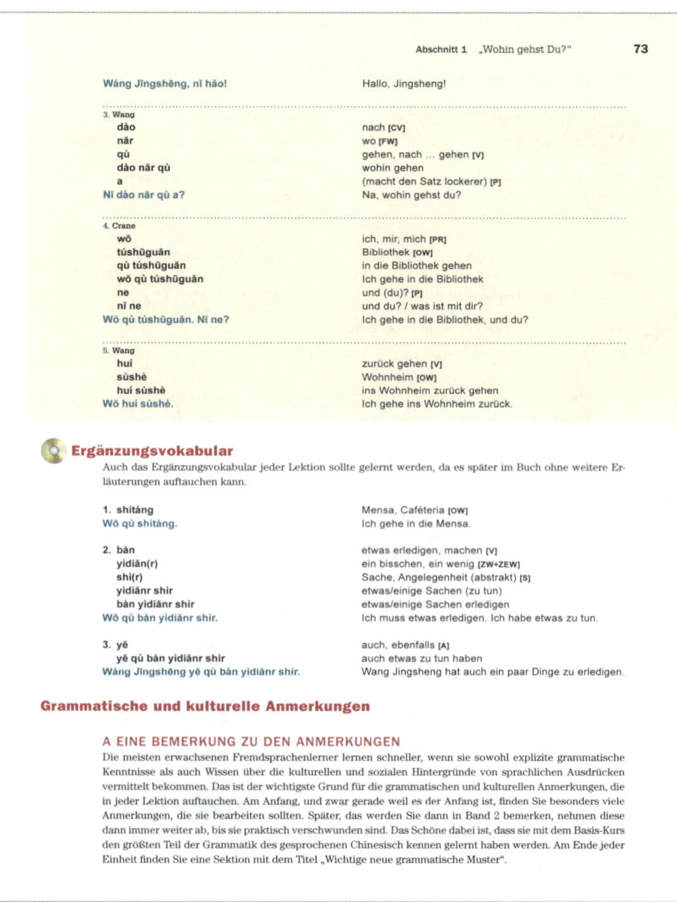

Abschnitt 1 „Wohin gehst Du?“ 73

Wáng Jīngshēng, nǐ hǎo!	Hallo, Jingsheng!

3. Wang

dào	nach [CV]
nǎr	wo [FW]
qù	gehen, nach ... gehen [V]
dào nǎr qù	wohin gehen
a	(macht den Satz lockerer) [P]
Nǐ dào nǎr qù a?	Na, wohin gehst du?

4. Crane

wǒ	ich, mir, mich [PR]
túshūguǎn	Bibliothek [OW]
qù túshūguǎn	in die Bibliothek gehen
wǒ qù túshūguǎn	Ich gehe in die Bibliothek
ne	und (du)? [P]
nǐ ne	und du? / was ist mit dir?
Wǒ qù túshūguǎn. Nǐ ne?	Ich gehe in die Bibliothek, und du?

5. Wang

huí	zurück gehen [V]
sùshè	Wohnheim [OW]
huí sùshè	ins Wohnheim zurück gehen
Wǒ huí sùshè.	Ich gehe ins Wohnheim zurück.

Ergänzungsvokabular

Auch das Ergänzungsvokabular jeder Lektion sollte gelernt werden, da es später im Buch ohne weitere Erläuterungen auftauchen kann.

1. **shítáng**	Mensa, Caféteria [OW]
Wǒ qù shítáng.	Ich gehe in die Mensa.
2. **bàn**	etwas erledigen, machen [V]
yìdiǎn(r)	ein bisschen, ein wenig [ZW+ZEW]
shì(r)	Sache, Angelegenheit (abstrakt) [S]
yìdiǎnr shìr	etwas/einige Sachen (zu tun)
bàn yìdiǎnr shìr	etwas/einige Sachen erledigen
Wǒ qù bàn yìdiǎnr shìr.	Ich muss etwas erledigen. Ich habe etwas zu tun.
3. **yě**	auch, ebenfalls [A]
yě qù bàn yìdiǎnr shìr	auch etwas zu tun haben
Wáng Jīngshēng yě qù bàn yìdiǎnr shìr.	Wang Jingsheng hat auch ein paar Dinge zu erledigen.

Grammatische und kulturelle Anmerkungen

A EINE BEMERKUNG ZU DEN ANMERKUNGEN

Die meisten erwachsenen Fremdsprachenlerner lernen schneller, wenn sie sowohl explizite grammatische Kenntnisse als auch Wissen über die kulturellen und sozialen Hintergründe von sprachlichen Ausdrücken vermittelt bekommen. Das ist der wichtigste Grund für die grammatischen und kulturellen Anmerkungen, die in jeder Lektion auftauchen. Am Anfang, und zwar gerade weil es der Anfang ist, finden Sie besonders viele Anmerkungen, die sie bearbeiten sollten. Später, das werden Sie dann in Band 2 bemerken, nehmen diese dann immer weiter ab, bis sie praktisch verschwunden sind. Das Schöne dabei ist, dass sie mit dem Basis-Kurs den größten Teil der Grammatik des gesprochenen Chinesisch kennen gelernt haben werden. Am Ende jeder Einheit finden Sie eine Sektion mit dem Titel „Wichtige neue grammatische Muster“.

Chinabooks Konstanz und Zürich – Der Spezialist für Chinesisch als Fremdsprache

Geeignet für junge Erwachsene und Erwachsene, entwickelt und verwendet an amerikanischen Universitäten, besonders geeignet aber für den Einsatz in Sinologiestudiengängen.

Konsequente Trennung der Vermittlung der gesprochenen Sprache von der Vermittlung der Schrift, sehr alltagsnahe und authentische Texte, Hinweise zu regionalen Unterschieden in der Standardsprache.

Lerner können selbst entscheiden, ob sie die in der VR China verwendeten Kurzzeichen, die in Taiwan und Hongkong verwendeten Langzeichen oder beide Schriftstandards erlernen wollen.

Das ideale Lehrmittel für motivierte Lerner, die sämtliche Fragen zu den Grundlagen der chinesischen Sprache beantwortet haben wollen und durch gründliche Legung der Grundlagen ein hohes Niveau in der Sprache erreichen wollen.

Basis Chinesisch Schreiben
Lehrbuch, ISBN: 9783905816600

Basis Chinesisch Schreiben
Übungsbuch, ISBN: 9783905816617

146 **Einheit 3** Zahlen, Daten, Zeit und Geld (I)

E. LESETEXT

Lesen Sie den folgenden kleinen Lesetext, wobei Sie vor allem auf die Interpunktion und die Gesamtstruktur achten. Beim ersten Lesen sollten Sie die Erzählung jeweils laut vorlesen, beim zweiten Mal dann leise, wobei Sie Ihr Lesetempo allmählich zu steigern versuchen. Denken Sie auch stets an die Bedeutung dessen, was Sie da lesen.

你問我去北京一個人多少錢？好，去北京一個人一百二十塊。去香山多少錢？去香山兩百八十塊。去天津呢？去天津四百五十塊。去上海呢？去上海一個人一千四百塊。去美國一個人多少錢？這個你別問我；請你問那個人吧！

Anmerkungen

A17-20. Die chinesische Ziffer 〇 **líng** für „Null“ ist runder als die arabische Ziffer. Es würde als falsch angesehen, die Null mit der arabischen Ziffer 0 zu schreiben. **Líng** kann auch mit dem Schriftzeichen 零 geschrieben werden, aber 〇 ist heutzutage gebräuchlicher, vor allem bei der Angabe von Jahreszahlen, der Nummerierung von Zimmern sowie bei Telefon- und Seitennummern.

A20. **LANGFORMEN DER ZIFFERN.** (Das Folgende dient nur zur Referenz, Sie brauchen diese Zeichen jetzt noch nicht zu lernen.) Da diese Schriftzeichen 一二三四五六七八九十 relativ einfach sind und nur aus wenigen Strichen bestehen, läuft man leicht Gefahr, dass jemand diese mit betrügerischer Absicht verändert. Zum Beispiel könnte man aus 一 die Zahl 三 machen, indem man zwei Striche hinzufügt. Oder man fügt einen Strich hinzu und macht aus der 一 eine 十 . Daher werden die Ziffern in „offizielleren“ Kontexten, z.B. in der Buchhaltung oder auf Geldscheinen oft mit komplexeren „Langformen“ geschrieben. Wenn Sie in Festlandchina, Hongkong oder Taiwan ein Bankkonto haben, müssen Sie auf Ihren Formularen, z.B. auf denen zum Abheben von Geld, diese Langformen verwenden. Diese Formen haben die gleichen Aussprachen wie die gewöhnlichen Formen. Die Langformen für 1 bis 10 sowie 100 und 1.000 werden wie folgt geschrieben:

Gewöhnliche Form	Langform
一	壹
二	贰(貳)
三	叁
四	肆
五	伍
六	陆(陸)

Gewöhnliche Form	Langform
七	柒
八	捌(捌)
九	玖
十	拾
百	佰
千	仟

B2. 五十块钱？(五十塊錢？) „Fünfzig Yuan?“ ist eine Intonationsfrage (vgl. BCSpr 2-3: 1c).

B4. 两个人去中国，两千块钱，太贵了！(兩個人去中國，兩千塊錢，太貴了！) „2.000 Dollar für zwei Personen nach China, das ist zu teuer!“

B5. 七百人 bedeutet dasselbe wie 七百个人(七百個人). Beim Schreiben, und auch zuweilen beim Sprechen, können Zähleinheitswörter zwischen 百, 千 und 人 weggelassen werden.

B10. Berücksichtigt man den Kontext, dann bedeutet die letzte Phrase „Warum kaufen Sie nicht diesen?“.

E. 你问我去北京一个人多少钱？(你問我去北京一個人多少錢？) „Du fragst mich, wie viel es pro Person kostet, nach Beijing zu reisen?“ In diesem Satz ist eine Fragewort-Frage 去北京一个人多少钱？(去北京一個人多少錢？) in die Intonationsfrage 你问我？(你問我？) eingebettet.

Neue Schriftzeichen und Wörter

Schauen Sie sich die unten stehenden sechs Schriftzeichen samt den dazugehörigen Wörtern genau an. Beachten Sie dabei Aussprache, Bedeutung und Aufbau der Zeichen. Vergleichen Sie diese auch mit den zusätzlich angegebenen Schriftzeichen, die ihnen ähneln, und versuchen sie, Unterschiede und Gemeinsamkeiten herauszufinden. Wenn Sie sich mit einem Zeichen vertraut gemacht haben, nehmen Sie das Übungsbuch zur Hand und üben Sie, es zu schreiben. Verwenden Sie dazu die Übungsbögen. Dabei sollten Sie auf die richtige Reihenfolge sowie die Schreibrichtung der Striche achten. Sprechen Sie die Zeichen beim Schreiben ruhig laut aus und denken Sie auch an deren Bedeutung, das hilft beim Merken.

115 点(點) **diǎn** Punkt, Uhrzeit

Radikal der vereinfachten Form ist 火 **huǒ** „Feuer“. Beachten Sie, dass dieses Radikal 灬 geschrieben und umgangssprachlich 四点火(四點火) **sìdiǎn huǒ** „vier Feuerpunkte“ genannt wird, wenn es in einem Schriftzeichen unten auftritt. Radikal der traditionellen Form ist 黑 **hēi** „schwarz“. Das Phonetikum ist 占 **zhān** „weissagen“.

点(點)	**diǎn**	Uhrzeit [ZEW]
一点(一點)	**yīdiǎn/yìdiǎn**	ein Uhr; ein wenig/bisschen [Z + ZEW]
几点(幾點)	**jǐdiǎn**	wie viel Uhr?
五点(五點)	**wǔdiǎn**	fünf Uhr

116 刻 **kè** kurzer Zeitabschnitt, Viertelstunde

Radikal ist 刀 **dāo** „Messer“, das 刂 geschrieben wird, wenn es auf der rechten Seite des Schriftzeichens auftritt. Dieses Radikal wird umgangssprachlich als 立刀 **lìdāo** „stehendes Messer“ bezeichnet. Phonetikum ist 亥 **hài**.

刻	**kè**	Viertelstunde [ZEW]
一刻	**yíkè**	eine Viertelstunde
三刻	**sānkè**	eine Dreiviertelstunde

Originaltitel: 走遍中国 汉字练习册 第一册 Chinesische Schriftzeichen entdecken - Band 1

Autorin: 姚美玲 **Yao Meiling**

Übersetzung aus dem Chinesischen: Katrin Zimmermann, Andreas Guder
Satz und Lettering: Yingqun Stille
Umschlagsgestaltung: Orkun Gedik
Umschlagsbild © Icenando / Bigstockphoto

Verlag der deutschsprachigen Ausgabe:
Chinabooks Wu & Wolf GmbH, Turmstraße 4, 78467 Konstanz, Deutschland
Chinabooks E. Wolf und E. Wu, Bühlstrasse 6, CH-8142 Uitikon-Waldegg, Schweiz
www.chinabooks.de | www.chinabooks.ch | www.manhua.ch | www.facebook.com/chinabooks.ch
www.twitter.com/chinabooks_de | www.instagram.com/manhua_at_chinabooks
Tel. 0041 (0)43 540 40 77 / 0041 (0)76 518 45 26 | bestellen@chinabooks.ch

Vertrieb an den deutschen Buchhandel:
GVA Gemeinsame Verlagsauslieferung Göttingen GmbH & Co. KG
www.gva-verlage.de
Postfach 2021, D-37010 Göttingen
Tel. +49 (0) 551 384200 -0 | Fax. +49 (0) 551 384200 -10

Vertrieb an den österreichischen Buchhandel:
Mohr Morawa Buchvertrieb GmbH
Sulzengasse 2, A-1230 Wien
Telefon: +43 (1) 680 14-0 | Fax: +43 (1) 688 71 30 | Mail: momo@mohrmorawa.at

Vertrieb an den deutschen Comicfachhandel:
Comic Base Berlin
www.comic-base-berlin.de
Baruther Str. 10, D-10961 Berlin
Tel. +49 (0) 30 / 6 94 38 55

PPM Peter Poluda Medienvertrieb e.K.
www.ppm-vertrieb.de
Industriestraße 18, D-32694 Dörentrup
Tel. +49 - 5265 - 9 55 88 55

Erstauflage Oktober 2021 – Printed in Germany

ISBN: 978-3-03887-018-0